JEHOVAS ZEUGEN
DIE PARADIES-VERKÄUFER

GERD WUNDERLICH

JEHOVAS ZEUGEN
DIE PARADIES-VERKÄUFER

Erfahrungen auf einem Irrweg

CLAUDIUS VERLAG

Die Deutsche Bibliothek – CIP-Einheitsaufnahme

Wunderlich, Gerd:
Jehovas Zeugen, die Paradies-Verkäufer:
Erfahrungen auf einem Irrweg / Gerd Wunderlich. –
3. Aufl. – München : Claudius Verlag, 1992
ISBN 3-532-62009-X

3. Auflage 1992

Umschlaggestaltung: Werner Richter
Gesamtherstellung: Druckerei Huber, Dießen
ISBN 3-532-62009-X

Inhaltsverzeichnis

Vorwort des Verfassers

Ich wollte mir nur schnell eine Zeitung kaufen, als ich am Kaufhof in Frankfurt-Bockenheim eine Zeugin Jehovas bemerkte, die sich bei der Ausübung ihres „Straßendienstes“ angeregt mit einer Frau mittleren Alters und deren etwa zwölfjähriger Tochter unterhielt. Interessiert blieb ich stehen, um dem Gespräch zu folgen. Die „Zeugin“ hatte offenbar ein „hörendes Ohr“ gefunden. Ich bekam gerade noch mit, wie sich die Frau damit einverstanden erklärte, daß die Zeugen Jehovas mit ihrer Tochter ein „Heimbibelstudium“ durchführten. Anscheinend war sie von der Predigt dieser „Zeugin“ so beeindruckt, daß sie ihrem Kinde eine christliche Erziehung wünschte. Eine Einladung der „Zeugin“, doch auch selbst an diesem „Studium“ teilzunehmen, „damit Sie sich überzeugen können, was wir ihrer Tochter beibringen“, lehnte sie höflich, aber bestimmt ab. Ihr war offensichtlich nur daran gelegen, ihre Tochter biblisch unterweisen zu lassen.
„Armes Kind“, dachte ich. „Leider weiß deine Mutter nicht, worauf sie sich da eingelassen hat.“ Nach achtzehnjähriger Zugehörigkeit zu dieser Sekte kann ich aus eigener Erfahrung beurteilen, wie gefährlich es ist, wenn man die religiöse Erziehung seines Kindes den Zeugen Jehovas überläßt. Ich selbst wurde in jungen Jahren durch meine Großmutter im Sinne der „Zeugen“-Lehren erzogen und bin deshalb später kritiklos ein Zeuge Jehovas geworden.
Die Verpflichtung, meine Erfahrungen innerhalb der Wachtturm-Gesellschaft (WTG = Neue-Welt-Gesellschaft = Zeugen Jehovas) als warnendes Beispiel zu veröffentlichen, wurde mir nie so bewußt wie in diesem Augenblick. Ich mußte mit ansehen, wie eine Mutter aus Unkenntnis ihr Kind einer Organisation anvertraute, von deren „Christlichkeit“ ich in meinem Buch berichten möchte. Obwohl jeder von uns irgendwann einmal mit den „Zeugen Jehovas“ konfrontiert wird, weiß man in der Regel sehr wenig von ihnen. Kirchlicherseits wird ihnen sogar eine gewisse Bewunderung entgegengebracht, da sie ihren Glauben angeblich mit Eifer und Idealismus verkünden. Unkenntnis über die wirklichen Beweggründe der Wachtturm-Gesellschaft kann sich jedoch verhängnisvoll auswirken. Viele Menschen, ja ganze Familien sind durch die Praktiken der WTG geschädigt oder zerstört worden. Die Veröffentlichung meiner Erfahrungen soll dem Leser einen Einblick in die alltägliche Lebenswelt der Zeugen Jehovas geben und ihm damit das gleiche Schicksal ersparen.

Wenn mir dies in dem einen oder anderen Fall gelingen sollte, so hat sich die Arbeit gelohnt. Es liegt jedoch nicht in meiner Absicht, die Opfer der WTG für ihr ganzes Leben zu brandmarken. Deshalb sind die Familiennamen der genannten Zeugen Jehovas abgekürzt.
Daß ich dieses Buch in drei Jahren fertigstellen konnte – zum Schreiben blieb mir nur die Freizeit –, verdanke ich nicht zuletzt dem geduldigen Verständnis meiner Frau Karin und meiner Tochter Marion. Mein Dank gilt auch unserem Freund Rudolf Martens, der als ehemaliger „Zeuge" mit Rat und Tat, besonders in der Beschaffung des wissenschaftlichen Materials, einen wesentlichen Anteil am Gelingen dieses Buches hatte.

Frankfurt am Main, im März 1982 Gerd Wunderlich

Vorwort zur zweiten Auflage

Schon nach zwei Jahren ist die erste Auflage vergriffen. Dieser Umstand und die zahlreichen Anrufe und Zuschriften zeigen mir, daß das Buch für viele Zeugen Jehovas und deren Angehörige eine Hilfe war, um sich von der Wachtturm-Gesellschaft zu lösen. Deshalb kann mein Bericht bis auf die Korrektur einiger Druckfehler unverändert in zweiter Auflage erscheinen.
Besonders freue ich mich, daß auch mein Vater in den verflossenen zwei Jahren das Wahnsystem der Zeugen Jehovas durchschaut hat und sich daraus befreien konnte.
Das Thema Zeugen Jehovas ist in letzter Zeit immer drängender geworden. Das zeigen die riesigen Investitionen der Wachtturm-Gesellschaft in der Gegend von Selters im Taunus. Durch Ankauf großer Grundstücke, Bau von Druckereien, durch landwirtschaftliche und handwerkliche Versorgungsbetriebe will diese Sekte ihre wirtschaftliche Unabhängigkeit festigen und die begonnene Missionstätigkeit im großen Stil fortführen.
Das Literaturverzeichnis wurde auf den neuesten Stand gebracht: bei der vielfältigen Aufklärungsliteratur läßt sich für jedes Problem weiterführende Hilfe finden.

Frankfurt am Main, im März 1985 Gerd Wunderlich

1. Wie alles anfing ...

Rückblick und erste Begegnungen mit den Lehren der Zeugen Jehovas

Man schreibt das Jahr 1973. Mit großem Eifer gingen wir Zeugen Jehovas von Haus zu Haus, um die Menschen vor dem universellen Krieg Gottes, „Harmagedon“ genannt, zu warnen. Fast ein Jahrzehnt war vergangen, seitdem wir unsere Botschaft mit immer größerem Einsatz verkündeten. Wir fühlten eine ungeheure Verantwortung, denn jeder Mensch mußte von diesem Gotteskrieg erfahren, der vor dem Ende dieses „Systems der Dinge“ hereinbrechen sollte. Und bis 1975 blieben uns nur noch zwei Jahre. Es schien mir plötzlich, als bekäme die Führung der Zeugen Jehovas selbst Furcht vor ihrer eigenen Endzeitverkündigung. Es sah so aus, als versuche sie uns unmerklich auf eine eventuelle Enttäuschung vorzubereiten.

Das war nun allerdings eine Entwicklung, die ich nach der langen Zugehörigkeit zu den Zeugen Jehovas nicht erwartet hatte. Durch meine Großmutter, die eine tief gläubige Zeugin Jehovas war, kam ich schon in jungen Jahren mit den Lehren der Wachtturm-Gesellschaft in Berührung. Großmutter verstand es sehr gut, in mir den Wunsch zu wecken, einmal ewig auf einer paradiesischen Erde zu leben. Sie zeigte mir anhand der Bibel und der Wachtturmliteratur die Geschichte von Adam und Eva, die einmal im Paradies gelebt, dieses aber durch ihren Ungehorsam Gott gegenüber verloren hatten. Gottes Wille ist es nun, so sagte sie mir, das verlorengegangene Paradies wiederherzustellen.

Dieses Paradies beeindruckte mein kindliches Gemüt sehr nachhaltig, wäre es mir doch dann möglich, selbst einmal mit Raubtieren zu spielen. Als Bestätigung las sie mir die Worte aus Jesaja 11, 6–9 vor: „Die Wölfe werden bei den Lämmern wohnen und die Marder bei den Böcken liegen. Ein kleiner Knabe wird Kälber und junge Löwen und Mastvieh miteinander treiben. Kühe und Bären werden auf der Weide gehen, daß ihre Jungen beieinander liegen; und Löwen werden Stroh essen wie die Ochsen. Und ein Säugling wird seine Lust haben am Loch

der Otter, und ein Entwöhnter wird seine Hand stecken in die Höhle des Basilisken. Man wird nirgends Schaden tun noch verderben auf meinem ganzen heiligen Berge; denn das Land ist voll Erkenntnis des Herrn, wie Wasser das Meer bedeckt." (Luther-Bibel)
So machte sie mich noch mit vielen weiteren Lehren der WTG vertraut. Im Paradies würden die Toten buchstäblich wiederauferstehen. Der Gedanke gefiel mir damals sehr gut. Ich war überzeugt, daß ich meinen verstorbenen Schulfreund wiedersehen könne. Dann werde es weder Not, Krieg, Elend noch Krankheiten geben. Großmutter versicherte, daß sich diese Verheißungen in sehr kurzer Zeit erfüllen sollten. Das war doch etwas ganz Besonderes; meine Freunde konnten „nur" in den Himmel kommen und auch erst nach ihrem Tode. Die Hoffnung, einmal ewig auf der Erde zu leben, zog mich viel stärker an. Doch ganz problemlos war für mich dieser Glaube schon damals nicht, stieß ich doch bei meinen Freunden auf völliges Unverständnis. Mutig ertrug ich ihren Spott, wenn ich ihnen mitteilte, daß das Ende „dieses Systems der Dinge" kurz bevorstehe.
Ich erinnere mich noch an die erwartungsvolle Stimmung, in der wir am Ende der vierziger Jahre lebten – meine Großmutter und die anderen Zeugen Jehovas, die ich damals kannte. Wir erwarteten in „nur kurzer Zeit" die Auferstehung der „Fürsten". Darunter verstand man die Männer, die hier auf der Erde einmal Jesus Christus sichtbar vertreten würden. Die Fürsten sollten ihr Amt nach der Schlacht Gottes, dem sogenannten „Harmagedon", übernehmen.
Wer nun diese „Fürsten" seien, wurde in dem 1943 veröffentlichten Buch „Die Wahrheit wird euch frei machen" auf den Seiten 356–357 erklärt: „Dieses Vertretungsamt wird den treuen Menschen verliehen, die vor der Zeit lebten, wo Jesus im Fleische auf der Erde diente. ... In Amtsstellungen auf der Erde eingesetzt, werden sie als Söhne des Königs sichtbar die ‚Fürsten' der Menschheit sein." Von Großmutter wußte ich, wer diese Fürsten waren, nämlich David, Abraham, Daniel, Hiob, Moses und Johannes der Täufer.
Ich kann heute nicht mehr sagen, weshalb damals die Ansicht herrschte: „Es kann nur noch vier Jahre dauern, bis das alles ge-

schieht". Sie könnte aber mit der Verfolgung zusammenhängen, die Anfang der fünfziger Jahre in der DDR über die Zeugen Jehovas hereinbrach. Die Aussage des bereits genannten Buches der WTG „Die Wahrheit wird euch frei machen" auf Seite 360 dürfte dabei eine große Rolle gespielt haben. Dort heißt es: „Jetzt wo der König zum Tempel gekommen ist, die schlafenden Heiligen auferweckt und seinen treuen Überrest in den Tempelzustand der Einheit mit sich gebracht hat, besteht die Hoffnung, daß jene treuen Menschen der alten Zeit *in naher Zukunft* auferweckt werden mögen. Einige Bibelaussagen und prophetische Dramen deuten an, daß sie *noch vor* der Schlacht von Harmagedon zum Leben erweckt werden, mit dem treuen geistlichen Überrest zusammentreffen und mit ihm die gewaltige Schlacht und den herrlichen Sieg sehen mögen, wovon sie weissagten."[1)]

Großmutter machte mich darauf aufmerksam, wie verderbt doch die Welt geworden sei, weil sie „Gottes Volk" verfolge. Diese Zeit könne bestimmt nicht lange dauern, meinte sie, denn Jehova werde es nicht zulassen, daß sein Volk diesen Zustand lange ertragen müsse. Immer wieder erfuhr ich nun von der Verhaftung irgendwelcher Brüder, die hinter Zuchthausmauern verschwanden. Viele von ihnen waren der Meinung, „diese paar Jahre sitzen wir doch auf einer Backe ab".

Die Versammlungen wurden von nun an in kleinen Gruppen abgehalten. Wir trafen uns in Privatwohnungen, als Kaffeekränzchen, Skatrunde oder unter anderen phantasiereichen Tarnungen. Dadurch bekam das alles für mich einen besonderen Reiz. Ich weiß noch, wie stolz ich war, als man mich ins Vertrauen zog und ich damals bei solchen Gelegenheiten als Aufpasser dienen durfte. Meine Aufgabe bestand darin, die Gruppe rechtzeitig zu warnen, wenn sich fremde Personen dem Haus näherten. Auf ein Zeichen von mir verschwanden dann die Bücher, Zeitschriften und Bibeln, und es wurde ein normales Kaffeekränzchen oder eine Skatrunde daraus.

Bald zogen meine Eltern mit uns Kindern von Erfurt weg. Nun sah ich meine Großmutter nur noch selten; schließlich hatten wir kaum noch Kontakt miteinander. Daraus ergab sich wie von selbst, daß die Zeugen Jehovas und ihre Lehren für mich an Bedeutung verloren. Meinen Eltern war diese Entwicklung nur

recht, denn sie hielten zu dieser Zeit sowieso nichts von den Ideen der Zeugen. Außerdem war es zu gefährlich, sich damit einzulassen. Erst viel später, wir waren inzwischen von der DDR in die Bundesrepublik geflüchtet, kam ich wieder mit Zeugen Jehovas in Berührung.
Die Endzeiterwartungen der fünfziger Jahre waren inzwischen längst verblaßt, und später in meiner achtzehnjährigen Zugehörigkeit zu den Zeugen Jehovas habe ich nie wieder etwas darüber gehört. Mich selbst beschäftigten in dieser Zeit ganz andere Dinge. Bei meiner Jugend war es nicht weiter verwunderlich, daß ich Großmutters Erzählungen und Geschichten schnell vergaß. Erst als die WTG in ihrem Jahrbuch von 1975 über diese Zeit einen kurzen Bericht brachte, erinnerte ich mich wieder an die Zeit mit Großmutter. Als ob es gestern erst gewesen wäre, gingen mir ihre Erzählungen über das nahe Paradies und das baldige Ende dieses „bösen Systems der Dinge" durch den Kopf. Plötzlich verstand ich nicht nur die damaligen Erlebnisse besser, sondern mir ging auch mit Entsetzen auf, daß die WTG die ganze Zeit über ein unehrliches Spiel mit ihren Gläubigen getrieben hatte. Die volle Tragik wird einem bewußt, wenn man den Bericht aus dem „Jahrbuch der Zeugen Jehovas" aus dem Jahre 1975 auf den Seiten 213–214 liest:

„Die ‚Fürsten' sind da

Jahrelang glaubten Jehovas Diener, daß treue Männer der alten Zeit, wie zum Beispiel Abraham, Joseph und David, noch vor Ende dieses bösen Systems der Dinge auferweckt würden. Diese Diener Gottes der Vergangenheit wurden ‚die alttestamentlichen Überwinder', ‚die treuen Männer der alten Zeit' und ‚die Fürsten' genannt. Der Psalmist hatte verkündet: ‚An Stelle deiner Vorväter werden deine Söhne sein, die du zu Fürsten einsetzen wirst auf der ganzen Erde' (Ps. 45:16). Wenn Diener Gottes daher vor Jahren zu einem Kongreß fuhren, waren sie immer in einer gewissen Erwartung. Vielleicht würden bei diesem Kongreß ein oder mehrere solche auferweckten Fürsten oder Männer der alten Zeit erscheinen. Und nun versetze dich in die Lage der 82 601 Kongreßteilnehmer, die am Samstag, dem 5. August 1950, abends, aufmerksam F. W. Franz zuhörten. An einem Höhepunkt in seinem fesselnden biblischen Vortrag fragte er: ,Würde sich dieser internationale Kongreß freuen, zu erfahren, daß sich *heute abend hier,* in unserer Mitte, eine Anzahl der voraussichtlichen *Fürsten der neuen Erde* befinden?'

Welch eine Reaktion auf diese Frage folgte! Hier sind einige lebhafte Erinnerungen: ,Ich erinnere mich noch gut, wie wir alle vor Überraschung den Atem anhielten und dann erwartungsvoll um uns zu schauen begannen ... War David hier oder Abraham oder Daniel oder Hiob? Viele von uns Schwestern hatten Tränen in den Augen' (Crace A. Estep). ,Ich war so aufgeregt, daß ich auf der Kante meines Stuhls saß und zum Unterstand (aus dem die Redner zur Bühne kamen) starrte. Ich war fest überzeugt, daß jeden Moment ein oder mehrere Männer der alten Zeit auf die Bühne kämen' (Schwester Kenyon). ,Diejenigen, die in den Gängen standen, eilten zu den Eingängen des Stadions, um das Rednerpult sehen zu können. Vielleicht erwarteten sie, Abraham, David oder sogar Moses zu sehen. Die Menge stand auf – die Atmosphäre war spannungsgeladen. Ich bin fest überzeugt, wenn jemand mit einem langen Bart auf die Bühne gekommen wäre, wäre die Menge nicht mehr zu halten gewesen' (L.E. Reusch).

Darauf legte sich eine tiefe Stille über die Zuhörerschaft. Jeder bemühte sich angestrengt, sich keines der Worte des Redners entgehen zu lassen. Er sprach über die *wirkliche Bedeutung des mit ,Fürst' wiedergegebenen hebräischen Wortes.* Er erklärte, daß die ,anderen Schafe' der Neuzeit für ihren Glauben ebensoviel gelitten hätten wie Jehovas Zeugen in der Vergangenheit. Daher spreche nichts dagegen, daß Christus Glieder dieser ,anderen Schafe' zu ,Fürsten auf der ganzen Erde' einsetze (Ps. 45:16; Joh. 10:16). Am Schluß seiner Ansprache sagte Bruder Franz dann: ,Mit diesen hinreißenden Aussichten auf das uns so nahe Gerückte laßt uns an der theokratischen Organisation festhalten, und möge Gott sie als eine Neue-Welt-Gesellschaft weiterhin verbessern. Blicken wir nie zurück nach dem modernen Sodom, das zur Vernichtung bestimmt ist, sondern richten wir unser Angesicht in vollem Glauben geradeaus! Vorwärts denn beständig, wir alle zusammen, als eine Neue-Welt-Gesellschaft!'"

Ich selbst habe viele Kongresse der WTG erlebt und kann mir die Reaktion meiner Brüder sehr gut vorstellen, als sie die Worte des damaligen Vizepräsidenten F. W. Franz hörten: „Würde sich dieser Kongreß freuen, zu erfahren, daß sich *heute abend hier,* in unserer Mitte, eine Anzahl der voraussichtlichen *Fürsten der neuen Erde* befinden?" Aber auch die Enttäuschung derjenigen kann ich mir vorstellen, die nun erkennen mußten, daß nicht die Alten, wie Abraham, David, Moses oder Johannes der Täufer, die „Fürsten" waren, *sondern die „treuen Diener der Neuzeit"*. Damit waren die Kreisaufseher, Bezirksaufseher, Pioniere und viele andere aus der Eliteklasse der WTG gemeint.
Nach der damals, bis zu diesem Abend, geltenden Lehre glaubten die Zeugen Jehovas an die *buchstäbliche* Auferstehung vieler gottergebener biblischer Männer. Gleichzeitig sollten alle wahren Christen erlöst werden. Dieser Glaube an das nahe Ende und die Auferstehung von Abraham, Moses, David und anderen Personen der biblischen Geschichte wurde an diesem 5. August 1950 von der WTG auf den Kopf gestellt. Ohne ein Wort der Erklärung und ohne viel Federlesens ließ die Führung der WTG ihre eigenen Funktionäre in die Rolle der biblischen „Fürsten" schlüpfen. Daß das nicht der einzige Purzelbaum war, den die WTG in ihren Lehren geschlagen hatte, ahnte ich noch nicht, als ich 1956 in Düsseldorf-Wersten nach längerer Zeit wieder Verbindung mit einer Versammlung der Zeugen Jehovas aufnahm. Damals war ich gerade sechzehn Jahre alt und hatte nach der Schule meine erste Arbeit auf dem Bau angenommen.

2. Der Weg zum gläubigen Zeugen Jehovas

Im Sommer des Jahres 1956 besuchte mich der Zeuge Jehovas Eugen F., der mit seiner Familie in unsere Nachbarschaft gezogen war. Er war der Verhaftung in der DDR zuvorgekommen und in die Bundesrepublik geflüchtet. Hier setzte er nun seine ganze Freizeit für das Verkündigungswerk der WTG ein. Das aufrichtige Bemühen dieser Familie, nach den christlichen Grundsätzen der WTG zu leben, ließ mich das Angebot von Bruder Eugen, mit ihm die Bibel zu studieren, annehmen.
Unser „Heimbibelstudium", so bezeichnen die Zeugen Jehovas die Bibelbesprechung in Privatwohnungen, begannen wir mit dem Buch der WTG „Gott bleibt wahrhaftig". Vieles, was mir Großmutter erzählt hatte, kam bei dieser Betrachtung wieder in Erinnerung. Der Wunsch, einmal ewig auf einer paradiesischen Erde zu leben, wurde durch dieses „Heimbibelstudium" wieder geweckt. Bruder Eugen verstand es meisterhaft, die in diesem Buch vorgetragenen Gedanken zu erklären.
Unter anderem zeigte er mir, wie wichtig es sei, daß man Gott mit seinem Namen „Jehova" anrede. „Diese Voraussetzung", so sagte er mir, „hat Jesus durch sein Mustergebet (Vaterunser) deutlich zum Ausdruck gebracht." In Mat. 6, 9–10 lesen wir wie folgt: „Darum sollt ihr also beten: Unser Vater in dem Himmel! Dein Name werde geheiligt. Dein Reich komme. Dein Wille geschehe auf Erden wie im Himmel." (Luther)
Die Erklärung, daß das Wort „Gott" nur ein Titel sei und nicht der Name Gottes, leuchtete mir ein, und ich fand es völlig in Ordnung, daß man Gott mit seinem Namen ansprechen solle. „Das ist schon deshalb erforderlich", meinte Bruder Eugen, „weil wir nur durch Jehova Gott das verlorengegangene Paradies wiedererlangen können." Er zeigte mir, daß wir wegen Adams und Evas Sündenfall alle unvollkommen sind und der Erlösung bedürfen.
Das genannte Buch „Gott bleibt wahrhaftig" gibt in dem Kapitel „Ein Lösegeld als Gegenwert für viele" folgende Erklärung:

„Der Mensch bedarf eines Lösegeldes. Das geht daraus hervor, daß alle Menschen von Geburt an unvollkommen und sündhaft sind, was auch der gottesfürchtige David bekannte, wenn er sagte: ‚Siehe, in Ungerechtigkeit bin ich geboren, und in Sünde hat mich empfangen meine Mutter' (Psalm 51:5). Wenn sündige Menschen ewiges Leben erhalten sollen, müssen sie von dieser Verdammnis der Sünde und des Todes befreit werden, und diese Befreiung mußte der Schöpfer herbeiführen, da der Mensch in dieser Hinsicht hilflos war und ist. Auch gehört es zum ausdrücklichen Vorhaben Jehovas, Menschen ewiges Leben zu verleihen, wovon Jesus Christus laut Johannes 17:3 (NW) sprach: ‚Dies bedeutet ewiges Leben, daß sie fortwährend Erkenntnis in sich aufnehmen über dich, den allein wahren Gott, und über Jesus Christus, den du ausgesandt hast.' Um dieses Vorhaben, den Menschen Leben zu geben, zu verwirklichen, ist ein Kaufpreis oder Loskaufspreis, ein Lösegeld, nötig. ... Jehova Gott, der Quell des Lebens, der Schöpfer, hat das Lösegeld beschafft. Jesus, sein einziggezeugter Sohn, sagte: ‚So sehr liebte Gott die Welt, daß er seinen einziggezeugten Sohn hingab ... Gott sandte seinen Sohn in die Welt' (Johannes 3:16, 17, NW). Indem der Mensch die gerechte Strafe für die Sünde erlitt, nämlich den Tod, war der Gerechtigkeit Genüge getan. Somit ist der Loskauf ein Ausdruck der Barmherzigkeit und der unverdienten Güte Gottes der Menschheit gegenüber. Welches wertvolle Gut konnte es denn geben, dessen Gott sich nach seinem Wohlgefallen bediente, um die zu erlösen, die seine Liebe und Güte wertschätzen?"

Die Aussicht, von Gott mit ewigem Leben belohnt zu werden, rechtfertigte auch die größten Anstrengungen. Vor allem wollte ich die Bibel besser kennenlernen. Eine große Hilfe waren dabei die Kongresse, die in regelmäßigen Abständen stattfanden. Ich erinnere mich noch sehr gut an den ersten Kreiskongreß im Herbst des Jahres 1956 in Krefeld.

Was mich damals am meisten beeindruckte, war die nicht zu übersehende Ordnung auf dem Gelände, die offensichtliche Herzlichkeit unter den Brüdern und die Bereitschaft zu freiwilligen Arbeiten. Von den vielen Vorträgen dieser Tage habe ich nicht viel behalten, denn es war doch viel Neues, was da auf mich einstürmte. Der Höhepunkt war der öffentliche Vortrag am Sonntag, gehalten von dem damaligen Zweigdiener Erich Frost.

Den Namen weiß ich deshalb noch, weil damals alle Zeugen Jehovas, die ich kannte, begeistert, ja geradezu schwärmerisch von ihm sprachen. Seiner impulsiven Vortragsweise konnte sich keiner entziehen. Außer dem von der Presse später als „Starredner" der Zeugen Jehovas genannten Bruder Konrad Franke habe ich keinen Redner mehr gehört, der so mitreißend vortragen konnte wie unser „Väterchen Frost", wie wir ihn liebevoll nannten.

Die Bewunderung für ihn war nicht ungewöhnlich. Denn er gehörte zu den Brüdern, die ihre Treue zu Jehova und seiner Organisation auch in der Hitler-Zeit bewiesen hatten. Im Wachtturm vom 1. 7. 1961 (Seite 409–415) steht ein Bericht mit dem Titel: „Befreiung von Totalitärer Inquisition durch Glauben an Gott".

Diesem Bericht zufolge war es für ihn als leitenden Diener der Gesellschaft nicht leicht, den hartnäckigen Fragen der Gestapo gegenüber zu schweigen. Aber mit der Hilfe Jehovas, um die er wie „Daniel in der Löwengrube" gebetet habe, sei es ihm und anderen Brüdern möglich gewesen, im Glauben treu zu bleiben, ohne das Werk oder seine Brüder zu verraten.

Ich fand es damals durchaus in Ordnung, daß diesen Brüdern eine gewisse Verehrung entgegengebracht wurde. Erst viel später, in den siebziger Jahren, wurde mir eine Ausgabe des Nachrichtenmagazins „Der Spiegel" aus dem Jahre 1961 (19. Juli, Seite 38, 39) vorgelegt, deren Inhalt gar nichts mehr von dem lieben „Väterchen Frost" übrig ließ. Dort wurde nämlich anhand überlieferter Gestapo-Akten bewiesen, daß er in der Zeit des Hitler-Regimes seine Brüder an die Gestapo verraten hatte und ihm dadurch persönliche Vorteile von den Nazis gewährt wurden.

Als ich daraufhin den WT-Artikel von 1961 noch einmal aufmerksam las, fiel es mir wie Schuppen von den Augen. Bruder Frost hatte in seinem ganzen Bericht nirgends gesagt, daß *er* damals geschwiegen habe, sondern er sprach immer nur von anderen, die geschwiegen hatten. Der WT-Artikel war so geschickt geschrieben, daß man nur dahinterkam, wenn man den

„Spiegel"-Bericht gelesen hatte. Diese Art der Manipulation von Berichten habe ich dann noch öfter in der WT-Literatur gefunden. Doch kehren wir zurück zum eigentlichen Thema.
Der Kreiskongreß 1956 in Krefeld hatte einen nachhaltigen Eindruck hinterlassen. Die Kongreßatmosphäre verfehlte ihre gewünschte Wirkung nicht. Auch ich faßte den Entschluß, mich nun vollständig der WTG anzuschließen. Nachdem wir das Buch „Gott bleibt wahrhaftig" fast zu Ende betrachtet hatten, war ich soweit, daß ich, angeregt durch die Ermunterungen Bruder Eugens, den Wunsch hatte, am Predigtdienst von Haus zu Haus teilzunehmen. Meine Bedenken, ich hätte für diesen Dienst noch nicht genug Erkenntnis, zerstreute Bruder Eugen mit den Worten: „Weißt du Gerd, wenn du warten willst, bis du alles gelernt hast, dann wirst du niemals in den Dienst kommen. Glaube mir, das kommt alles mit der Zeit. Das Wichtigste ist doch, daß du erst einmal die ‚Wahrheit' erkannt hast und den Wunsch hast, Gott zu dienen."
Erst viel später dachte ich über die Vermessenheit nach, daß die Organisation der Zeugen Jehovas als „die Wahrheit" bezeichnet wird. So ist es z.B. üblich, einen Zeugen Jehovas nicht danach zu fragen, wie lange er schon ein Zeuge Jehovas sei, sondern man fragt: „Wie lange bist du schon in der Wahrheit?" Das gab uns ein Gefühl der Sicherheit und Stärke. Der Glaube, in „der Wahrheit" zu sein, ist so stark eingeprägt, daß z.B. Zeugen Jehovas, denen die Gemeinschaft entzogen wurde, noch nach Jahren Äußerungen von sich geben wie diese: „Als ich noch in der ‚Wahrheit' war...".
Doch solche Gedanken waren mir damals noch fremd. Mein Wunsch war es, als getaufter Zeuge Jehovas Gottes Willen zu tun. Ich war nun überzeugt, daß das Predigtwerk mit ganzer Kraft angepackt werden mußte. Denn auch damals war die Zeit nur noch „sehr kurz". So zögerte ich nicht länger und nahm mit Bruder Eugen F. zusammen den Predigtdienst auf. Das war für mich gar nicht so einfach, denn ich litt damals noch unter einem starken Sprachfehler. Die darauf sich gründende Scheu, öffentlich zu sprechen, mußte erst überwunden werden. Die Gewißheit, ein notwendiges Werk zu tun, half mir aber über diese Hemmungen hinweg.
In den ersten Wochen wurde ich von Bruder Eugen begleitet,

oder besser gesagt, ich begleitete ihn. Nachdem ich einige Erfahrungen gesammelt hatte, übten wir zu Hause verschiedene Einleitungen, wie man wirkungsvoll die Zeitschriften der WTG an den Türen anbieten könnte. Es war dann jedesmal ein erhebendes Gefühl, wenn ich tatsächlich einige Zeitschriften abgeben konnte.
Eines Tages entschloß ich mich, allein in den Predigtdienst zu gehen. Ich erinnere mich noch, als ob es gestern gewesen wäre: Ich stand an der ersten Wohnungstür, das Herz klopfte mir bis zum Hals. Nachdem ich den Klingelknopf gedrückt hatte, war mein Mut auch schon verflogen. Bevor noch die Wohnungstür geöffnet wurde, nahm ich Reißaus. Auf der Straße ging ich mit mir selbst ins Gericht, nahm all meinen Mut zusammen und begann im Nachbarhaus noch einmal. Wie glücklich war ich, als ich gleich an der ersten Tür zwei Zeitschriften abgeben konnte. Darin sah nicht nur ich einen besonderen Segen Jehovas, sondern auch Bruder Eugen und Familie waren davon überzeugt. Das spornte mich natürlich an, weitere Fortschritte zu machen. Eine große Hilfe war da die „Predigtdienstschule“ in der Versammlung. Hier konnten wir uns in der Ausarbeitung von Predigten und dem Sprechen vor einer Versammlung sehr gut schulen.
Der nächste große Kongreß, den ich besuchte, war der Bezirkskongreß im Sommer des Jahres 1957 in der Dortmunder Westfalenhalle. Das Programm war auch hier auf das baldige Ende dieses „bösen Systems der Dinge“ ausgelegt und bestärkte meinen Entschluß, mich bei der nächsten Gelegenheit taufen zu lassen.
Die Gelegenheit dazu ergab sich im Herbst des gleichen Jahres auf dem Kreiskongreß in Krefeld. Hier hatte ich die erste größere Versammlung erlebt und hielt es für ein gutes Zeichen, daß ich hier auch getauft werden sollte.
Die Taufansprache wurde am Sonntag um 9.00 Uhr gehalten. Wir Taufanwärter hatten in den ersten drei Reihen Platz genommen und lauschten den Worten des Kreisdieners, wie er damals noch genannt wurde. Den Höhepunkt der Ansprache bildeten die zwei Fragen, die alle Täuflinge mit ja beantworten sollten:
„Hast du deine Sünden bereut und bist du umgekehrt, da du er-

kannt hast, daß du vor Jehova Gott als ein verurteilter Sünder dastehst, der der Errettung bedarf, und hast du vor ihm anerkannt, daß diese Rettung von ihm, dem Vater, kommt, und zwar durch seinen Sohn Jesus Christus? Dann antworte bitte mit ja!

Hast du dich aufgrund dieses Glaubens an Gott und seine Rettungsvorkehrung Gott rückhaltlos hingegeben, um fortan seinen Willen zu tun, wie er ihn dir durch Jesus Christus und durch die Bibel unter der erleuchtenden Kraft des Heiligen Geistes offenbart? Dann antworte bitte mit ja!"

Wir, die bewegt durch den Ernst der Handlung in den ersten Reihen standen, antworteten bei beiden Fragen mit ja. Als der Redner uns als „unsere Brüder" willkommen hieß, erhob sich ein Beifall, der uns Tränen der Rührung in die Augen trieb. Keiner von uns war in der Lage, in das nun folgende Lied „Hingabe" einzustimmen. Ergriffen lauschten wir dem Text:

„Nimm mein Leben, laß es sein mit deinem Will'n harmonisch rein. Nimm mein Stimm' und laß mich sing'n, Lobpreis immer dir darbring'n.

Laß mein Fuß und Hand stets rein nach deinem Willen tätig sein. Nimm mein Fähigkeit und Kraft, daß nach deinem Will'n sie schafft."

Unter den Klängen dieses ergreifenden Liedes führten uns die Ordner zu den bereitstehenden Bussen, die uns zum städtischen Schwimmbad brachten, wo wir getauft werden sollten.

Noch unter dem Eindruck der Taufansprache, in der der Redner über den Sinn der Taufe gesprochen hatte, dachte ich über die von ihm zitierte Bibelstelle aus Mat. 28, 19 nach: „Geht daher hin und macht Jünger aus Menschen aller Nationen, indem ihr sie im Namen des Vaters und des Sohnes und des Heiligen Geistes tauft" (nach NW). Auch seine Worte aus 1. Petrus 3, 21 hatten mich sehr beeindruckt: „Das, was diesem entspricht, rettet jetzt auch euch, nämlich die Taufe (nicht das Ablegen der Unsauberkeit des Fleisches, sondern die an Gott gestellte Bitte um ein gutes Gewissen), durch die Auferstehung Jesu Christi" (NW). Ich faßte den Vorsatz, ein Leben zu führen in Übereinstimmung mit dem Willen Gottes. Mein biblisch geschultes Gewissen sollte mir helfen, in der Zukunft alle Glaubensprüfungen zu bestehen.

Die eigentliche Taufe, die durch völliges Untertauchen im Schwimmbad vollzogen wurde, war schnell vorüber. Wir gingen wieder zu den Bussen, die uns zum Kongreßgelände zurückbrachten.
Die ersten mir bekannten Zeugen Jehovas, die ich auf dem Kongreßgelände traf, waren Bruder Eugen und seine Familie. Eugen umarmte mich und sprach: „Nun bist du unser Bruder und ein Teil der Neuen-Welt-Gesellschaft. Den heutigen Tag kannst du als deinen zweiten Geburtstag betrachten."
Ich freute mich über die vielen Glückwünsche, die mir jetzt von allen Seiten entgegengebracht wurden. Alle wünschten mir „Jehovas reichsten Segen" auf den Weg als „wahrer Christ der Neuen-Welt-Gesellschaft".
Das Kongreßprogramm hob noch einmal die „wunderbare Hoffnung" hervor, die wir durch Gottes Barmherzigkeit hätten. Man vergaß auch nicht, darauf hinzuweisen, daß die Zeit „sehr kurz" sei. Das hoben die Redner immer hervor, wenn sie uns zu vermehrtem Predigtdienst und Zeitschriftenabsatz anspornten.
Seit dieser Zeit habe ich viele Kongresse besucht. Auffallend war immer, daß wir „nur noch wenig Zeit" hätten. Mehrmals wurde am Schluß dieser Veranstaltungen die Hoffnung ausgesprochen: „Brüder! Vielleicht erleben wir den nächsten Kongreß schon im ‚Neuen System'." Das gab uns immer wieder einen besonderen Antrieb für den Predigtdienst. Die Enttäuschung einiger Brüder, die schon zwanzig Jahre oder länger die gleichen Parolen mit angehört hatten, war jedoch nicht zu übersehen. Sie fragten sich, ob die Prophezeiungen der WTG jemals in Erfüllung gingen. Doch das betrachteten wir Neuen als kleingläubiges Genörgel!
Die Kongresse, die Jehovas Zeugen regelmäßig veranstalten, sind besonders für die Jugend unter ihnen ein großer Anziehungspunkt. Dort findet sich oft die einzige Gelegenheit, um neue Kontakte zu knüpfen, Freundschaften zu schließen und Ehen anzubahnen. Deshalb wurden die Kongresse unter uns auch als „Heiratsmärkte" bespöttelt.
Ein besonderes Erlebnis wurde für mich der Weltkongreß 1961 in Hamburg. Er stand unter dem Motto: „Vereinigte Anbeter". Noch nach Jahren wandelten wir das Motto in „Vereinig-

te Schlammtreter“ um, weil es während der acht Kongreßtage regnete. 100000 Gläubige verwandelten die Kongreßwiese in einen riesigen Schlammsee. Das bremste freilich nicht den Tatendrang mancher Brüder. Sie versuchten vielmehr, die von der WTG aufgestellten Ge- und Verbote listenreich zu umgehen. Wie mir berichtet wurde, tat sich einer auf dem „Schlammtreter-Kongreß“ besonders hervor. Noch nach Jahren brüstete er sich – allerdings nur im engen Freundeskreis – mit seinem „Husarenstück“. Er hatte damals mitten im Regen eine junge angehende Schwester kennengelernt. Unternehmungslustig wie er war, versuchte er, mit ihr etwas intensiver zu flirten. Als sie dies mit den Worten: „Das geht doch nicht, ich will doch morgen durch die Taufe meine Hingabe an Jehova Gott symbolisieren“, entschuldigend ablehnte, rief er erfreut: „Was, du bist noch gar nicht getauft? Dann darfst du ja heute noch einmal ...“ „Warum eigentlich nicht“, meinte darauf die angehende Zeugin Jehovas.

Obwohl ich schon damals über diese doppelte Moral empört war, entschuldigte ich die Entgleisungen meiner Brüder mit der menschlichen Unvollkommenheit. Auf den Kongressen und in den Versammlungen wurde uns immer eingehämmert, daß wir nicht auf Menschen schauen sollen, sondern auf „Jehova und sein Königreichswerk“. Mit dieser Vernebelungstaktik nahm man mir damals den Blick dafür, daß es bei den Zeugen Jehovas, selbst an „weltlichen“ Maßstäben gemessen, gar nicht so anständig zugeht, wie man es der Umwelt gern vorspiegelt.

Von den Kongressen heimgekehrt, setzte ich in der Regel noch mehr Zeit ein, um die „Botschaft vom Königreich Gottes“ zu verkündigen. Ich lernte in dieser Zeit sehr viel und war immer besser in der Lage, mit den Menschen, die ich besuchte, zu sprechen.

Diese zufriedene und ausgefüllte Zeit wurde durch meine Musterung und die drohende Einberufung zur Bundeswehr unterbrochen. Wie viele meiner Glaubensbrüder konnte ich es nicht mit meinem Gewissen vereinbaren, den Wehrdienst zu leisten. Ich stellte deshalb beim Kreiswehrersatzamt den Antrag auf Befreiung vom Wehrdienst. Meine biblisch orientierte Begründung wurde durch den Prüfungsausschuß in Düsseldorf überprüft und anerkannt; nach kurzer Zeit erhielt ich den Bescheid, daß ich berechtigt sei, den Kriegsdienst mit der Waffe zu verweigern. Die Freude dauerte nicht lange. Eine zweite Schwierigkeit tauchte auf, die meine Treue zu „Jehova Gott" auf eine schwere Probe stellte: der Ersatzdienst! Jetzt begann eine zermürbende Zeit, die erst nach fünf Jahren ihren Abschluß fand. Es fing recht harmlos mit einem Schreiben des Bundesministers für Arbeit und Sozialordnung vom 27.9.1962 an, worin man mir mitteilte, daß ich als anerkannter Kriegsdienstverweigerer einen zivilen Ersatzdienst zu leisten hätte. Mein Antrag auf Befreiung sei hiermit abgelehnt, weil das Gesetz keine Möglichkeit vorsehe, den Ersatzdienst aus Gewissensgründen zu verweigern.

Dieses Schreiben hat allerdings eine Vorgeschichte. Ich hatte ursprünglich gegen den Ersatzdienst nichts einzuwenden. Denn immerhin dient er dazu, anderen Menschen zu helfen oder sogar das Leben zu retten. Diese Einstellung hatte ich auch vor dem Prüfungsausschuß des Kreiswehrersatzamtes bekundet.

In der stenographischen Niederschrift der Verhandlung am 5.12.1960 steht darüber folgendes: „Zivilen Ersatzdienst könnte ich aber nur dann leisten, wenn er mit dem Krieg überhaupt nichts zu tun hat und wenn er mir andererseits soviel Freiheit läßt, daß ich meiner religiösen Betätigung nachgehen kann."

Nachdem ich erfahren hatte, daß es keine Möglichkeit gab, den Ersatzdienst abzulehnen, machte ich mich mit dem Gedanken vertraut, diesen Dienst zu leisten. Mein Vater, der zu dieser Zeit noch kein Zeuge Jehovas war, meinte auch: „Du wirst doch wohl noch einen Dienst tun können, in dem du Menschen helfen kannst." Ich mußte ihm recht geben, denn was hätte ich auch erwidern können? Damals hatten meine Eltern nicht viel Verständnis für mich. Sie wurden erst Jahre später Zeugen Jehovas, meine Mutter Mitte der sechziger Jahre, mein Vater ließ sich erst 1974 taufen.

Damals wollte ich den Ersatzdienst in der Nähe meines Wohnortes ableisten. Obwohl das grundsätzlich nicht möglich war, wurde es mir nach einiger Mühe gestattet. Am 2.1.1963 sollte ich in den städtischen Krankenanstalten in Düsseldorf meinen Ersatzdienst antreten.

Die Nachricht, daß ich den Ersatzdienst antreten wollte, hatte

sich in meiner Versammlung schnell herumgesprochen. Zunächst bemerkte ich von einer veränderten Haltung mir gegenüber nichts. Doch es war nach einiger Zeit nicht mehr zu übersehen, daß man mit meiner Entscheidung nicht einverstanden war. Der damalige „Versammlungsdiener" Rudi S. kam eines Tages in Begleitung des „Hilfsversammlungsdieners" Willi Sch. auf mich zu und sprach mich direkt darauf an.
Im Verlauf des Gespräches zitierte Bruder Rudi S. die Bibelworte aus Jakobus 4, 4: „Wer immer daher ein Freund der Welt sein will, stellt sich als ein Feind Gottes dar" (NW). „Bist du dir im klaren", fragte er mich, „daß du zwei Herren dienst, wenn du den Ersatzdienst ableistest? Du weißt doch, daß Jesus Christus nach Matthäus 6, 24 sagte: ‚Niemand kann ein Sklave zweier Herren sein; denn entweder wird er den einen hassen und den anderen lieben oder wird zu dem einen halten und den anderen verachten. Ihr könnt nicht Sklaven Gottes und des Reichtums sein.‘ Meinst du, Gerd, daß es sich mit der ‚wahren Anbetung‘ vereinbaren läßt, den Wehrersatzdienst zu leisten?"
„Aber", wagte ich einzuwenden, „es entspricht doch den biblischen Grundsätzen, Kranken und Hilfsbedürftigen beizustehen." „Du mußt dabei aber bedenken", sagte Bruder Rudi S. darauf, „du wirst in diesem Dienst ausgebildet, Soldaten gesundzupflegen, die dann wieder an die Front geschickt werden, um andere Menschen zu töten. Kannst du das mit deinem Gewissen vereinbaren? Und bedenke doch einmal, würde es eigentlich einen Wehrersatzdienst geben, wenn es keine Bundeswehr gäbe? Kann es für etwas, was du ablehnst, einen Ersatz geben? Du mußt dir doch der Tatsache bewußt sein, daß du, als Ersatzdienstleistender, dem Wehrersatzamt unterstellt bist. Es ist aber unmöglich, als ‚Gesandter an Christi Statt‘ (2. Kor, 5, 20) in den Dienst eines anderen Staates zu treten. Ebenso wie sich ein politischer Botschafter nicht in die Angelegenheiten des Gastlandes, in dem er sich befindet, einmischen darf, so ist es auch für uns als ‚Vertreter des Königreiches Gottes‘ nicht möglich, uns in die Angelegenheiten ‚dieser Welt‘ einzumischen. Das würdest du aber, wenn du den Ersatzdienst leistest."
Ich bemerkte damals noch nicht, wie sehr man versuchte, mein Gewissen zu vergewaltigen. Ich befand mich damals in einer

zwiespältigen Lage. Einerseits hatte ich den Wunsch, ein treuer Diener Jehovas zu sein, andererseits sah ich nicht ein, warum ich den Wehrersatzdienst nicht ableisten sollte. Die Entscheidung wurde mir durch den Hilfsversammlungsdiener Willi Sch. mit folgender Feststellung abgenommen: „Du mußt Gott mehr gehorchen als den Menschen." (Apg. 5, 29)
Nach diesem und einigen ähnlichen Gesprächen war mir klar, wenn ich ein Zeuge Jehovas bleiben wollte, durfte ich den Wehrersatzdienst nicht ableisten. Ich wollte alles tun, was man von mir erwartete, um einmal das große Vorrecht zu erhalten, ewig auf einer paradiesischen Erde zu leben.
Somit kam ich der Aufforderung, den Ersatzdienst anzutreten, nicht nach, aus Gehorsam der WTG gegenüber, nicht aus eigener Überzeugung. Mein Versuch, dennoch eine Freistellung zu erwirken, blieb leider ohne Erfolg. Man gab mir zu verstehen, daß meine Glaubens- und Gewissensgründe lediglich zu der Anerkennung als Kriegsdienstverweigerer geführt hätten.
Die Verpflichtung, zivilen Ersatzdienst außerhalb der Bundeswehr zu leisten, sei aber bestehen geblieben. In seinem Brief vom 2.1.1963 teilte mir der Bundesminister für Arbeit und Sozialordnung u. a. folgendes mit:
„Durch den Nichtantritt des zivilen Ersatzdienstes haben Sie sich eines Vergehens der Dienstflucht nach § 37 des Gesetzes über den zivilen Ersatzdienst schuldig gemacht, so daß ich genötigt bin, gegen Sie Strafanzeige zu erstatten. Eine mildernde Beurteilung Ihrer Handlungsweise können Sie durch einen nunmehr unverzüglichen Antritt Ihres zivilen Ersatzdienstes ermöglichen."
Zwischen meinen Gefühlen hin und her gerissen, ließ ich diese Möglichkeit, eine gerichtliche Verfolgung zu vermeiden, ungenutzt verstreichen. Ich hatte nun allerdings durch meine „Standhaftigkeit" das Vertrauen der Brüder wiedererlangt. Ihr Mitgefühl war wieder auf meiner Seite, und ich wurde von allen ermuntert, diese Prüfung meines Glaubens zu bestehen.
In dieser Zeit lernte ich meine zukünftige Frau kennen. Unsere Verlobung lag noch kein Jahr zurück, als mir die Anklageschrift vom 7.5.1963 wegen Dienstflucht zugestellt wurde. Nun sollte es also ernst werden. Wir wußten, daß jetzt eine

schwere Zeit für uns anbrechen würde. Eine Möglichkeit, die Gerichtsverhandlung etwas zu verzögern, sah ich in dem Angebot meines Freundes, nach Frankfurt am Main zu ziehen. Unsere Glaubensbrüder bestärkten uns in diesem Vorhaben und meinten: „Zieht nur erst einmal nach Frankfurt, denn bis die Gerichtsakten dahin kommen und ein neuer Termin angesetzt werden kann, vergehen sicher zwei Jahre. Vielleicht brauchst du dich mit diesem Problem gar nicht mehr auseinanderzusetzen, weil dann längst alles vorbei ist." Nur zu gern griffen wir diese Ratschläge auf und handelten danach.
Im Mai 1963 haben wir geheiratet und sind nach Frankfurt am Main gezogen. Hier haben wir uns schnell eingelebt. Bedingt durch die „Verbundenheit im Glauben" hatten wir unter unseren Brüdern in kurzer Zeit einen netten Freundeskreis. Unsere Freizeit war ausgefüllt mit dem Besuch der Versammlungen, dem Predigtdienst und vielen anderen Dingen. An die bevorstehende Gerichtsverhandlung dachten wir bald nicht mehr. Jedoch sollten wir eines Tages sehr unsanft daran erinnert werden!

3. Untersuchungshaft für Jehova

Am 25.10.1963 wurden wir morgens gegen 6.00 Uhr durch lautes Klopfen an unserer Tür aus dem Schlaf gerissen. „Aufmachen, Polizei“, klang es energisch zu uns ins Zimmer. Erstaunt öffneten wir, und einer der Polizisten fragte mich: „Sind Sie Herr Wunderlich?“ Ich sagte ja. „Wir haben einen Haftbefehl gegen Sie, ziehen Sie sich bitte an und kommen Sie mit.“ Betroffen überzeugte ich mich von der Richtigkeit der Aussage und meinte zu den Polizisten: „Das kann doch nur ein Mißverständnis sein“, worauf der Beamte sagte: „Das wird sich ja herausstellen, ich muß Sie aber bitten, uns zum Revier zu begleiten.“

Ohne Frühstück verabschiedete ich mich nun von meiner Frau: „Mach dir keine Sorgen, das wird sich schon alles aufklären.“ Man brachte mich auf das 13. Polizeirevier. Hier wurde ich von einem Beamten mit der Bemerkung begrüßt: „Nun, da wollen wir erst einmal frühstücken gehen“, und in eine unbeheizte Zelle geführt. In meiner Einfalt glaubte ich tatsächlich, daß ich ein Frühstück bekommen würde, doch da hatte ich mich getäuscht. Nach einiger Zeit wurde es mir so kalt, daß ich mich mit Turnübungen warmhalten mußte.

Endlich, es war inzwischen 9.00 Uhr geworden, brachte man mich nach oben in die Wachstube. Mein Versuch, gegen diese Behandlung zu protestieren, wurde mit dem Hinweis unterbrochen, daß ich das dem Haftrichter vortragen könne. Zwei Beamte nahmen mich nun in ihre Mitte und fuhren mich im Streifenwagen zum Polizeipräsidium. Einer der Beamten sagte mitfühlend zu mir: „Mensch, komm doch zu uns, dann hast du mit der ganzen Bundeswehr nichts mehr zu tun.“ Darauf meinte ich, daß mir das auch nichts nützen würde, weil ich ja dann auch von der Waffe Gebrauch machen müßte.

Im Präsidium wurde ich in eine Zelle eingeschlossen, in der sich schon zwei Personen befanden. Hier war es im Gegensatz zum Revier sehr warm, aber leider auch sehr stickig. Ich wurde nun

in ein Milieu gestoßen, das ich bis dahin nur vom Hörensagen kannte. Da waren Rauschgifthändler, Zuhälter, Diebe und auch solche, die sich für die kommende kalte Jahreszeit eine Unterkunft suchten.
Erst am Nachmittag gegen 17.00 Uhr wurde ich dem Haftrichter vorgeführt. Dort erfuhr ich endlich die näheren Zusammenhänge, die zu meiner ungewöhnlichen Verhaftung geführt hatten:
Ich hatte dem Gericht in Düsseldorf meinen Umzug nach Frankfurt nicht mitgeteilt, weshalb eine Vorladung zur Verhandlung nicht an mich, sondern an meine Eltern geschickt worden war. Diese hatten irrtümlich den Brief angenommen und erst nach ein paar Tagen mit dem Vermerk „Empfänger nach Frankfurt/M. verzogen" zurückgeschickt. Auf dem Gericht muß dies aber nicht beachtet worden sein, denn die Verhandlung wurde angesetzt, obwohl ich nicht informiert war. Nun kam, was kommen mußte. Da ich keine Benachrichtigung erhalten hatte, konnte ich auch nicht zur Verhandlung erscheinen. Daraufhin wurde der Haftbefehl erlassen. Der Haftrichter, dem ich im Frankfurter Polizeipräsidium gegenüber saß, informierte mich darüber, daß inzwischen von meinem Arbeitgeber ein Antrag auf Haftentlassung gestellt worden war. Leider könne dem aber nicht entsprochen werden, weil der Düsseldorfer Staatsanwalt auf sofortiger Überführung nach Düsseldorf bestehe. Er machte mich darauf aufmerksam, daß ich aber eine Haftbeschwerde einreichen könne, was ich dann auch tat. Unabhängig davon wurde mir mitgeteilt, daß ich bei nächster Gelegenheit mit einem Sammeltransport nach Düsseldorf gebracht werden sollte.
Diesen neuen Tatbestand berichtete ich meiner Frau, die mich noch am selben Abend besuchte und mir vorsorglich das Nötigste mitbrachte. Ich bat sie, meine Eltern in Düsseldorf zu benachrichtigen, damit sie mir dort beistehen konnten. Meine Mutter versuchte gleich einen Tag nach meiner Verhaftung, mit mir in Verbindung zu treten. Sie mußte jedoch fast zwei Wochen warten. In dieser Zeit konnte ihr keine Behörde, kein Beamter sagen, wo ich mich befand. Wie konnte sie auch wissen, daß ein Gefangenentransport von Frankfurt nach Düsseldorf zwei volle Wochen dauern kann. Mir selbst ging es nicht an-

ders. Ich hatte Gelegenheit, während dieser Zeit einige deutsche Gefängnisse kennenzulernen. Zuerst wurde ich von Frankfurt nach Mainz, von dort über Koblenz nach Köln gebracht. In Köln hatte ich noch das zweifelhafte Vergnügen, Bekanntschaft mit dem alten „Klingelpütz" zu machen. Während dieser Zeit konnte ich Erfahrungen sammeln, auf die ich gern verzichtet hätte. Wir wurden in einem Spezialbus transportiert, den man allgemein „Knastologenexpreß" nannte. Das Schlimmste während dieser „Reise" war die Ungewißheit. Solange der Bestimmungsort nicht erreicht war, wurde man als Gefangener völlig von der Welt abgeschnitten. Die Möglichkeit, einen Rechtsanwalt einzuschalten, gab es erst im Gefängnis des Bestimmungsortes. Meiner war Düsseldorf, wo ich am 5.11.1963 gegen 9.00 Uhr früh ankam. Bis alle Aufnahmeformalitäten geregelt waren, wurde es 17.00 Uhr. Deshalb konnte ich erst am nächsten Tag etwas in eigener Sache unternehmen.
Am Morgen des 6. November 1963 wurde ich gegen 9.00 Uhr zur Zentrale gerufen. Ein Beamter begrüßte mich kurz und bat mich, ihm einige Fragen zu beantworten. Sicher tat er das nicht zum ersten Mal, denn er rasselte seine Fragen nur kurz herunter. „Haben Sie in Frankfurt eine Haftbeschwerde gestellt? Können Sie einen festen Wohnsitz nachweisen? Sind Sie in einem festen Arbeitsverhältnis?" Nachdem ich alle drei Fragen mit ja beantwortet hatte, meinte er: „Sie werden noch heute dem Staatsanwalt vorgeführt!" Mit gemischten Gefühlen ging ich wieder in meine Zelle, die ich noch mit zwei Personen teilte. Die hatten meine Geschichte schon gehört und meinten nun: „Du wirst sehen, du wirst heute noch entlassen."
Tatsächlich, kurz nach dem Mittagessen erklang ein bestimmtes Klingelzeichen, das von meinen Zellengenossen kundig als das Zeichen für eine „Blitzentlassung" erkannt wurde. „Das kannst nur du sein", vermuteten sie; sie behielten recht. Kurz danach öffnete sich die Tür und ein Wärter rief: „Wunderlich, pack deine Sachen, du wirst entlassen!"
Eine Stunde später stand ich als freier Mann auf der Straße und dachte über den Sinn des Erlebten nach. Es war in der Tat sehr merkwürdig. Nur um diese drei Fragen zu beantworten, brachte man mich auf Veranlassung des Staatsanwaltes, dem ich dann nicht einmal vorgeführt wurde, nach Düsseldorf. Was

für eine Zeit- und Geldverschwendung, denn immerhin muß der Steuerzahler die „Knastologenexpresse“ bezahlen.
Mein Vater brachte mich auf seine Kosten mit dem Auto nach Hause. Wir freuten uns, daß wir wieder zusammen waren, und hatten uns viel zu erzählen.
Die Freude dauerte nicht lang. Mitte Dezember erhielt ich die Nachricht, daß ich am 9.1.1964 zu einem neuen Termin vor dem Schöffengericht in Düsseldorf erscheinen sollte.

4. Standhaft im Glauben, auch vor Gericht

Die Verhandlung begann pünktlich um 13.00. Aufgrund meiner beharrlichen Weigerung, Ersatzdienst zu leisten, beantragte der Staatsanwalt unnachgiebig ein Jahr Gefängnis. Nur dem ausgezeichnet gehaltenen Plädoyer meines Rechtsanwaltes, den ich gegen den Rat meiner Brüder genommen hatte, war es zu verdanken, daß ich mit vier Monaten Gefängnis auf Bewährung und 300,– DM Geldstrafe davonkam.

Das war gemessen an den Strafen von 8–12 Monaten, die viele meiner Brüder bekommen hatten, gering. Viele dieser Brüder hatten, der allgemeinen Meinung unter uns Zeugen Jehovas folgend, daß ein Rechtsanwalt in einer „Glaubensangelegenheit" sowieso nicht helfen kann, darauf verzichtet, sich einen Rechtsbeistand zu nehmen. Die Unkenntnis über das Verhalten vor Gericht hatte dann die relativ hohe Bestrafung zur Folge.

Es schmerzte mich allerdings, daß ich von meinen Brüdern ganz alleingelassen wurde. Außer meiner Frau und meinem Bruder war kein einziger Zeuge Jehovas bei der Verhandlung anwesend. Auch meine Bemühungen vor der Verhandlung, durch die WTG einen guten Verteidiger genannt zu bekommen, waren vergeblich. Die Versammlungsdiener meinten übereinstimmend zu meiner Bitte: „Weißt du, Gerd, in diesen Dingen mußt du ganz für dich allein einstehen. Es ist doch deine freie Entscheidung, diesen Wehrersatzdienst abzulehnen. Wenn wir die Gesellschaft in diesen Rechtsstreit hineinzögen, könnten wir das ‚Werk' (das Verkündigungswerk) gefährden. Der Gesetzgeber würde dann der Gesellschaft vorwerfen, daß sie Personen zur Verweigerung des Wehr- und Ersatzdienstes auffordere. Wenn du also daran interessiert bist, daß ‚Gottes Werk' weitergeführt wird, mußt du alles vermeiden, was diesen Verdacht auf die Gesellschaft lenken könnte. Was also immer geschieht, du mußt dir im klaren sein, es ist deine eigene Entscheidung, du tust es nicht für die Gesellschaft, sondern für Jehova."

So kam es zu dem Widersinn, daß ein „böser Weltmensch", ein Schwager meiner Frau, einen guten Rechtsanwalt mit meiner Verteidigung beauftragte. Dem hatte ich die milde Strafe zu verdanken, die überdies zur Bewährung ausgesetzt wurde. Doch das gerade war der Haken an der Sache. Die Bewährungsfrist war nämlich bis Februar 1968 bemessen. Damit ergab sich folgende Situation: Wenn ich in diesen vier Jahren einer erneuten Einberufung zum Ersatzdienst nicht nachkäme, hätte dies die Widerrufung der Bewährungsfrist zur Folge. In diesem Fall müßte ich nicht nur mit einer Bestrafung wegen der zweiten Dienstverweigerung rechnen, sondern auch die erste Strafe verbüßen. Auf diese Entwicklung brauchte ich nicht lange zu warten.

5. Erneute Einberufung, Anklage, Strafhaft

Anfang März des Jahres 1964 bekam ich den neuen Einberufungsbescheid. Ich wurde aufgefordert, in der Zeit vom 1.4.1964 – 31.3.1965 in Heidelberg Ersatzdienst zu leisten. Natürlich bin ich dieser Aufforderung nicht nachgekommen und wurde erneut wegen Dienstflucht angeklagt.
Meine Frau und ich hatten uns damit abgefunden, daß nun eine längere Zeit der Trennung bevorstand. Unser einziger Trost war die Hoffnung auf ein schnelles Ende dieses Systems.
Daß wir diese „Prüfungen" für Jehova Gott erduldeten, erfüllte uns mit großer Zuversicht. Er würde uns bestimmt die Kraft dazu geben und uns reich belohnen. Wir glaubten Jehovas Segen zu spüren, als das Verfahren in Heidelberg niedergeschlagen wurde. In dem Schreiben vom 26.6.1964 heißt es u. a.: „Mit dem Urteil des Schöffengerichts Düsseldorf vom 9.1.1964 ist die Strafklage ein für allemal verbraucht. Der Fall der Ersatzdienstverweigerung ist ein strafbarer Tatbestand, bei dem der Vorsatz des Täters darauf geht, den Ersatzdienst dauernd zu verweigern und ihm fernzubleiben.
Der Vorsatz reicht damit also auch über die Bestrafung hinaus. Dies geht auch aus dem Wortlaut des § 37 des Gesetzes über den zivilen Ersatzdienst hervor. Es heißt dort:
‚Wer eigenmächtig den Ersatzdienst verläßt oder ihm fernbleibt, um sich der Verpflichtung zum Ersatzdienst dauernd ... zu entziehen'.
Die erneute Einberufung kann demnach nicht die Folge haben, daß wiederum ein neues Verfahren in Gang gebracht wird.
Die Folge wäre, daß der Überzeugungstäter, solange er wehr- bzw. zivildienstpflichtig ist, immer wieder verurteilt werden könnte, ein Ergebnis, das der Gesetzgeber nicht gewollt haben kann und auch nicht gewollt hat. Der Antrag der Staatsanwaltschaft auf Eröffnung des Verfahrens war daher aus Rechtsgründen abzulehnen."
Wir waren damals fest davon überzeugt, daß Jehova Gott die

Dinge so gelenkt hatte. Denn nach den Worten aus 1. Korinther 10, 13 hatten wir die Zusicherung: „Gott aber ist treu, und er wird nicht zulassen, daß ihr über euer Vermögen versucht werdet, sondern mit der Versuchung wird er auch den Ausweg schaffen, damit ihr sie ertragen könnt."
Unsere Freude dauerte nicht lang. Durch die erneute Anklage war der Beschluß des Schöffengerichts Düsseldorf, die Strafaussetzung zur Bewährung, widerrufen. Meine sofortige Beschwerde wurde verworfen. Am 11.6.1965 mußte ich meine viermonatige Gefängnisstrafe antreten. Damals erwartete meine Frau unser erstes Kind. Während der schwierigen Zeit der Schwangerschaft war sie jetzt allein auf sich gestellt.
Auf die folgenden vier Monate im Gefängnis möchte ich nicht ausführlich eingehen. Zu erwähnen wäre, daß zur gleichen Zeit ein Glaubensbruder in derselben Anstalt seine sechsmonatige Haftstrafe verbüßte. Es ergab sich von selbst, daß wir uns sofort gut verstanden. Daß Bruder Bodo K. und ich „Zeugen Jehovas" waren, hatte sich schnell herumgesprochen und gab uns die Möglichkeit, über den Grund unserer Anwesenheit und über „Gottes Vorhaben" Zeugnis zu geben.
Die Bereitschaft, für unseren Glauben ins Gefängnis zu gehen, erregte allgemeines Erstaunen, aber auch Anerkennung. Sehr häufig bekamen wir jedoch Redewendungen zu hören wie die folgende: „So blöd möchte ich auch mal sein!" Unbeirrt gaben wir weiterhin Zeugnis und freuten uns auf unsere Entlassung, wenn wir wieder in Freiheit das Wort Gottes verkündigen könnten.

6. Wieder in Freiheit, die Vorbereitungen für „1975"

Am 27.9.1965 kam ich wieder nach Hause. Meine Frau, die damals im achten Monat schwanger war, konnte die Wiedersehensfreude nicht verkraften und mußte noch in derselben Nacht mit Wehen ins Krankenhaus gebracht werden. So erblickte unsere Tochter am nächsten Morgen, vier Wochen zu früh, das Licht der Welt.

Die ersten Aufregungen waren überstanden, als ich in glücklicher Stimmung nach langer Zeit die Versammlung wieder besuchte. Doch welche Enttäuschung: Keiner schien mich zu bemerken. Ein Bruder sagte später zu mir: „Man hätte dich zumindest vom Rednerpult willkommen heißen können, das wäre wenigstens ein Ausdruck brüderlicher Liebe gewesen. Aber wir sind halt alle nur unvollkommene Menschen", entschuldigte er diese Anwandlung von Kritik.

Nach der Versammlung wurde ich dann von vielen alten Bekannten begrüßt und zu meiner Standhaftigkeit für Jehova Gott beglückwünscht. Der damalige „Versammlungsdiener" Ernst H. sagte sichtlich erfreut: „Nun haben wir ja wieder einen ‚Zeitschriften-Diener'." „Sei mir bitte nicht böse, Ernst", sagte ich darauf, „ich muß jetzt erst einmal mit meinen eigenen Problemen fertigwerden."

Er hat es mir wohl nie verziehen, daß ich das „Vorrecht", der Versammlung zu dienen, ablehnte. Aber es gab auch Brüder, die nicht gleich daran dachten, mich nun sofort mit ehrenamtlichen Arbeiten zu betrauen. Ein Bruder kam zu mir und meinte: „Du hattest doch auch einen gewissen Verdienstausfall und wirst sicher etwas gebrauchen können." Bei dieser Gelegenheit steckte er mir 20,– DM zu. Ich habe mich über diese Aufmerksamkeit sehr gefreut. Er war allerdings der einzige, der an so etwas dachte.

Die Versammlung hatte in dieser Zeit gerade ihren eigenen „Königreichssaal" ausgebaut, und ich freute mich, daß ich zuletzt noch mit anpacken konnte. Obwohl allgemein die Auffassung bestand, daß „Harmagedon“ in „naher Zukunft“ kommen würde, setzte man doch viel Geld und Kraft ein, um einen eigenen Versammlungsraum zu besitzen. Man wollte für die nun folgende Zeit der intensiven Verkündigung des „Königreiches Gottes“ gerüstet sein.

Ich weiß noch, welche Erregung uns ergriff, als wir 1967 die deutsche Übersetzung des Buches „Life Everlasting – in Freedom of the Sons of God“ (Ewiges Leben in der Freiheit der Söhne Gottes) kennenlernten.

Wegen der „Kürze der Zeit“ wurde das Buch sofort in den Versammlungen besprochen. Jahrelang hatten wir diese Zeit erwartet, doch jetzt, da sie so greifbar nahe schien, wurden wir alle von Unruhe erfüllt. Immer wieder lasen wir die Abschnitte 41 und 42, wo die entscheidende Stelle über das Jahr 1975 stand. Wörtlich heißt es dort:

„Seit der Zeit Usshers ist ein intensives Studium der biblischen Chronologie betrieben worden. In diesem zwanzigsten Jahrhundert wurde ein unabhängiges Studium durchgeführt, *das nicht blindlings den traditionellen chronologischen Berechnungen der Christenheit folgte,* und die veröffentlichte Zeittafel, die von diesem unabhängigen Studium herrührt, gibt das Datum der Erschaffung des Menschen mit 4026 v. u. Z. an. Gemäß dieser *zuverlässigen* Bibelchronologie *werden 6000 Jahre,* von der Zeit der Erschaffung des Menschen an, *mit dem Jahre 1975 enden,* und die siebente Periode von eintausend Jahren Menschheitsgeschichte beginnt im Herbst des Jahres 1975 u. Z. Sechstausend Jahre der Existenz des Menschen auf der Erde werden bald vorüber sein, ja, innerhalb dieser Generation.“

Wir Zeugen Jehovas wußten aus der Bibel, daß die „Generation“, die den Anfang der „Dinge“ erleben werde, „nicht vergehen“ soll, bis „alles geschehen“ sei. Unsere Zuversicht setzten wir in die Worte aus Mat. 24, 34–35: „Wahrlich, ich sage euch: Dieses Geschlecht wird nicht vergehen, bis daß dieses alles geschehe. Himmel und Erde werden vergehen; aber meine Worte werden nicht vergehen.“ (Luther)

Wir hatten aus der WTG-Literatur gelernt, daß die „Zeit des Endes“, von der Jesus gesprochen hatte, im Jahre 1914 begonnen hatte. Nun konnten wir uns leicht ausrechnen, wann diese

Generation, von der Jesus sprach, das Ende erleben würde. Unsere Überlegung ging von der Frage aus: Wie alt kann eine Generation werden? Die Bibel sagt nach Psalm 90, 10: „Unser Leben währet siebzig Jahre, und wenn's hoch kommt, so sind's achtzig Jahre“ (Luther). Nach der allgemeinen Auffassung unter uns Zeugen Jehovas begann eine Generation zu zählen, wenn sie 14–15 Jahre alt war. Dies wurde damit erklärt, daß ein Mensch bewußt seine Umgebung erleben und beurteilen müsse, um als „Neue Generation“ im biblischen Sinne zu gelten.

Das wurde uns immer wieder auf Kongressen oder in den Zeitschriften vorgehalten. Zum Beispiel: Im „Erwachet!“ vom 8.4.1969 auf Seite 13 wurde die Länge einer „Generation“ genau angegeben. Demnach mußte die Generation, die 1914 ein Alter von 14 Jahren erreicht hatte, 1975 bereits 75 Jahre alt sein. Es ist somit verständlich, daß das Buch „Ewiges Leben in der Freiheit der Söhne Gottes“ mit Begeisterung gelesen wurde. Sprach es doch all unsere Hoffnungen in bisher nicht gekannter Deutlichkeit aus.

Einen Überblick über die damalige Zeit erhält man, wenn man die Berichte über die Kongreßserie des Jahres 1966 liest. Das „Jahrbuch der Zeugen Jehovas“ von 1967 geht ausführlich darauf ein. Auf den Seiten 47, 48, 50 und 52 ist folgendes zu lesen: „Im Jahre 1964 beschloß die Gesellschaft, Kanada im Jahre 1966 besondere Aufmerksamkeit zu schenken, indem sie für eine Reihe von Versammlungen von einer Küste zur anderen Vorkehrungen treffen würde.

Alles was auf einer Versammlung geschieht, ging in diesem Jahr zuerst in Toronto vor sich, und am Eröffnungstag waren 27000 Teilnehmer anwesend.

Das ganze Versammlungsprogramm stand unter dem Thema der Freiheit und darunter, daß Gottes Söhne sie haben, um so die große Arbeit des Predigens der guten Botschaft von Gottes Königreich fortzuführen, ganz gleich, wo sie sich auf der Erde befinden.

Das ganze nachfolgende Programm sowie die neue Veröffentlichung, ein gebundenes Buch mit dem Titel ‚Life Everlasting – in Freedom of the Sons of God‘ zeigte allen, die ihr Leben Gott hingegeben haben, sehr deutlich, wie sie frei gemacht worden

sind. Nun müssen sie ihrerseits den Gefangenen Befreiung predigen.
Das neue Buch, sowohl die reguläre wie die Taschenbuchausgabe, wurde in Toronto begeistert in Empfang genommen. Gegen Abend steigerte sich die Erregung wegen der in dem Buch enthaltenen Kommentare über das Jahr 1975 als das Ende von sechstausend Jahren menschlicher Geschichte.
Es gibt auch noch einiges andere, was über diese Versammlungen in Nordamerika zu erwähnen ist, die auch als Muster für die Versammlungen dienten, die während des Sommers in Europa stattgefunden haben. ... Sie waren sehr erfreut über das neue Buch ,Life Everlasting – in Freedom of the Sons of God', und die Fabrik in Brooklyn mußte für die Versammlungen in Nordamerika über 1100000 Exemplare der regulären Ausgabe und 250000 Exemplare der Taschenbuchausgabe herstellen."
Auch die Zeugen-Zeitschrift „Der Wachtturm" vom 1.1.1967 ging unter der Überschrift *„Freude über das geistige Fest* ,Gottes Söhne der Freiheit'" auf das neue Buch der Gesellschaft ein. Zur Information einige Auszüge aus den Seiten 20–23:
„An allen Stellen, wo das Buch (Ewiges Leben in der Freiheit der Söhne Gottes) auf den Versammlungen abgegeben wurde, wurde es mit Begeisterung entgegengenommen. Die Ausgabestände wurden von vielen umringt, und der Vorrat an Büchern war bald erschöpft. Sofort wurde der Inhalt untersucht. Es dauerte nicht lange, bis man die Tabelle fand, die auf Seite 31 beginnt und zeigt, daß 6000 Jahre des Daseins des Menschen im Jahre 1975 enden. ... ,Das neue Buch zwingt uns, zu erkennen, daß Harmagedon tatsächlich wirklich sehr nahe ist', sagte ein Kongreßbesucher. (Er [Bruder Franz] ging ausführlich auf Einzelheiten ein und zeigte, wie begründet das Jahr 4026 v. u. Z. als Datum für den Anfang des Ruhetages Gottes ist.) Was ist nun mit dem Jahr 1975? Was wird es bedeuten, liebe Freunde? fragte Bruder Franz. Bedeutet es, daß Harmagedon dann vorüber und Satan bis zum Jahre 1975 gebunden ist? Es könnte das bedeuten! Es könnte das bedeuten! Alle Dinge sind bei Gott möglich. Bedeutet es, daß Babylon die Große bis 1975 beseitigt ist? Es könnte das bedeuten. ... Doch der wichtige Gedanke bei all diesem, liebe Freunde, ist der: Die Zeit ist kurz. Die Zeit läuft ab, darüber besteht keine Frage."

Es war unmöglich, sich der Begeisterung zu entziehen, die aus diesen Berichten sprach. Hinzu kamen die eigenen Erlebnisse auf den Kongressen, und in allen Versammlungen wurden die Erwartungen für das Jahr 1975 lebhaft besprochen. Obwohl die WTG-Literatur nirgends ein genaues Datum für „Harmagedon" nennt, wurde die Hoffnung auf 1975 immer mehr zur Gewißheit, dank allgegenwärtiger Indoktrination. Ein Kreisaufseher sagte einmal: „Meint ihr, liebe Brüder, daß sich Jesus Christus auch nur eine Stunde oder einen Tag von seiner 1000-Jahr-Herrschaft wegnehmen läßt? Nein, er wird Satan dem Teufel keine Gelegenheit geben, länger als die ihm zugedachte Zeit zu herrschen." Durch einen Glaubensbruder erfuhr ich einen Ausspruch des damaligen Zweigdieners Konrad Franke anläßlich der Einweihung des „Königreichssaales" in Diez bei Limburg: „Brüder, da beißt die Maus keinen Faden ab, 1975 kommt ‚Harmagedon'."

Solche Äußerungen aktivierten unsere letzten Reserven. Unsere Freizeit wurde jetzt fast völlig vom „Verkündigungs-Werk" beherrscht. Ich selbst verzichtete auf eine bessere Berufsausbildung mit dem Gedanken: „Was nützt mir jetzt, kurz vor dem Ende dieses ‚Systems der Dinge', eine bessere Berufsausbildung, wenn ich dann, im ‚neuen System', alles lernen kann, was ich nur will." Damals kam es mir nur darauf an, daß so viele Menschen wie nur möglich von dem baldigen Ende dieses Systems und der Aufrichtung des Königreiches Gottes erfahren sollten. Es ging, davon waren wir als Zeugen Jehovas fest überzeugt, um Menschenleben.

Doch hatten wir bis 1975 nicht mehr viel Zeit, um allen Menschen ein „Zeugnis" zu geben. Deshalb freuten wir uns, als uns die WTG im Jahre 1968 ein neues Hilfsmittel zum „Heimbibel-Studium" in die Hand gab. Das Buch „Die Wahrheit, die zu ewigem Leben führt", kurz „Wahrheitsbuch" genannt, sollte in den folgenden Jahren ein großer Erfolg werden.

Von nun an wehte ein neuer Wind durch die Versammlungen. Wir hatten das Gefühl, als erwachten wir aus einem jahrelangen Schlaf. Von den dauernden Parolen, daß die Zeit „sehr kurz" sei, schon etwas abgestumpft, lebten wir wieder auf, weil wir nun ein festes Datum hatten, auf das wir hinarbeiten konnten. Das „Wahrheitsbuch" sollte uns den Weg zu neuen „Heimbibel-Studien“ öffnen. Das Buch wurde mit einem in Millionen-Auflage hergestellten Traktat „Möchtest du gern die Bibel verstehen?“ in großem Stil bekannt gemacht. Das handliche „Wahrheitsbuch“ war darauf abgestimmt, daß es in nur 6 Monaten „studiert“ werden konnte. Das war neu! Bis dahin waren „Studienzeiten“ von drei, fünf oder zehn Jahren keine Seltenheit. So wurden wir allein schon durch die Zeitbegrenzung auf sechs Monate überzeugt, daß die Zeit nun wirklich „sehr kurz“ war.

Ein Kreisaufseher sagte während einer Dienstansprache einmal: „Brüder, wir haben jetzt keine Zeit mehr, unsere ‚Jubiläums-Studien‘ zu pflegen. Wir müssen uns darüber im klaren sein, daß uns die Verantwortung auferlegt wurde, diese ‚Gute Botschaft‘ allen Menschen auf der Erde zu verkündigen. Ihr seid nun darüber informiert, daß die verbleibende Zeit ‚sehr kurz‘ ist. Deshalb ist ein Studium, das nun schon seit Jahren durchgeführt wird und keine Ergebnisse zeigt, verlorene Zeit für uns.“

Wir Zeugen Jehovas waren durch diese und ähnliche Ansprachen in eine Art „Endzeitstimmung“ geraten und übten auf unsere Mitmenschen einen starken Sog aus. Viele, mit denen wir seit Jahren „studierten“, wurden durch uns zu einer Entscheidung gedrängt. Einige entschlossen sich, „in der Welt“ zu bleiben und wurden ab sofort nicht mehr besucht. Doch sehr viele waren jetzt bereit, Verantwortung innerhalb der „Neuen-Welt-Gesellschaft“ zu übernehmen. In den Königreichssälen wimmelte es plötzlich von neuen Gesichtern. Von Monat zu Monat kamen neue hinzu. Dadurch wurden viele „Königreichssäle“ innerhalb kurzer Zeit zu klein. Diese Entwicklung war für uns der Beweis, daß Jehovas Segen auf diesem Werk ruhte, und spornte uns zu weiterer Arbeit an.

Das „Wahrheitsbuch“ wurde, wie erwartet, ein Bestseller. Wir waren durch die genaue Betrachtung dieses Buches in den Versammlungen sehr gut mit dem Inhalt vertraut und konnten es somit wirkungsvoll an den Türen anbieten. Jeder von uns hatte seine eigene Methode entwickelt, um den größten Erfolg damit zu haben. Mir selbst lag das Kapitel 14 auf den Seiten 122–130 mit dem Thema „Woran man die wahre Religion erkennt“ sehr gut. Die hier genannten fünf Merkmale zur Beurteilung einer

Religion, Nächstenliebe, Achtung vor Gottes Wort, das Königreich Gottes als einzige Hoffnung für die Menschheit, Gottes Namen heiligen, sich von der Welt und ihren Angelegenheiten getrennt halten, wurden allgemein anerkannt, und was mir wichtig war, man mußte mir bestätigen, daß die meisten Religionen diese Merkmale nicht mehr aufwiesen.
Der Wunsch eines jeden Zeugen Jehovas, ein „Heimbibel-Studium" durchzuführen, wurde mir in dieser Zeit erfüllt. Es war eine Familie mit 2 Kindern, die ich mit dem „Wahrheitsbuch" in die Organisation Gottes bringen konnte. Familie Robert und Ingrid K. machte zu meiner Freude sehr schnell Fortschritte, und besonders Robert K. zeigte durch den Verzicht, die elterliche Schreinerei zu übernehmen, daß er die „Zeichen der Zeit" richtig erkannt hatte. Schon nach wenigen Monaten ließen sie sich taufen und sind noch heute eifrige Diener der WTG.
Doch galten unsere Bemühungen nicht nur Fremden, sondern auch der eigenen Familie. So taten wir alles, um unsere Tochter zur Zeugin Jehovas zu erziehen.

7. Kindererziehung im Auftrag der Wachtturm-Gesellschaft

Zur Kindererziehung hatte uns die WTG ebenfalls ein biblisches Hilfsmittel zur Verfügung gestellt. Es war das unter uns Zeugen Jehovas sehr beliebte Buch „Vom verlorenen Paradies zum wiedererlangten Paradies“. Das Buch war reich illustriert und „leicht verständlich“ geschrieben. Wir sollten es regelmäßig mit unseren Kindern betrachten, selbst wenn sie noch nicht lesen konnten, denn die Bilder sind gut geeignet, Gottes Handeln daran zu erklären. Besonders meine Frau gab sich die größte Mühe, unsere Tochter von frühester Kindheit an mit der Bibel und den Wachtturmlehren vertraut zu machen.
Erst viel später begriffen wir, was wir unserem Kind zugemutet hatten, wenn wir ihm z.B. anhand dieses Buches den Verlauf des Krieges Gottes „Harmagedon“ erklärten. So wird unter anderem auf den Seiten 208–209 in dem Kapitel „Wie diese Welt enden wird“ das Bild eines furchtbaren und nach Rache dürstenden Gottes gezeichnet[2)], das den Kindern in der Regel eine tiefe Furcht vor dem „lieben“ Gott vermittelt.
Der Zweck dieser barbarischen Erziehung ist, den Kindern beizubringen, daß sie nur dann vor der Vernichtung durch diesen „lieben“ Gott sicher seien, wenn sie gehorsam alles täten, was „Jehova“ durch seine Organisation und durch ihre Eltern von ihnen verlangt.
Glücklicherweise war ich schon immer im Sinne der WTG ein schlechter Erzieher, und so blieb unserer Tochter einiges in dieser Hinsicht erspart. Doch ganz ohne Schwierigkeiten ging es nicht für sie ab. Es begann mit der Schulzeit. Bei einem Kind von Zeugen Jehovas wird darauf geachtet, daß der Umgang mit Kindern aus „der Welt“ auf ein Minimum begrenzt bleibt. Grundlage dafür ist die Bibelstelle aus 1.Kor. 15,33: „Laßt euch nicht irreführen. Schlechte Gesellschaft verdirbt nützliche Gewohnheiten.“ (NW)
So wurde unsere Tochter sehr kontaktarm. Von Natur aus schon etwas schüchtern, konnte sie kaum erklären, warum sie

an gewissen Festen, wie z. B. Weihnachten, Ostern, Geburtstagen oder Karneval, nicht teilnehmen durfte. Mit diesem Problem stand sie allerdings nicht allein; alle Kinder von Zeugen Jehovas haben mehr oder weniger damit zu kämpfen.
Damit diese Kinder Auseinandersetzungen besser begegnen können, werden in den Versammlungen innerhalb der „Predigtdienst-Schule“ Hilfen geboten. Durch Ausarbeiten und Vortragen kleiner Ansprachen wird ihre Redegewandtheit geschult. Man ist bemüht, diesen Ansprachen einen möglichst wirklichkeitsnahen Rahmen zu geben. Ich erinnere mich noch an eine Ansprache von zwei Mädchen zur Karnevalszeit, die damals 9 bzw. 12 Jahre alt waren. Der Tenor dieser Ansprache war der dämonische Ursprung der Karnevalsbräuche. Von diesen heidnischen Bräuchen müsse man sich fernhalten, wenn man Jehova Gott gefallen und nicht von Dämonen belästigt werden wolle, gaben sie zu verstehen und beteuerten, daß sie nicht einmal einen bunten Klecks auf ihre Backen malen würden.
Auch andere Feste und Bräuche sind ein Tummelplatz für Dämonen. Da werden weder Weihnachtssterne gebastelt noch Ostereier gesucht. Besonders im Kindergarten und in den ersten Schuljahren stehen Kinder von Zeugen Jehovas oft abseits, wenn für solche Feiertage gebastelt wird.
Natürlich fällt es den Kindern nicht leicht, darauf zu verzichten, doch da ihnen von Eltern und Versammlung eingeschärft wird, daß Jehova so etwas verurteilt, fügen sie sich und hoffen auf das „Neue System“, in dem sie dann für alles reichlich entschädigt werden.
Doch für diese wunderbare Hoffnung muß man auch etwas tun. Umsonst gibt auch Jehova nichts, wird ihnen beigebracht; und das Beste, was wir für Jehova tun können, ist, „die gute Botschaft zu verkünden“. Je eher wir damit anfangen, desto besser.
Auch unsere Tochter sollte so früh wie möglich mit dieser Art des „Gottesdienstes“ vertraut werden. Doch so sehr sich meine Frau auch bemühte, der rechte Erfolg wollte sich nicht einstellen. Unserer Tochter war das alles langweilig, nur die Vorstellung, im Paradies zu leben und mit wilden Tieren zu spielen, konnte ihr Interesse wecken.

Als Einzelkind hatte sie auch immer das Problem,einen Spielgefährten zu finden. Es verstand sich von selbst, daß nach Möglichkeit nur Kinder von „treuen" Zeugen Jehovas in Frage kamen. Deswegen machten wir trotz unserer knapp bemessenen Zeit Ausflüge mit Eltern von mehreren Kindern, besonders in den nahe gelegenen Taunus. Die Unterhaltung auf solchen Wanderungen wurde überwiegend von biblischen Themen beherrscht. Gehorsam wie wir waren, folgten wir hier einer Anregung der Gesellschaft und erhofften uns dadurch einen günstigen Einfluß auf unsere Tochter. Selbst die Gesellschaftsspiele waren biblisch orientiert, indem wir z. B. biblische Ratespiele machten. Dabei konnte es allerdings selbst für uns Zeugen Jehovas zu den merkwürdigsten Situationen kommen.
Eines Tages, wir waren mit einigen Familien im Taunus, wurden wir von einem heftigen Gewitter überrascht. Unter einem Baum und einer Wachstuchdecke konnten wir uns leidlich vor dem Regen schützen. In dieser Situation schlug die als „treue Schwester" bekannte Gisela G. vor, doch die Gelegenheit zu nutzen und unser tägliches Bibelleseprogramm durchzuführen.
Man stelle sich die Situation vor: Fünf Erwachsene und acht Kinder stehen im Gewitterregen unter einem Baum, versuchen sich mit größter Mühe vor dem Regen zu schützen und lesen inständig die Bibel.
Selbst als Zeugen Jehovas konnten wir uns kaum das Lachen verkneifen. Eine damals jung verheiratete Schwester konnte sich nicht mehr beherrschen und brachte mit ihrem schallenden Lachen die ganze Gruppe in Verlegenheit. Als sich später herausstellte, daß sie ein Kind erwartete, meinte Schwester Gisela G.: „Das habe ich mir doch gleich gedacht; denn wie die auf meinen Vorschlag, die Bibel zu lesen, reagierte, konnte nur darauf zurückzuführen sein."
Unsere für viele Zeugen Jehovas oft zu kritische Haltung der Gesellschaft gegenüber wurde besonders von der Familie Willi und Gisela G. in der Form gemaßregelt, daß sie uns für eine Zeit „bezeichneten". Das hat folgende Bedeutung: Wenn ein Zeuge Jehovas durch seine kritische Handlungs- und Denkweise andere Brüder im Glauben unsicher macht, so sind diese gehalten, ihn zu ihrem eigenen Schutz zu „bezeichnen". Das

kam einem persönlichen „Gemeinschaftsentzug“ gleich. Durch diese Art der „Überwachung“ war innerhalb der Versammlung der Bespitzelung und Denunziation Tür und Tor geöffnet. Dieser „persönliche Gemeinschaftsentzug“ wurde erst aufgehoben, wenn der „Bezeichnete“ seine Treue der Organisation und Jehova gegenüber gezeigt hatte. Er war dann würdig, mit seinen Brüdern auch persönlichen Kontakt zu pflegen. Der „geistige“ Umgang mit ihm war während der „Bezeichnung“ nur auf die Versammlung beschränkt.
Wir waren damals über 12 Monate von Willi und Gisela G. wegen einer kritischen Äußerung zu einem Wachtturm-Artikel bezeichnet worden. Doch mit diesen innerorganisatorischen Problemen konnten wir uns damals nicht beschäftigen. Im Hinblick auf die kommenden Ereignisse in den siebziger Jahren hatten wir, wie wir meinten, Wichtigeres zu tun.

8. Das „Königreich rückt näher“

Wir erwarten alle mit großer Spannung die siebziger Jahre. Bis zum Jahre 1975, in dem 6000 Jahre des „Ruhetages Gottes“ zu Ende gingen und unmittelbar darauf das 1000-Jahr-Reich Jesu Christi begänne, sollten gewaltige Ereignisse die Erde erschüttern. So erwarteten wir den Sturz von „Babylon der Großen“, worunter wir alle „falschen Religionen“ der Erde verstanden. Diesen Sturz sollten die politischen Herrscher herbeiführen, die dann ihrerseits in dem Krieg Gottes „Harmagedon“[3)] vernichtet würden. Dann wäre die Zeit gekommen, die uns Jehova Gott in seinem Wort verheißen hat.

Verstärkt wurde diese Hoffnung noch durch die Kongreßprogramme in dieser Zeit sowie die Wachtturm-Literatur. Besonders ausführlich wurde das Thema in der Zeitschrift „Erwachet!“ vom 8. April 1969 behandelt. Diese Sonderausgabe war ganz auf die Endzeiterwartung abgestimmt. Das Thema „Ist es später als du denkst?“ weckte große Erwartungen, besonders der Artikel: „Was werden die 1970er Jahre bringen?“. Darin ging man näher auf die von Jesus Christus genannte „Generation“ ein und begründete die Annahme, daß diese vorhergesagte „Generation“, die seit 1914 diese „Dinge“ bewußt erlebt, Mitte der siebziger Jahre ausgestorben sein müsse. Damit sei auch das Ende dieses „Systems der Dinge“ gekommen. Wörtlich schrieb man: „Jesus sprach offensichtlich von Personen, die alt genug waren, um das, was sich beim Beginn der ‚letzten Tage‘ ereignete, mit Verständnis zu verfolgen. ... Wenn wir annehmen, daß fünfzehnjährige Jugendliche genügend Verständnis hatten, um die Bedeutung dessen zu begreifen, was 1914 geschah, wären die Jüngsten ‚dieser Generation‘ heute ungefähr siebzig Jahre alt. ... Und man denke daran, daß Jesus sagte, für diese böse Welt werde das Ende kommen, ehe alle, die zu dieser Generation gehören, gestorben seien. Das allein zeigt schon, daß es bis zu dem vorhergesagten Ende nicht mehr viele Jahre sein können.“

Der Bericht ging dann nochmals auf die Chronologie ein, die schon in dem Buch „Ewiges Leben in der Freiheit der Söhne Gottes“ ausführlich behandelt wurde, und zeigte uns, daß 1975 6000 Jahre Menschheitsgeschichte und somit auch 6000 Jahre des Ruhetages Gottes vergangen seien. Es war für uns klar, daß dann die letzten 1000 Jahre dieser 7000-Jahr-Periode der Königreichsregierung Jesus Christus vorbehalten waren. Setzt man diese Kenntnis der Dinge voraus, so versteht man die damalige Zuversicht von uns Zeugen Jehovas, als wir die folgende „geistige Speise“ des „treuen und verständigen Sklaven“ (der Kanal oder das Sprachrohr Gottes) im gleichen Artikel lasen:
„Nach der zuverlässigen biblischen Chronologie wurden *Adam und Eva* im Herbst des Jahres 4026 v. u. Z. erschaffen.
Vom Herbst des Jahres

4026 v. u. Z. bis 1 v. u. Z.	4025 Jahre
1 v. u. Z. bis 1 u. Z.	1 Jahr
1 u. Z. bis 1969 u. Z.	1968 Jahre
Bis Herbst 1969	5994 Jahre

Das würde bedeuten, daß es vom Herbst 1969 bis zum Ablauf der 6000 Jahre Menschheitsgeschichte nur noch sechs Jahre sind. Diese Zeitspanne von sechs Jahren wird offenbar im Herbst 1975 ablaufen.“
Obwohl dann der nächste Absatz zu bedenken gab, daß kein Mensch sagen könne, ob 1975 auch das Ende dieses Systems der Dinge kommen werde, zerstreute man diesen Verdacht wieder mit den Worten: „Sollte Jehova Gott in den 1970er Jahren eingreifen und die verderbte Welt, die einer völligen Auflösung entgegengeht, vernichten, so sollte uns das gewiß nicht überraschen.“
In den weiteren Kapiteln wurde das zukünftige Paradies in den schönsten Farben ausgemalt. Schon die Überschriften aus dem Kapitel „Eine schöne Zukunft vor uns – in Gottes neuer Ordnung“ geben einen Eindruck davon: „Es folgen nun einige beglückende Prophezeiungen aus dem Worte Gottes. Viele davon erfüllen sich in geistigem Sinne jetzt schon an Gottes Dienern. Aber sie werden auch noch ganz buchstäblich in Erfüllung gehen.
Krieg und Verbrechen wird es nicht mehr geben
die Menschen werden in vollkommenem Frieden leben

Frieden zwischen Mensch und Tier
Anstatt der Krankheiten und des Todes
Vollkommene Gesundheit und ewiges Leben
Die Erde wird zu einem gesegneten Paradies
Das Problem der Wohnungsnot gelöst."

Aufgrund dieser „Prophezeiungen" war uns Zeugen Jehovas klar, daß wir ab 1975 im Königreich Gottes leben würden. Daß dies nicht nur eine Laune von uns war, zeigt das Verhalten vieler Zeugen in dieser Zeit. Eine Glaubensschwester sagte mir z.B., als ich ihre Wohnung renoviert hatte: „Nun, lieber Bruder Wunderlich, das war sicher das letztemal in diesem alten System, daß du meine Wohnung machen mußtest."

Das war kein Einzelfall, diese Haltung spiegelte sich auch in der Berufsausbildung der jungen Brüder wider. Viele von ihnen waren der Meinung, daß das Predigtwerk jetzt wichtiger sei als eine Berufs- oder höhere Schulbildung. Die Überzeugung, daß eine Ausbildung unter Umständen gar nicht beendet werden könnte, weil man von „Harmagedon" überrascht würde, veranlaßte viele, den Pionierdienst aufzunehmen. Im „Königreichs-Dienst", dem monatlichen Anweisungspapier für alle Zeugen-Prediger, hieß es dazu im Februar 1968 bezeichnenderweise: „Ein Bruder, der nun als allgemeiner Pionier dient, hatte sich die Ingenieurlaufbahn zum Ziel gesetzt und, angeregt durch seine Vorgesetzten und Kollegen, sich bereits für den Besuch einer Ingenieurschule eintragen lassen. Er schreibt: ‚Ich erlag dann bald der regelmäßigen Infiltration und bewarb mich nach Berlin zur Ingenieurschule für Bauwesen, um nach der Lehre 6 Semester zu studieren. Von mehreren Seiten wurden mir Stipendien in Aussicht gestellt. Aber dann kam für mich wahrhaftig zur rechten Zeit geistige Speise in Form der Erkenntnis, daß 1975 die 6000 Jahre der Menschheitsgeschichte ablaufen werden. Natürlich war mir schon vorher die *Bedeutung dieser so gekennzeichneten Zeit klar.* Aber das war die heilende Spritze, und meine Entscheidung war selbstverständlich: Nach der Lehre sofort in den Pionierdienst!' Glaubst auch du daran, daß wir zu der letzten Generation gehören, die alle Einzelheiten des von Jesus Christus für den ‚Abschluß des Systems der Dinge' vorausgesagten Zeichens miterleben wird?" (S. 3). Daß die „Bedeutung dieser so gekennzeichneten

Zeit" weit mehr war als bloß der Hinweis auf ein wenn auch noch so wichtiges Jubiläum (6000 Jahre Menschheitsgeschichte sind abgelaufen), ist eindeutig.
Diese euphorische Endzeiterwartung, in der wir uns alle befanden, wurde für mich unerwartet durch die Literatur der WTG gedämpft. Das stand im krassen Widerspruch zu den anspornenden Vorträgen. Damit war mein Mißtrauen geweckt. Wirklich kritisch wurde ich im Herbst des Jahres 1973, als der neue „Jahrestext" bekannt gemacht wurde.

9. „Mag der Feigenbaum selbst nicht blühen ...“

Das Dienstjahr 1973 näherte sich dem Ende. Wir als Zeugen Jehovas haben uns hier an das Vorbild des alten Israel gehalten. Auch bei uns beginnt das Jahr im Herbst. Wie immer zum Anfang eines neuen Dienstjahres wurde ein anspornender Bibeltext als Leitgedanke für das nun vor uns liegende Jahr in der Versammlung besprochen.

Der „Jahrestext“ für 1974 war aus Habakuk 3,17–18 entnommen: „Mag der Feigenbaum selbst nicht blühn, dennoch will ich frohlocken in Jehova.“ (NW)

An diesem Abend wurde der Text nur positiv im Hinblick auf das baldige Ende dieses Systems interpretiert. Der Bruder, der die Ansprache hielt, wies in seiner Erklärung dieser Schriftstelle darauf hin, daß wir in dieser auch für uns Zeugen Jehovas schwierigen Zeit die Zuversicht haben müßten, daß Gott uns Zuflucht und Stärke sei. „Wir wissen“, sagte er, „daß Jehova sein Werk vollbringen wird, auch wenn Hungersnot über das Land kommt, wie es durch den Feigenbaum dargestellt wird, der nicht blüht.“ Der Redner gab sich die größte Mühe, diese zum Jahrestext ernannte Schriftstelle auszulegen und uns verständlich zu machen. Wie sehr habe doch Habakuk die schrecklichen Verhältnisse beschrieben, die während der großen Drangsal und in „Harmagedon“ herrschen würden.

Ich versuchte, meine Aufmerksamkeit den Ausführungen des Redners zu widmen, konnte aber nicht verhindern, daß ich dabei etwas über die Vergangenheit der WTG nachdachte. Unter anderem mußte ich an die Endzeitbestimmung für die Jahre 1914 und 1925 denken. Auch damals haben unsere Brüder gewaltige Anstrengungen unternommen, um das so „nahe“ bevorstehende Ende der gottlosen Menschen zu verkünden. Auch ihnen wurde durch die Gesellschaft suggeriert, daß mit „absoluter Zuverlässigkeit“ die Aufrichtung des „Königreiches Gottes“ in diesen Jahren kommen werde. Es war eine trügerische Erwartung. Wie hart muß diese Erkenntnis für unsere

Brüder gewesen sein, die doch ihre ganze Kraft eingesetzt hatten. Sollte sich nun die Enttäuschung der damaligen Brüder in unserer Zeit wiederholen? fragte ich mich an diesem Abend. Immerhin waren wir seit fast einem Jahrzehnt mit großem Eifer dabei, das Jahr 1975 als einen Wendepunkt in der Geschichte des Menschen zu verkündigen. Dieser Wendepunkt konnte für uns Zeugen Jehovas nur das Ende dieses „Systems der Dinge" sein.

Ich mußte später oft die Frage beantworten, warum wir als Zeugen Jehovas so überzeugt waren, daß im Herbst des Jahres 1975 der Krieg Gottes bereits beendet sei und Gottes Königreich herrsche. Die Erklärung war folgende:

Wir Zeugen Jehovas waren davon überzeugt, daß ein Schöpfungstag, wie er in der Bibel genannt wird, kein Tag von 24 Stunden war, sondern eine Periode von 7000 Jahren. Die Bibel spricht davon, daß Gott nach der Erschaffung des Menschen einen Ruhetag einlegte, der natürlich der gleichen Zeitspanne eines Schöpfungstages von 7000 Jahren entsprach. Dieser Ruhetag dauert immer noch an. Wie man der Zeitschrift „Erwachet!" vom 8.4.1969 entnehmen kann (siehe Seite 46f. dieses Buches), begann dieser „Ruhetag Gottes" nach der Erschaffung Adams und Evas im Jahr 4026 v. u. Z., und 1975 würden dann 6000 Jahre vergangen sein. Unsere Lehre sagt nun, daß die letzten 1000 Jahre dieses Ruhetages der Königreichsherrschaft durch Jesus Christus vorbehalten sind. Unsere Zuversicht, daß am Ende der 6000 Jahre Menschheitsgeschichte, die im Herbst des Jahres 1975 nach der „zuverlässigen" Chronologie der Gesellschaft ablaufen sollten, das Königreich Gottes aufgerichtet würde, war also nur natürlich. Die meisten Zeugen Jehovas haben dann auch bis zum letzten Tag des Jahres 1975 gehofft, daß sich diese Prophezeiung der Gesellschaft doch noch erfüllen würde.

Die Überzeugung Anfang der siebziger Jahre, daß wir nun kurz vor dem Ziel waren, gab uns die Kraft, vermehrte Anstrengungen für den „Endspurt" zu machen. Ich hatte an diesem Abend, als der Redner seine Ansprache zum Jahrestext hielt, über den Sinn unserer Tätigkeit nachgedacht. Was würde wohl geschehen, wenn sich unsere Hoffnungen nicht erfüllten? War es nicht möglich, die Worte aus Habakuk 3,17–18 auf folgende Weise zu interpretieren: „Und mag nun 1975 ‚Harmagedon' doch noch nicht kommen – dennoch will ich frohlocken in Jehova und der WTG weiter dienen!" Dieser für mich als Zeuge Jehovas und Angehöriger der „Neuen-Welt-Gesellschaft" kühne Gedanke sollte der Anfang einer Entwicklung sein, an deren Ende ich die WTG verließ. Äußerungen der leitenden Brüder, wie: „Brüder, wir dienen Jehova doch nicht nur bis zu einem bestimmten Datum" oder „Wir dienen Jehova Gott nicht aus egoistischen Motiven, sondern aus Liebe zu ihm", wurden in dieser Zeit immer häufiger, was meinen Argwohn noch verstärkte. Solche kritischen Gedanken mit meinen Brüdern zu besprechen, war allerdings unmöglich, weil, wie wir noch sehen werden, Kritik an der Gesellschaft einer Kritik an „Jehova Gott" gleichkommt und deshalb erbarmungslos unterdrückt wird. Das Geringste, was mir passieren konnte, war, daß man mich vor diesen sogenannten „dämonischen" Gedanken warnen würde. Es ist erstaunlich, wie der von Jehovas Zeugen doch so verabscheute Dämonismus und alles, was damit zusammenhängt, wie Spiritismus, Glücksspiele und Horoskope, die Menschen beherrscht.

10. Der Dämonenglaube und seine Früchte

Auch in unserem engeren Bekanntenkreis gab es einige Zeugen Jehovas, die glaubten, daß sie sehr stark von Dämonen belästigt würden. So übernachtete eines Tages unsere Tochter, wie schon öfters, bei einem befreundeten Ehepaar. An diesem Abend, es war gegen 22.00 Uhr, läutete das Telefon, und Schwester Erika B. berichtete aufgeregt, daß es in ihrer Wohnung soeben gespukt habe. Da es ihr sehr unheimlich sei – sie war mit den Kindern allein in der Wohnung –, bat sie uns, doch zu ihr zu kommen. Wir dachten an unsere Tochter und beschlossen, gleich hinzufahren, um Schwester Erika zu beruhigen. Sie war sehr erleichtert, als wir kamen, und schilderte uns recht furchtsam den vermeintlichen Spuk. Ihr jüngster Sohn, damals 3 Jahre alt, sei plötzlich aus dem Schlaf geschreckt und habe sich im dunklen Zimmer an der Wand den Kopf gestoßen. Darauf habe er fürchterlich gebrüllt und sei nicht mehr zu beruhigen gewesen. Zur gleichen Zeit sei im Wohnzimmer ein Stuhl an einer ganz anderen Stelle als üblich gewesen. Das konnten doch nur Dämonen gewesen sein.
Wir versuchten erst einmal, eine natürliche Erklärung für diese Ereignisse zu finden, jedoch ohne Erfolg. Sie beharrte darauf, daß es dämonisch sei. Um sie zu beruhigen, machten wir uns auf die Suche nach der Ursache des Spuks. So begannen wir alle Zeitungen und Illustrierten, in denen etwas über okkulte Dinge geschrieben stand, auszusortieren, um sie dann später zu verbrennen. Eine Ausgabe von „Erwachet!", in der wieder einmal ein „warnender" Artikel über Dämonismus stand, blieb allerdings von der Vernichtung verschont. Dagegen wurde ein Buch ihres Mannes, das er einmal von einem „Weltmenschen" erhalten hatte und in dem über alte Religionen und Kulturen berichtet wurde, als Wohnsitz der Dämonen verdächtigt. Erika bat uns, ihr behilflich zu sein und diese Dinge aus dem Haus zu bringen. Wir packten das Buch und ein Bündel Illustrierte, auch ein paar Decken, auf denen vor einiger Zeit zwei angeb-

lich von Dämonen besessene Schwestern geschlafen hatten, und brachten alles in die Gartenlaube; der Ehemann sollte es am nächsten Tag verbrennen.
Die „Ursache“ der Belästigungen war nun beseitigt, Erika hatte sich beruhigt, und wir verbrachten noch einen angenehmen Abend. Als nach einiger Zeit ihr Ehemann nach Hause kam, erzählten wir ihm von dem Spuk. „Seltsam“, sagte er, „diese Anwandlungen hat sie immer dann, wenn wieder einmal ein warnender Artikel im ‚Erwachet!‘ gestanden hat.“
Am nächsten Morgen wurde alles verbrannt. Später sollten auch einige verdächtige Messingschalen mit chinesischen Schriftzeichen vernichtet werden. Bruder Wolfgang B., dem die Schalen zum Wegwerfen zu schade waren, schenkte sie einem befreundeten Bruder zur Hochzeit – nicht ohne sie vorher auf ihren „dämonischen Gehalt“ zu prüfen. Er legte die Schalen in seinen Porsche und meinte: „Wenn diese Dinger wirklich von Dämonen besessen sind, müßte ich ja jetzt einen Unfall bauen. Wenn nichts passiert, sind die Schalen in Ordnung.“ Er hatte keinen Unfall, doch seine Frau konnte das nicht überzeugen, und so schenkte er sie dem befreundeten Bruder, der bis heute noch nicht von Dämonen belästigt wurde.
Der nächste Fall von typischem Dämonenglauben betrifft zwei Glaubensschwestern, Mutter und Tochter H. Beide fühlten sich von Dämonen verfolgt. Zum Beispiel waren sie überzeugt, daß in ihrer Wohnung ständig Stimmen zu hören seien, die ihnen irgendwelche Befehle gäben. Deshalb wollten sie nicht mehr in ihrer Wohnung übernachten. Eine Zeitlang wurden sie abwechselnd von einigen Geschwistern[4)] aufgenommen. Doch als es mit den beiden immer schlimmer wurde, war das selbst für viele von uns Zeugen Jehovas sehr ungewöhnlich. Nicht wenige von uns waren besorgt, nun ihrerseits durch diese Schwestern von Dämonen belästigt zu werden. Dadurch wurde es für die beiden immer schwieriger, eine geeignete Unterkunft zu finden. So kam es oftmals vor, daß sie auf freiem Felde übernachteten. Wer aber glaubt, daß solchen Geschwistern Verständnis und Liebe entgegengebracht wird, sieht sich enttäuscht. Stellvertretend für die lieblose Einstellung vieler Zeugen Jehovas sei hier der Ausspruch unserer Schwester Gisela G.

zitiert: „Diese Schwestern sind doch selber schuld an ihrem Unglück. Anstatt Gehorsam zu üben und sich von allen Dingen zu trennen, die sie noch von dem geschiedenen Mann besitzen, hängen sie weiter an ihren irdischen Gütern." Damit verlangte Schwester Gisela nicht mehr und nicht weniger, als daß sich diese beiden Schwestern von ihrer ganzen „dämonisch verseuchten" Habe trennen sollten.
Sie selbst hatte in dieser Beziehung einige Erfahrungen gemacht. Durch ihre fünf Kinder ergab es sich von selbst, daß sie nicht allen Anforderungen der WTG nachkommen konnte.
Da aber jeder Zeuge Jehovas, der das nicht kann, ein permanent schlechtes Gewissen hat, befindet er sich in einem ständigen Kampf mit sich selbst. Denn wer den recht umfangreichen Zeitplan schaffen will, muß sich ganz schön anstrengen.
Neben der allgemeinen Arbeit sieht der wöchentliche Zeitplan eines Zeugen Jehovas allein für den Versammlungsbesuch wie folgt aus:

1 Stunde Versammlungs-Buchstudium
1 Stunde Predigtdienst-Zusammenkunft
1 Stunde Dienstzusammenkunft
1 Stunde Öffentlicher Bibelvortrag
1 Stunde Wachtturm-Studium

Das sind, ohne die Zeit für Vorbereitung und Hin- und Rückweg, fünf Stunden an verschiedenen Wochentagen. Dazu kommt noch das persönliche Studium, Bibellesen, Familienstudium und das Wichtigste für einen Zeugen Jehovas: der „Felddienst", wie der Predigtdienst auch genannt wird. Das ergibt noch einmal drei bis vier Stunden. Somit hat ein Zeuge Jehovas wöchentlich elf bis zwölf Stunden nur für die Ausübung seiner Religion aufzuwenden.
Es ist verständlich, daß eine Mutter von fünf Kindern diesen Zeitplan nur mit größter Anstrengung einhalten konnte und in gewissen Abständen eine Erholungspause nötig hatte. Wenn nun diese Schwester weder Kraft noch Lust hatte, die Versammlung zu besuchen oder in den Felddienst zu gehen, dann waren nicht die maßlosen Forderungen der WTG schuld, sondern immer „Satan und seine Dämonen", die durch die ver-

schiedensten Methoden ihren ungünstigen Einfluß auf die Familie ausübten.
Um sich und auch anderen Brüdern zu beweisen, daß sie alles tat, um von dem verderblichen Einfluß der Dämonen befreit zu werden, wandte sie den Rat, den sie den obengenannten Schwestern gab, konsequent auf sich selbst an. Sie trennte sich des öfteren von lieb gewordenen und auch dringend benötigten Möbeln oder auch Kleidungsstücken, die sie von wohlmeinenden Menschen geschenkt bekommen hatte, die aber in ihren Augen keine treuen Zeugen Jehovas waren. Auch die Notwendigkeit, diese Dinge neu anzuschaffen, konnte sie nicht daran hindern.
Später ging sie sogar soweit, daß sie selbst ihren Brüdern nicht mehr traute und nur noch von ganz loyalen Zeugen Jehovas etwas annahm. Das hatte die groteske Folge, daß selbst wir, als Zeugen Jehovas, dieser Schwester nichts mehr schenken konnten, weil wir nie wußten, ob sie es nicht verbrennen würde aus Angst, es könnten Dämonen drin stecken.
Schon damals kam es mir recht seltsam vor, daß die Dämonenfurcht gerade bei uns Zeugen Jehovas so verbreitet war. Als ich einmal die regelmäßigen Berichte über okkulte Dinge in der Wachtturm-Literatur zusammenstellte, drängte sich mir die Frage auf, ob die WTG die Furcht vor Dämonen nicht bewußt fördere. Daß nur derjenige vor Dämonen geschützt sei, der sich ganz fest an „Jehovas" Organisation binde, war unter uns Zeugen Jehovas fester Glaube. Waren derart verängstigte Menschen nicht leichter zu führen?
Als ich mit meinen Überlegungen erst einmal soweit war, verstand ich auch, warum so viele Geschichten über Erlebnisse mit Dämonen in den Versammlungen kursierten. Der Glaube, daß Jehova seinen Dienern hier auf der Erde besonderen Schutz gewähre, wurde durch diese Berichte gestützt. Eine dieser Erzählungen, die man natürlich nirgends nachlesen konnte, sagte folgendes:
In New York ging eine Pionierschwester in einem Hochhaus von Tür zu Tür und predigte die „gute Botschaft vom Königreich". Dabei beobachtete sie, daß eine jüngere Frau ebenfalls von Tür zu Tür ging, jedoch um irgendwelche Waren zu verkaufen. Nach einiger Zeit bemerkte sie, daß ihr die Frau nicht

mehr folgte, machte sich aber weiter keine Gedanken darüber, sondern setzte ihren Dienst fort.
Als sie am nächsten Tag in der Zeitung las, daß in dem Hochhaus eine junge Frau ermordet worden war, fiel ihr diese Frau wieder ein, und sie meldete sich daraufhin bei der Polizei. Ihr Verdacht wurde bestätigt, es war dieselbe Frau, die ihr in dem Hochhaus gefolgt war. Als später der Mörder gefragt wurde, warum er denn nicht die Zeugin Jehovas ermordet habe, die doch zuvor an seiner Tür war, sagte der Mörder: Das sei ihm nicht möglich gewesen, weil sie in Begleitung zweier Herren gewesen wäre.
Nun kam der Zweck dieser Erzählung: Da die Pionierschwester ihren Dienst ganz allein verrichtete, mußte der Mörder zwei Engel gesehen haben, die Jehova zu ihrem Schutz bestellt hatte.
Solche Berichte wurden besonders durch die Kreisaufseher verbreitet, an deren Glaubwürdigkeit niemand zweifelte, wurden freudig aufgegriffen und weitererzählt. So wurde eine Nachricht in kurzer Zeit in allen Kreisen, Bezirken, ja weltweit bekannt. Eine Geschichte, die auf diese Weise die Runde machte, möchte ich noch kurz erwähnen. Sie erinnert sehr an unsere Erlebnisse mit Schwester Gisela G.:
Einer Schwester, die schon über längere Zeit von Dämonen belästigt wurde, hatte man den gleichen Rat gegeben wie den anderen, nämlich sich von Gegenständen zu trennen, die von Personen stammen könnten, die mit okkulten Dingen zu tun hatten. Diesen Rat befolgend, hatte diese Schwester inzwischen fast ihre ganze Einrichtung erneuert, ohne eine Erleichterung zu verspüren. Nun trug sie ihr Problem Jehova Gott im Gebet vor und hatte darauf ein merkwürdiges Erlebnis.
Als sie sich im Spiegel betrachtete, sah sie plötzlich, wie ihr Gesicht von einer halben Rasierklinge zerschnitten wurde. Nun fiel ihr ein, daß sie vor langer Zeit von einer Freundin, von der sie wußte, daß diese an spiritistischen Sitzungen teilgenommen hatte, einen Nähkasten mit Inhalt bekommen hatte. Sie untersuchte den Nähkasten und fand die andere Hälfte der Rasierklinge. Jetzt war ihr klar, woher diese dämonischen Belästigungen kamen, sie warf den Kasten mit Inhalt ins Feuer und hatte sofort Ruhe vor den Dämonen.

Solche Berichte wurden besonders gern im privaten Kreis erzählt und veranlaßten viele, ihre Wohnung auf verdächtige Gegenstände zu untersuchen.
Ich hatte damals oft den Verdacht, daß viele Brüder und Schwestern ihre persönliche Unzulänglichkeit damit entschuldigten, daß sie eben von Satan und seinen Dämonen behindert würden.
Es gab allerdings auch von Zeit zu Zeit Berichte, die vor einer zu großen Zuversicht in die Hilfe Jehovas warnten. Folgende Geschichte wollte uns ermahnen, daß wir auch als Zeugen Jehovas nicht leichtsinnig unser Leben riskieren sollten: Zwei Missionare der Gesellschaft, sie hatten gerade ihre Ausbildung auf der „Gileadschule"[5] beendet, reisten per Schiff zu ihrem künftigen Bestimmungsort. Das Schiff geriet in Seenot und drohte unterzugehen. Ihr Glaube, daß sie von Jehova Gott auf jeden Fall beschützt würden, war so stark, daß sie die angebotenen Schwimmwesten ablehnten und lieber anderen überließen. Sie waren der Meinung, daß Jehova ihnen die Ausbildung zum Missionar nicht ermöglicht habe, um sie jetzt ertrinken zu lassen. Nun, sie schätzten ihren Wert wohl doch etwas zu hoch ein, denn beide sollen ertrunken sein.
Die Neigung zu extremem Handeln bei uns Zeugen Jehovas fiel mir immer mehr auf. Je näher wir dem Jahre 1975 kamen, desto auffälliger wurde das Verhalten einzelner Brüder und Schwestern. Die Ursache all dieser Absonderlichkeiten war die „große Drangsal", die wir vor dem Krieg von „Harmagedon" erwarteten.

11. Vorbereitung auf die „große Drangsal“

Der Jahrestext für das Jahr 1974 warnte uns Zeugen Jehovas vor der „großen Drangsal“, die dem Gotteskrieg „Harmagedon“ vorausgehen sollte. In dem Wachtturm-Buch „Vergewissert auch über alle Dinge“ (Deutsche Ausgabe 1957, Seite 388) wurde die „große Drangsal“ unter dem Stichwort „Weltbedrängnis“ auf folgende Weise beschrieben: „2.) Angst und Bangen und Wehen, die über die Völker der Erde kommen, weil Satan verzweifelt alles aufbietet in dem Versuch, alle Wahrheit und Gerechtigkeit von der Erde auszurotten und alle Menschen vor Harmagedon gegen Gott aufzubringen, mit dem Ziel, die Erde zu entvölkern. Satan hat durch seine Einwirkung auf die Sündhaftigkeit und Selbstsucht des Menschen und auch durch seine bedrückende dämonische und sichtbare Organisation zu Gewalttaten aufgehetzt und große Bedrängnis herbeigeführt.“
Ein Bruder, der in unserer Bockenheimer Versammlung den Jahrestext aus Habakuk 3,17-18 interpretierte, betonte, daß in dieser Drangsal auch wir Zeugen Jehovas nicht verschont würden. Das genannte Buch „Vergewissert euch ...“ sollte unsere Furcht vor dieser Drangsal verstärken. Der Begleittext zur Bibelstelle aus Offb. 12,13; 17 auf der Seite 393 lautete: „Satan bemüht sich hauptsächlich, durch Verfolgung Jehovas Zeugen zu zerschmettern.“
Dieser und weitere Auszüge aus dem Buch zeigen, daß die Lehre der WTG über die große Drangsal Furcht und Schrecken unter ihren Gläubigern verbreiten soll, um sie dann noch fester an sich zu binden.
Es war für jeden Zeugen Jehovas klar, daß Jehova durch die Wachtturm-Gesellschaft handelt, die somit die „Rettungsvorkehrung“ oder die „symbolische Arche“ ist. Wir konnten also nur durch diese Drangsal kommen, wenn wir den Willen Gottes taten, den er uns über die Gesellschaft vermittelt. Obwohl uns versprochen wurde, daß Jehova uns in dieser Drangsal beschützen werde, zeigte die Handlungsweise vieler Glaubens-

brüder, daß ihr Vertrauen doch nicht so stark war. So erwarteten wir als Folge dieser Drangsal eine weltweite Hungersnot, der zu entgehen die verschiedensten Anstrengungen unternommen wurden. Viele unserer Brüder versuchten es mit der Vorratshaltung. So wurde mir berichtet, daß in einer Düsseldorfer Versammlung einige Brüder säckeweise Getreide eingekauft hatten. Meine Schwägerin, eine strenggläubige Zeugin Jehovas, wollte mich ermuntern, so wie sie die Brötchentüten zu sammeln, weil in der großen Drangsal bestimmt das Toilettenpapier knapp würde.

Diese Vorbereitungen wurden von der WTG gezielt unterstützt. Als wir den Artikel in der Zeitschrift „Erwachet!" (22. Jan. 1975, S. 3–7) lasen: „Was kann man tun, wenn Lebensmittel knapp werden?", hatte ich den Eindruck, daß man uns wie Spezialeinheiten von Dschungelkämpfern ausbilden wollte:

„NOTLAGEN

Sollte es wirklich zu den angekündigten Hungersnöten kommen, mag es wichtig sein zu wissen, was man ohne Gefahr essen kann und was bekömmlich ist" (S. 6). Nach ein paar Ratschlägen, daß z. B. „beinahe alle Gras- und Kleearten ... eßbar" sind, „wenn sich auch der Magen erst allmählich daran gewöhnen muß", heißt es: „Weiterhin sind praktisch alle Vögel eßbar, darunter Krähen, Elstern, Möwen und Schwäne. Auch ihre Eier kann man in Notlagen essen. Außerdem gibt es noch die Insekten. Heuschrecken, Ameisen und Termiten dienen einigen Völkern schon seit langem als Nahrung. Viele Vögel und andere Tiere ernähren sich von Larven, Raupen und Würmern, und genauso kann dies der Mensch, wenn es nötig wird." (S. 7)

Wer glaubt, daß die gemeinsame Vorbereitung auf eine schwere Zeit die Liebe unter uns vertieft hätte, täuscht sich. Es ging ja jetzt um das eigene Leben, und da ist sich auch ein Zeuge Jehovas erst einmal selbst der Nächste.

Der Egoismus, der besonders in dieser Zeit unter uns sichtbar wurde, mag durch folgende Beispiele deutlich werden:

Meine Frau sprach eines Tages mit der Frau eines Ältesten aus unserer Versammlung. Das Gespräch kam auch auf die bevorstehende „große Drangsal", und Schwester Ruth E. meinte u. a. dazu: „Weißt du, Karin, die Brüder wissen doch alle, daß

diese Drangsal bevorsteht, und trotzdem treffen viele von ihnen keine Vorkehrung dafür." Dann fügte sie mit leidvoll entsagender Stimme hinzu: „Aber wir sind ja gerne bereit, mit unseren Brüdern zu teilen."
Diese Einstellung war leider kein Einzelfall, sondern eher die Regel. Das geht aus der Aussage von Schwester Gisela G. sehr deutlich hervor. Sie versuchte das Problem des „Teilenmüssens" so zu lösen, daß sie sich mit dem Gedanken tröstete: „Bis dahin hat Jehova bestimmt alle untreuen Brüder aus der Versammlung hinausgetan, dann brauche ich ja nur noch mit ganz loyalen Brüdern zu teilen, wenn die große Drangsal kommt. Und mit diesen werde ich dann auch gerne teilen."
Menschlich gesehen, wäre das alles noch verständlich, wenn nicht die lautstarken Beteuerungen in Wort und Bild wären, daß innerhalb der WTG „wahres" Christentum und somit die „Früchte des Geistes" (Galater 5,22–23) heranreiften. Nach allen Erfahrungen, die ich machen mußte, trifft der Grundsatz „Je mehr jemand von Liebe und guten Werken spricht, desto weiter ist er davon entfernt" auch auf Zeugen Jehovas zu.
Damit will ich vorerst meinen Bericht über die Erfahrungen mit meinen Brüdern im Hinblick auf 1975 beenden. Es sei nur noch erwähnt, daß damals viele Zeugen Jehovas auf eine Urlaubsreise ins Ausland verzichteten, um nicht zu weit vom Wohnort und der Heimatversammlung entfernt zu sein, wenn Harmagedon ausbräche.
Zurück zum Ausgangspunkt meiner kritischen Gedanken über die WTG im Herbst des Jahres 1973. Ich erwähnte schon, daß ich meine Überlegungen im wesentlichen für mich behalten mußte; dennoch war ich nicht der einzige, der die veränderte Situation bemerkte. Wir waren schon längere Zeit mit einem jungen Bruder befreundet, der von vielen Brüdern als Außenseiter betrachtet wurde, weil er die Universität besuchte. Unter Zeugen Jehovas wird ein „weltliches" Studium nur als Zeitverschwendung angesehen. Auch werde man auf der Universität der Gefahr ausgesetzt, seinen Glauben zu verlieren. Welchen Glauben man allerdings verlieren konnte, nämlich den an die WTG, wurde mir erst später bewußt.
Eines Tages, wir saßen mit ihm wie üblich zusammen, fragte ich ihn: „Rudolf, was hältst du eigentlich von dem neuen Jahres-

text?" Zu meiner Überraschung stimmte seine Meinung mit der meinen völlig überein. Rudolf sagte uns, daß er sich schon seit einiger Zeit kritische Gedanken über gewisse Dinge innerhalb der Gesellschaft mache. Danach diskutierten wir fast täglich über unsere Beobachtungen an unseren Brüdern und an der Literatur der WTG. Es konnte nicht ausbleiben, daß sich für uns Konsequenzen ergaben.

Als erstes Ergebnis unserer Gespräche stellten wir fest, daß es unter uns Zeugen Jehovas keine echte Liebe und auch keine Ehrlichkeit gab.

12. „Daran werden alle erkennen, ... daß ihr Liebe untereinander habt“

Wie steht es denn um die viel gepriesene Nächstenliebe unter uns Zeugen Jehovas? Die WTG ist auf der freiwilligen Arbeit der Gläubigen aufgebaut. In den Druckereien der Gesellschaft arbeiten Hunderte von freiwilligen Helfern, um die WT-Literatur zu drucken und zu versenden. Ferner sind sehr viele Sonderpioniere, Kreisaufseher, Bezirksaufseher und viele andere für das Werk der Zeugen Jehovas beschäftigt.
Am Beispiel der „Sonderpioniere“ möchte ich die soziale Lage dieser „freiwilligen“ Helfer im Dienste der WTG schildern. Zur Erklärung sei aber noch folgendes vorweggenommen: Die wichtigste Aufgabe für einen Zeugen Jehovas ist der Predigtdienst von Haus zu Haus, den die Gesellschaft auch zum Vorwand dafür nimmt, daß sie keine sozialen Werke vollbringt.
Ein Zeuge Jehovas steht monatlich ca. 10 Stunden im „Predigtdienst“. Für diejenigen, die noch mehr Zeit aufwenden wollen, hat die WTG den „Pionierdienst“ geschaffen. Diese Pioniere sind in drei Gruppen eingeteilt:

1. Der Pionier auf Zeit (Ferienpionier)
2. Der allgemeine Pionier (predigt halbe Tage)
3. Der Sonder-Pionier (predigt ganze Tage)

(Die Formulierung kann sich inzwischen geändert haben, das geschieht bei den Zeugen Jehovas des öfteren.)
Ein Pionier auf Zeit oder Ferienpionier opfert in der Regel 14 Tage seines Urlaubs, um einmal im Jahr mindestens 75 Stunden im Predigtdienst zu stehen.
Der allgemeine Pionier sucht sich in der Regel eine Halbtagsarbeit, um dadurch den anderen halben Tag predigen zu können. Von ihm wird eine Leistung von 90 Stunden monatlich erwartet. Beide bekommen für ihre Leistungen im Gegensatz zum „Sonder-Pionier“ keine Vergütung.
Der Sonderpionier steht monatlich 150 Stunden im Felddienst und hat, sofern er ein Mann ist, noch zusätzliche Aufgaben in

seiner Versammlung. Da bleibt keine Zeit, um sich den Lebensunterhalt zu verdienen. Deshalb wird er von der WTG mit geringen Mitteln unterstützt. Nach Aussagen einiger Sonderpioniere bekamen sie bis Dezember 1975 im Monat 250,– DM. Selbstverständlich wird sich der Betrag den inzwischen gestiegenen Kosten angepaßt haben. Auffallend ist, daß die Vergütung offensichtlich unter der steuer- und sozialversicherungspflichtigen Grenze bleibt.

Von diesem Betrag muß er seine Unterkunft, Verpflegung und die private Gruppen-Krankenkasse bezahlen. Um nun mit so geringen Mitteln auszukommen, müssen immer zwei Sonderpioniere in eine Wohnung oder ein Zimmer ziehen, was nicht selten zu persönlichen Problemen führt. Doch selbst das würde nicht genügen, um den Lebensunterhalt zu bestreiten. Deshalb werden diese „Pioniere“ abwechselnd von den Glaubensbrüdern der Versammlung, in der sie eingesetzt sind, zum Mittagessen eingeladen.

Es sind also nicht finanzielle Motive, die den Sonderpionier dazu bringen, ein solches Leben auf sich zu nehmen. Die Erklärung für sein Verhalten liegt einzig in der Endzeitlehre der WTG. Jeder Zeuge Jehovas, der den „Sonderdienst“ aufnimmt, ist der festen Überzeugung, daß das „Ende dieses Systems“ kurz bevorstehe. Keiner von ihnen denkt daran, daß er auch einmal in das Rentenalter kommt. „Bis dahin leben wir längst im ‚Neuen System‘“, war die allgemeine Meinung.

Und damit komme ich zum Thema dieses Kapitels, zur Nächstenliebe der Wachtturm-Gesellschaft. Diese als „sichtbarer Vertreter des Herren auf Erden“[6] auftretende Gesellschaft hält es nicht einmal für nötig, ihren Sonderpionieren sowie allen anderen freiwilligen Mitarbeitern eine Rentenversicherung zu zahlen. „Wenn du an Jehovas neue Ordnung glaubst, brauchst du doch keine Rentenversicherung“, war die Meinung vieler Brüder, die ich darauf ansprach.

Man stelle sich einmal vor, daß ein „freiwilliger“ Mitarbeiter der WTG nach 4, 5 oder gar 10 Jahren wieder in das Berufsleben zurückgeht und dann doch noch das Rentenalter erlebt. Nun fehlen ihm die Jahre, die er für die WTG gearbeitet hat. Dann wird er die „bösen Weltmenschen“, deren Untergang er viele Jahre gepredigt hat, um Unterstützung bitten müssen.

Oder er hat das Glück oder Unglück, von seiner Familie unterstützt zu werden.
Selbst die Krankenversicherung galt in der Organisation Jehovas lange Zeit als nicht erforderlich. Erst seit einigen Jahren sind die Sonderpioniere in einer privaten Gruppenversicherung gegen Krankheit versichert. Allerdings zahlt diese Versicherung nur die Arzt- und Arzneikosten. Krankengeld gibt es also nicht. Das kann dann oft zu unmöglichen Situationen führen.
So wohnten bei uns im Haus mehrere Jahre zwei Sonderpioniere. Die „Heiligen Schwestern“ wurden sie von uns Brüdern etwas spöttisch und doch achtungsvoll genannt. Sie taten eifrig bei jedem Wetter ihren schweren Dienst. Eines Tages sagte meine Frau zu mir: „Also, die beiden Pionier-Schwestern sind wirklich fanatisch. Nun gehen die doch in den Felddienst, obwohl sie so sehr erkältet sind, daß sie kaum noch aus den Augen sehen können.“ Später erfuhren wir, warum die Schwestern so „eifrig“ in den Dienst gingen, obwohl sie eigentlich ins Bett gehörten. Eine von ihnen sagte uns: „Es bleibt uns gar nichts anderes übrig. Denn die Tage, die wir nicht in den ‚Felddienst‘ gehen, werden von unserer Unterstützung abgezogen. Und die ist ja, wie ihr wißt, schon sehr knapp bemessen. Wir müssen also so lange, wie es nur geht, unsere Pflicht tun.“
Jetzt verstand ich auch, warum sehr viele Pioniere aus gesundheitlichen Gründen ihren „beglückenden“ Dienst aufgeben mußten. Wahrlich, die „Früchte“ der Nächstenliebe stehen bei dieser Organisation nur auf dem Papier.
Die rücksichtslose und unchristliche Behandlung der freiwilligen Helfer bemerkte ich auch auf den großen Kongressen. Es war im Sommer des Jahres 1975 in Frankfurt am Main. Die Hitze war unerträglich. In der Festhalle und einigen Messehallen wurde mit großem Eifer der Bezirkskongreß vorbereitet, der vielen von uns einen Teil ihres Urlaubs kostete. Der Kongreß sollte pünktlich am 17. Juli 1975 beginnen.
Trotz Hitze und harter Arbeit waren wir in guter Stimmung und freuten uns, daß wir an diesem großen Werk für Jehova Gott teilhaben konnten, zumal wir im Herbst den Beginn des „Neuen Systems“ erwarteten. Sicher würden wir im Verlauf des Kongresses Neues darüber erfahren.

Während der Aufbauzeit wurden wir von der Gesellschaft recht gut verpflegt. Wie alles, war auch die Essenausgabe gut organisiert. Für das Mittagessen bekamen wir von dem jeweiligen Gruppenleiter eine Essenskarte, das Abendessen wurde ohne Karte ausgegeben.
Am letzten Tag der Aufbauarbeiten ging es besonders hektisch zu. Unzählige Kleinigkeiten mußten noch erledigt werden. Unter anderem hatte die Behörde den Abstellplatz für die Gasflaschen der Kongreßküche beanstandet und eine Verkleidung mit feuerfesten Platten verlangt. Es war nicht einfach, jetzt noch einen Bruder aufzutreiben, der mir dabei helfen konnte. Gegen Abend waren wir immer noch nicht fertig, wollten erst einmal essen gehen und danach weitermachen.
An der Essensausgabe bemerkte ich wohl eine kleine Diskussion, achtete aber nicht darauf und setzte mich zu Tisch. Kurz danach kam mein Kollege und meinte sichtlich verärgert: „Also das ist doch ein starkes Stück, jetzt mußte ich mein Essen selber bezahlen, obwohl ich den ganzen Tag hier gearbeitet habe."
Ich hielt das für einen Irrtum, stellte den verantwortlichen Bruder zur Rede und erhielt die erstaunliche Antwort: „Es ist schon immer üblich, am Abend vor dem Kongreß das Abendessen zu bezahlen, denn an diesem Abend sind erfahrungsgemäß viele Brüder auf dem Kongreßgelände, die nicht mitarbeiten. Damit sie nicht auch ein kostenloses Essen bekommen, müssen eben alle bezahlen."
Ich hatte also nur durch Zufall mein Essen umsonst bekommen. Alle anderen hatten zwar widerwillig, aber gehorsam bezahlt. Es entstand eine heftige Diskussion über den Sinn dieser Anweisung, bei der jedoch nichts weiter herauskam, als daß ich als Meckerer und Nörgler bezeichnet wurde.
Schließlich schaltete sich der stellvertretende Kongreßaufseher Bruder N. ein. Der Bruder, der mir geholfen hatte, war schon verärgert gegangen. „Wo nehme ich mir jetzt einen Helfer her?" war meine Frage. „Muß es denn sein, daß man die Brüder so vor den Kopf stößt?" Doch Bruder N. erwiderte nur: „An allen Tagen hat er sich hier sattgegessen. Jetzt, wo er einmal eine Mahlzeit bezahlen soll, haut er einfach ab." Ich war so verblüfft, daß ich nur sagen konnte: „Aber dieser Bruder hat doch nicht nur hier gegessen, sondern auch alle Tage kostenlos gear-

beitet." Darauf ging Bruder N. nicht weiter ein, sondern entschuldigte sich mit den Worten: „Ich habe diese Bestimmungen nicht gemacht."

Dieser Vorfall gab mir zu denken. Es ging mir nicht um die 3,50 DM für das Essen, sondern um die Einstellung der Wachtturm-Funktionäre zu ihren Gläubigen. So viel Mißtrauen den eigenen Brüdern gegenüber hatte ich nicht erwartet. Man traute ihnen ohne weiteres zu, sich ein Abendessen zu erschleichen. Warum regte sich kein Widerspruch gegen eine solch demütigende Behandlung? Die Antwort eines Bruders, der wortlos der Auseinandersetzung zugehört hatte, mag eine Erklärung sein: „Bruder", sagte er vorwurfsvoll, „meinst du, daß sich Jehova Gott von uns etwas schenken läßt? Er wird uns im ‚Neuen System' tausendfach belohnen."

Die Hoffnung, daß wir im „Neuen System" einmal für alles belohnt würden und dann auch unsere Brüder besser ertragen könnten, war unter uns Zeugen gar nicht so selten: „Weißt du, wenn Jehovas Zeugen im neuen System genau so sind wie jetzt, dann möchte ich unter keinen Umständen mit ihnen leben. Aber da Jehova dann bessere Zustände schaffen wird, möchte ich doch erst einmal das Paradies erleben. Sterben kann ich dann immer noch, wenn es mir wirklich nicht gefallen sollte. Glücklicherweise sind wir ja nicht zum Leben verurteilt. Aber das ist mir klar: Ich kann das Paradies nur durch Jehovas Organisation erreichen, deshalb bleibe ich bei Jehovas Zeugen."

Auch für uns war diese Überlegung nicht neu. Meine Frau hatte deshalb weitere Diskussionen mit Rudolf abgelehnt, weil sie befürchtete, ihren „Glauben" zu verlieren. Die Aufseher hatten inzwischen von unserer kritischen Haltung erfahren und gaben uns den „Rat", die Diskussion mit Rudolf zu unterlassen. Den Anlaß dazu hatte er ihnen in seiner letzten Ansprache in der Versammlung gegeben. Seine „Studierendenansprache" hatte das Thema: „Die Liebe Gottes am Beispiel des Handelns Jesu". In den Evangelien wird berichtet, daß Jesus gelegentlich das Sabbatgebot gebrochen habe: „Der Sabbat ist um des Menschen willen da, nicht der Mensch um des Sabbat willen" (Mk. 2,27 nach Wilckens). Rudolf sprach über den Sinn dieser Jesus-Worte und ihre Anwendung auf uns Christen heute. Seine Ansprache erreichte ihren Höhepunkt: „Es kommt nicht darauf an, Kadavergehorsam zu üben, sondern Nächstenliebe."

An der gespannten Stille merkte ich, daß alle konzentriert zuhörten. Am Schluß der Versammlung gingen viele zu ihm und meinten spontan: „Das war aber eine tolle Ansprache." Auf Rudolfs Antwort: „So, meint ihr wirklich? Die Ältesten sind da ganz anderer Meinung", zogen sie sich erschrocken zurück. Bruder T., der sich besonders lobend geäußert hatte, sagte bestürzt: „Ja das kann ich dann nicht beurteilen, dann will ich nichts mehr dazu sagen!"

Besonders das Wort „Kadavergehorsam" hatte die Aufseher tief getroffen. Zu dritt wollten sie Rudolf zum Widerruf seiner Ansichten bewegen. Da er ihre Argumente gänzlich widerlegte und sie nichts in ihrem Sinne erreichen konnten, versuchten sie ihn kaltzustellen. (Das bedeutete im Klartext: „Wenn du nicht im Sinne der Organisation handelst, bekommst du keine Aufgaben mehr.")

Später hat mir Rudolf erzählt, er habe bereits zu diesem Zeitpunkt mit der WTG und ihrer Art Christentum gebrochen. Uns gegenüber hatte er damals sehr gewichtige Anklagen gegen die Gesellschaft vorgebracht, die wir einfach nicht wahrhaben wollten, aber wir konnten sie auch nicht widerlegen.

Hilfesuchend wandten wir uns an unsere Aufseher und baten sie, mit uns zusammen eine Diskussion zu führen, in der wir Rudolfs Ansichten widerlegen könnten. Doch für uns damals noch unverständlich, lehnten es die Aufseher ab, in unserem Beisein mit Rudolf zu sprechen. Die Begründung des vorsitzführenden Aufsehers Bruder Lothar E. lautete: „Ihr müßt bedenken, wenn wir alle zusammen seine Argumente widerlegten, könnte er sein Herz nur noch mehr verhärten, denn er würde doch vor euch nicht zugeben, daß er sich geirrt hat." Dieser Überlegung stimmten wir damals noch zu. Um unsere kritische Haltung der Gesellschaft gegenüber zu überwinden, sollten wir eifrig die Literatur der Gesellschaft studieren. „Beschäftigt euch nicht mit diesen glaubenzerstörenden Dingen", sagten uns die Aufseher eindringlich. Die Diskussion, die ich anschließend mit meiner Frau führte, endete mit dem Entschluß, Jehovas Organisation weiter treu zu dienen. Wir sagten uns, daß das, was wir so lange als richtig und gut angesehen hat-

ten, nicht plötzlich falsch sein könne. Und jetzt, wo wir „so kurz“ vor dem Ziel unserer Hoffnung waren, wollten wir den Weg in das „Neue System“ nicht verlassen.
Mit neuem Eifer wendeten wir uns der Versammlung und dem „Königreichswerk“ der Gesellschaft zu. Unsere Anstrengungen blieben nicht unbemerkt. So wurde ich im Herbst des Jahres 1975 zum Dienstamtgehilfen ernannt. Das ist die erste Stufe des Aufstieges innerhalb der Versammlung. Mein „Vorrecht“ bestand darin, daß ich zum Literatur-Diener ernannt wurde und die Lautsprecheranlage bedienen durfte. Natürlich sollte das erst der Anfang meines Aufstieges in der Versammlung sein, und meine Frau, die sich schon immer gewünscht hatte, daß ich einmal mehr Verantwortung in Gottes Organisation übernähme, freute sich besonders über diese Entwicklung.
Wir waren tatsächlich eine Zeitlang der Meinung, daß nun alles wieder in Ordnung sei. Doch darin hatten wir uns gründlich getäuscht.

13. Die Wahrhaftigkeit der WTG erneut in Frage gestellt

Das einmal geweckte Mißtrauen konnten wir auf die Dauer nicht verdrängen. Eine Zeitlang beruhigten wir uns damit, daß uns Rudolf für seine Behauptung, die WTG sei eine Lügengesellschaft, keine Beweise gebracht hatte. Diese sollten wir in der folgenden Zeit jedoch mehr als genug erhalten. Jetzt begann eine Zeit der heftigsten Auseinandersetzungen, in deren Verlauf wir die Vertreter der WTG von einer Seite kennenlernten, die ich nie für möglich gehalten hätte. Durch ihre diktatorischen Methoden, die nur dem Zweck dienten, uns zum Schweigen zu bringen, wurde der endgültige Bruch zwischen uns und der WTG herbeigeführt.

Es würde den Rahmen dieses Buches sprengen, wollte ich auf alle Probleme eingehen, die uns in der Folge beschäftigten. Deshalb werde ich mich auf die Fragen beschränken, mit denen wir persönlich konfrontiert wurden und die wir in dieser Zeit mit einem direkten Vertreter der WTG (Kreisaufseher) und den Ältesten unserer Versammlung klären wollten:

Ist die WTG eine Geschäftsfirma (Inc.)?

Warum werden in der WT-Literatur gewisse Zitate gegen ihren Sinn gekürzt (gefälscht!)?

Sind die „Endzeitlehren“ der WTG biblisch begründet? Ist die „Erklärung“ zur Wehrdienstfrage der Schweizer Zweigbüros der WTG eine Fälschung?

Ist der „treue und verständige Sklave“ als „Kanal Gottes“ unfehlbar?

Sind Jehovas Zeugen wirklich wahrheitsliebend und aufrichtig?

Für uns Zeugen Jehovas war es eine feststehende Tatsache, daß die WTG völlig uneigennützig die Interessen des „Königreiches Gottes“ vertrete und daß sich niemand in dieser Organisation bereichern könne. Das war verständlich, wenn man an die geringe Unterstützung der Pioniere und die anderen freiwilligen Helfer denkt. Selbst der Präsident der Gesellschaft erhielte nicht mehr als die Pioniere, wurde uns berichtet. Eine Erzählung sollte das noch bekräftigen: „Eines Tages ging Bruder Knorr[7] (Präsident der WTG) in der Umgebung der WTG-Druckerei in New York von Haus zu Haus. Ein Wohnungsinhaber sagte zu ihm: ‚Sie sind so dumm und laufen sich die Hakken ab, damit die Wachtturmbosse ein schönes Leben führen können.‘ Darauf antwortete Bruder Knorr: ‚Seh'n Sie, ich bin der Präsident der Gesellschaft und gehe wie jeder andere Zeuge Jehovas in den Predigtdienst, ohne dafür besonders bezahlt zu werden.‘ Der Mann war so beeindruckt, daß er sogleich mit einem Bibelstudium beginnen wollte. Heute ist dieser Mann unser Bruder."

Derartige Berichte waren natürlich geeignet, uns von der Ehrlichkeit und Selbstlosigkeit dieser Organisation zu überzeugen. Der Leser kann sich unseren Schock vorstellen, als wir von Bruder Rudolf Martens erfahren mußten, daß die WTG eine „Geschäftsfirma“ sei. Seit 18 Jahren war ich ein Zeuge Jehovas und sollte nicht bemerkt haben, daß ich eine Geschäftsfirma unterstützt hatte? Rudolf bat mich, doch einmal die erste Seite eines unserer Bücher aufzuschlagen. Da stand es schwarz auf weiß: „Veröffentlicht von der Watchtower Bible and Tract Society of New York, Inc.“. Da ich mir unter dem Kürzel „Inc.“ nichts vorstellen konnte, schlug ich im Lexikon nach und las folgende Erklärung: „Inc., Abk. für incorporated (engl., „als Gesellschaft eingetragen“), in den USA Zusatz zum Namen einer der dt. AG in der Rechtsform entspr. Handelsgesellschaft“. (Aus: Das Moderne Lexikon, Band 8. Herausgegeben vom Lexikon-Institut Bertelsmann, Gütersloh 1973, Seite 352)

Obwohl ich es selbst gelesen hatte, konnte ich es nicht glauben: daß ich all die Jahre als Vertreter einer „Geschäftsfirma“ von Haus zu Haus gegangen war und bibelerklärende Bücher und Zeitschriften verkauft hatte.

Diese Tatsache konnte ich jedoch in der einschlägigen Literatur über Jehovas Zeugen nachlesen. In dem Buch „Vom ‚Zeugen Jehovas‘ zum Zeugen Jesu Christi“ von Hans-Jürgen Twisselmann/Brunnen-Verlag, Giessen/Basel, 3. Auflage 1972, Seite 95, heißt es:

„Die Wachtturm-Gesellschaft, von der Russel (erster Präsident der WTG) am Ende seiner Bücher zu sagen pflegte: *‚Dies ist der Name einer Geschäftsfirma ...‘*, stieg *vom Rang einer Verlags-Aktiengesellschaft* zum heilsvermittelnden ‚Kanal‘ zwischen Gott und der Menschheit auf. Seit Rutherfords (zweiter Präsident der WTG) gelungenem Verwandlungskunststück ist sie nunmehr: der ‚Engel‘ des Herren (W.T. 1917, S. 197), der ‚Kanal Gottes‘ (W.T. 1919, S. 94) und ‚der treue und kluge Knecht‘, der allein ‚das Werk des Herren‘ verrichtet (des Herren Rutherford).“

Jetzt verstand ich auch, warum der „Wachtturm-Verlag“ so viele Bücher herstellt, die wir in den Versammlungen im Eiltempo „studieren“ mußten. Mir ging auf, daß die WTG zu den größten Verlagsunternehmen der Welt gehört und durch extrem günstige Herstellungs- und Vertriebsbedingungen, selbst bei den relativ niedrigen Verkaufspreisen, noch erhebliche Gewinne erzielen muß. Die Auflagen der Bücher und Zeitschriften gehen in die Millionen, was folgende Aufstellung zeigt:

Die Zeitschrift „Der Wachtturm“ hat bis 1976 alle 14 Tage eine Auflage von 10350000 in 78 Sprachen erreicht.

Die Begleitschrift „Erwachet!“ folgt dicht danach mit einer Auflage von 10075000 in 32 Sprachen.

Das bekannteste Buch der letzten Jahre: „Die Wahrheit, die zu ewigem Leben führt“, hatte eine Erst-Auflage in Englisch von 5000000 Exemplaren.

Bedenkt man, daß die Literatur in eigenen Druckereien, von „freiwilligen“ Helfern (deren soziale Lage ich schon erwähnte) hergestellt wird, so müssen große Gewinne übrig bleiben. Hinzu kommt noch, daß der Absatz gesichert ist. Denn die Literatur, die der „Zeuge Jehovas“ an den Türen der „willigen Menschen“ verkaufen soll, muß er vorher in der Versammlung bezahlen. Damit ist er auch nicht kleinlich, denn die regelmäßigen Ermunterungen, „positiv“ zu denken und immer genügend „geistige Speise“ zur Hand zu haben, verleiten ihn, mehr Literatur einzukaufen als er benötigt.

Wenn er allerdings seine Literatur nicht verkaufen kann, gibt er sie nicht an die Gesellschaft zurück, sondern stapelt sie in seiner Wohnung. Sie wird meistens als Zugabe beigelegt, wenn eine neue Zeitschrift verkauft werden kann. Die Kosten trägt also nicht der Wachtturm-Verlag, sondern der kleine Zeuge Jehovas.

Ich fragte mich: „Was macht die Gesellschaft mit dem Geld?" Denn meines Wissens investiert sie nichts zur Linderung von Not und Elend in der Welt. Wo unterhalten wir Krankenhäuser, Altenheime oder Kindergärten? Oder wo werden sonstige Hilfsdienste für den „Nächsten" unterstützt, Dienste, die immer mit großen Ausgaben verbunden sind?
Ich mußte mir eingestehen, daß die „christlichen Zeugen Jehovas" nichts in dieser Richtung tun. Alles was von den Zeugen Jehovas an guten Werken getan wird, ist nur auf private Initiative zurückzuführen. Leider bleibt dem einzelnen „Verkündiger" sehr wenig Zeit für christliche Werke. Ihm wird von der Gesellschaft beigebracht, daß es wichtiger sei, die angst- und bangemachenden Lehren von Haus zu Haus zu verbreiten.
Selbst für die eigenen Glaubensanhänger gibt es keine karitativen Einrichtungen. Als meine Frau ihr erstes Kind erwartete, besuchte sie deshalb einen katholischen Säuglings- und Gymnastikkurs. Als das in der Versammlung bekannt wurde, machte man ihr den Vorwurf: „Wie kannst du nur ‚Babylon die Große' unterstützen?"
Auf die Gegenfrage meiner Frau, warum „wir" denn nicht solche Einrichtungen hätten, verwies man achselzuckend darauf, daß schließlich das Predigtwerk wichtiger sei als Einrichtungen zu unterstützen, die doch bald in „Harmagedon" vernichtet würden.
Und wie reagierten unsere Brüder und Schwestern auf unseren Hinweis, daß die Gesellschaft eine „Geschäftsfirma" sei?
Stellvertretend für viele soll hier das Erlebnis meiner Frau mit einer Pionier-Schwester erwähnt sein, mit der sie gemeinsam in den Felddienst ging. Meine Frau, die begreiflicherweise über unsere neuen Erkenntnisse sehr erschüttert war, konnte nicht anders, als der Schwester alles zu erzählen. Die reagierte erst einmal verblüfft, doch dann sehr heftig: „Wenn dir das nicht gefällt, dann geh doch weg und verunsichere nicht andere Brüder!"
Diese Antwort war offensichtlich auf ihre eigene Unsicherheit zurückzuführen, denn während der ganzen Zeit des Dienstes kämpfte die Schwester krampfhaft mit den Tränen, allerdings nicht, wie sie selbst sagte, weil meine Frau sie beleidigt hätte, sondern weil sie über das Gehörte so sehr erschüttert war. Später erfuhren wir, daß sie gleich nach dem Dienst zu einer ande-

ren Zeugin Jehovas gefahren war, um ihr alles zu erzählen. Damit wurde eine Entwicklung ausgelöst, mit der keiner von uns gerechnet hatte.
Während uns die vorliegenden Informationen genügten, um zu erkennen, daß die WTG eine Geschäftsfirma ist, reichte das unseren Brüdern noch lange nicht. So mußte ich sie erst darauf aufmerksam machen, daß die Gesellschaft durch ihren riesigen Grund- und Gebäudebesitz selber den Beweis liefert, daß sie große Gewinne erwirtschaftet.
Ich will ja gar nicht behaupten, sagte ich, daß diese Gewinne in private Hände fließen. Es genügt doch, daß die Gesellschaft als Ganzes immer mehr Reichtum ansammelt, ohne davon etwas für soziale Werke zu verwenden. Nehmen wir z. B. die von uns Zeugen Jehovas so angefeindete katholische Kirche. Unsere Kritik trifft ja auch nicht den Papst persönlich, wenn wir von dem Reichtum dieser Kirche sprechen, sondern wir machen der Kirche als Institution den Vorwurf, sich zu bereichern und somit ihre Macht auszudehnen. Ich meine aber, die Maßstäbe, die wir bei anderen setzen, sollten wir auch bei unserer Organisation anlegen.
Dabei muß auch einmal erwähnt werden, daß die WTG im Jahre 1889 ganz bescheiden in einem vierstöckigen Backsteingebäude, in Allegheny, Arch Street 50–60, in Pittsburgh ihr erstes eigenes Hauptbüro eingerichtet hatte. Wie uns aber die regelmäßigen Berichte und Abbildungen in unserer Literatur zeigen, wurde der Grund- und Gebäudebesitz immer ausgedehnter.
Das „Jahrbuch der Zeugen Jehovas“ von 1975 gibt uns auf der Seite 244 folgende Information: „Jehovas Zeugen haben jetzt Druckereien in Australien, Brasilien, England, Finnland, Frankreich, Deutschland, Ghana, Kanada, auf den Philippinen, in Südafrika, Schweden und der Schweiz. Ja, Jehovas Volk hat 37 Druckereien in der ganzen Welt. Und von 1955 an hat sich die Zahl der großen Rotationsmaschinen auf der ganzen Erde von 9 auf 64 erhöht.“
Dazu kommt noch das Gelände von zwei Wachtturm-Farmen, die zusammen 688 ha Land ausmachen. Das „Jahrbuch“ schreibt auf der gleichen Seite: „Die Wachtturm-Farmen liefern Gemüse, Obst, Fleisch und Milchprodukte für die Mitarbeiter

im Hauptbüro der Gesellschaft. Außerdem befinden sich auf der Farm 1 unter anderem zwei Fabriken. In Fabrik Nr. 1 stehen 4 Rotationsmaschinen, die 12500 Zeitschriften pro Stunde drucken können. In Fabrik Nr. 2 ist reichlich Platz für ein Papierlager und 14 weitere Rotationsmaschinen und andere Maschinen."

„Wir sehen also", sagte ich zu meinen Brüdern, „allein aus den Angaben, die die Gesellschaft veröffentlicht, daß die ‚Watchtower Bible and Tract Society' keine arme Gesellschaft ist. Der Mehrwert, den sie erwirtschaftet, wird aber nicht in soziale Werke investiert, sondern in Grund- und Gebäudebesitz sowie andere Sachwerte."

Doch die Ältesten unserer Versammlung, die inzwischen von der Pionierschwester Maria H. und deren Freundin Emmy H. informiert worden waren, waren anderer Meinung. Aufgeschreckt durch diese „gefährlichen" Informationen, beschlossen sie, deren Verbreitung im Keim zu ersticken. Sie hatten es so eilig, uns zum Schweigen zu bringen, daß sie uns unangemeldet eines Abends nach 21.00 Uhr aufsuchten. Es war der Abend vor der Beerdigung meiner Großmutter. Aus diesem Grund hatten wir mehrere Verwandte zu Besuch. In diese Familienfeier platzten die beiden Ältesten Stefan B. und Edgar O. mit dem Vorwand hinein, ob wir nicht wüßten, wo der Bruder Martens sei. Sie hätten gehört, daß er sich öfters bei uns aufhält. Später erfuhren wir allerdings, daß es von Anfang an ihre Absicht war, mit uns zu sprechen.

Zu ihrer Entschuldigung: Sie konnten nicht unbedingt wissen, daß bei uns ein Familientreffen wegen des Todes meiner Großmutter stattfand, obwohl sich die Nachricht davon schon in der Versammlung herumgesprochen hatte. Doch jeder taktvolle Mensch hätte sich, sobald er die Situation erkannte, entschuldigt und wäre später wiedergekommen. Doch nicht die beiden Ältesten. Da sie keine Anstalten machten, sich zu verabschieden, forderte ich sie auf, Platz zu nehmen.

Sie begannen nun ohne Umschweife mit ihren Fragen und wollten alles über Rudolf Martens wissen und wie weit wir mit ihm übereinstimmten. Mein Einwand, daß ich zu dieser Zeit nicht aufgelegt sei, darüber zu sprechen, konnte sie jedoch nicht beeindrucken. Unbeirrt stellten sie weiter ihre Fragen.

Um meinen Gästen dieses peinliche Verhör zu ersparen, ging ich mit den beiden Ältesten in einen Nebenraum und zeigte ihnen die Dokumente, die ich mir inzwischen besorgt hatte.
Eines dieser Dokumente war eine „Erklärung“ zur Wehrdienstfrage des Schweizer Zweigbüros der WTG aus dem Jahre 1943. Da mich diese „Erklärung“ damals sehr erschüttert hatte, will ich etwas näher darauf eingehen.

14. Die Reaktion der Ältesten auf die Dokumente

Ich gab nun dem Ältesten Stefan B. eine Kopie einer „Erklärung“, die in der Schweizer Ausgabe von „Trost“ (heute „Erwachet!“) vom 1.10.1943 veröffentlicht wurde. Im vollen Wortlaut sagt diese „Erklärung“ zur Wehrdienstfrage folgendes:

„Erklärung

Jeder Krieg bringt namenloses Leid über die Menschheit. Jeder Krieg bringt Tausende, ja Millionen von Menschen in schwere Gewissensnot. Das gilt besonders auch vom jetzigen Krieg, der keinen Erdteil verschont und in der Luft, zu Wasser und zu Lande ausgetragen wird. Es ist unvermeidlich, daß in solchen Zeiten nicht nur einzelne Menschen, sondern auch Gemeinschaften aller Art ungewollt verkannt oder auch bewußt falsch verdächtigt werden.

Auch uns Zeugen Jehovas ist dieses Schicksal nicht erspart geblieben. Wir werden als eine Vereinigung hingestellt, die bezwecke oder deren Tätigkeit darauf gerichtet sei, ‚die militärische Disziplin zu untergraben, insbesondere Dienstpflichtige zum Ungehorsam gegen militärische Befehle, zur Dienstverletzung, zur Dienstverweigerung oder zum Ausreißen zu bewegen oder zu verleiten‘. Eine solche Auffassung kann nur vertreten, wer Geist und Wirken unserer Gemeinschaft völlig verkennt oder sie wider besseres Wissen böswillig entstellt.

Wir stellen ausdrücklich fest, daß unsere Vereinigung weder gebietet noch empfiehlt noch sonst in irgendeiner Weise nahelegt, gegen militärische Vorschriften zu handeln. Derartige Fragen werden weder in unseren Versammlungen noch in den von der Vereinigung herausgegebenen Schriften behandelt. Wir beschäftigen uns überhaupt nicht mit solchen Fragen. Wir erblicken unsere Aufgabe darin, für Jehova Gott Zeugnis abzulegen und allen Menschen die biblische Wahrheit zu verkündigen. Hunderte unserer Mitglieder und Glaubensfreunde haben ihre militärischen Pflichten erfüllt und erfüllen sie weiterhin.

Wir haben uns nie angemaßt und werden uns nie anmaßen, in dieser militärischen Pflichterfüllung eine Zuwiderhandlung gegen die Grundsätze und Bestrebungen der Vereinigung Jehovas Zeugen, wie sie in ihren Statuten niedergelegt sind, zu erblikken. Wir bitten alle unsere Mitglieder und Glaubensfreunde, bei der Verkündigung der Botschaft vom Königreiche Gottes (Matthäus 24:14) sich nach wie vor streng auf die Verkündigung der biblischen Wahrheiten zu beschränken und alles zu vermeiden, was Anlaß zu Mißverständnis geben oder gar als Aufforderung zum Ungehorsam gegen militärische Vorschriften mißdeutet werden könnte.
Vereinigung Jehovas Zeugen der Schweiz
Der Präsident: Ad. Gammenthaler
Der Sekretär: D. Wiedenmann
Bern, den 15. September 1943."
Besonders der Satz „Hunderte unserer Mitglieder und Glaubensfreunde haben ihre militärischen Pflichten erfüllt und erfüllen sie weiterhin" hatte meine Empörung ausgelöst. Im Klartext bedeutet das nämlich, während die „Zeugen Jehovas" in Deutschland, Österreich, Frankreich und vielen anderen Ländern den Wehrdienst aus Gewissensgründen ablehnten und dafür in die Zuchthäuser und KZs gingen, wurde den Zeugen Jehovas in der Schweiz durch ihre Gesellschaft nahegelegt, „ihre militärischen Pflichten" zu erfüllen. „Kompromißlos für Jehova eintreten, auch wenn wir deshalb persönliche Schwierigkeiten bekommen", war damals die Parole, als ich es auf mich nahm, wegen der Verweigerung des „Wehrersatzdienstes" vier Monate ins Gefängnis zu gehen. Und nun mußte ich erfahren, daß die „Watchtower Bible and Tract Society" durchaus bereit war, zur Rettung ihres „Verkündigungswerkes" einen Kompromiß einzugehen. Ja, sie ging sogar soweit, ihre eigenen Grundsätze zu mißachten.
„Warum hat denn die Gesellschaft in dieser Lage nicht auf ‚Jehova' vertraut?" fragte ich die Ältesten. Bruder Stefan B. meinte, daß es sich hier sicher um eine Fälschung handele, denn er könne sich nicht vorstellen, daß die Gesellschaft so etwas veröffentlicht hätte. Er bat mich, ihm die Dokumente zu überlassen, damit er sich Kopien davon anfertigen könne. Nachdem ich ihn gebeten hatte, für mich auch gleich eine Kopie anzufer-

tigen, was er auch versprach, willigte ich ein, und sie verabschiedeten sich dann sehr schnell. Allerdings versäumten sie es nicht mir aufzutragen, meine Frau solle nicht weiterhin behaupten, daß die WTG eine gewinnbringende Geschäftsfirma sei. Doch darüber später mehr.

Wie versprochen, hatte mir Bruder Stefan B. nach zwei Tagen die Kopien in den Briefkasten geworfen. Allerdings hatte er für mich keine angefertigt. Später darauf angesprochen, sagte er: „Beim Lesen dieser Dokumente ist mir klar geworden, daß ich mich, wenn ich dir die Kopien gemacht hätte, am Verbreiten ‚falscher Schriften' beteiligt hätte." Daß es sich aber fast ausschließlich um eigene Wachtturm-Literatur handelte, muß ihm wohl entgangen sein.

Eine Woche nach diesem denkwürdigen Abend besuchte uns Bruder Stefan B. wieder, nun in Begleitung des vorsitzführenden Aufsehers Bruder Paul M.

Das erste, was Bruder B. sagte, war: „Brüder, wir müssen euch dringend den Vorschlag machen, diese Dokumente sofort zu vernichten, denn das sind nichts weiter als böswillige Fälschungen. Andere Brüder hätten Angst, sich damit die Dämonen ins Haus zu holen."

Auf diesen plumpen Versuch, uns einzuschüchtern, ging ich allerdings nicht ein, sondern beharrte auf einer glaubwürdigen Erklärung zu diesen Dokumenten.

Bruder Paul M. ging auf die „Erklärung" zur Wehrdienstfrage ein und fragte uns: „Brüder, wäre das nicht eine Ungeheuerlichkeit, wenn das, was hier geschrieben steht, wahr wäre? Und würde das nicht in völligem Gegensatz zur Bibel stehen?"

„Paul", sagte ich darauf, „zu dieser Erkenntnis sind wir auch gekommen. Und deshalb sind wir doch so beunruhigt und empört darüber!"

„Seht ihr", rief er nun triumphierend, „das ist der Beweis, daß dieses Dokument eine Fälschung ist, die nur herausgebracht wurde, um den Zeugen Jehovas zu schaden. Denn da könnt ihr sicher sein, die Gesellschaft würde so einen Kompromiß *niemals* machen."

Doch so schnell war ich nicht mehr zu überzeugen. Ich fragte sie nun, ob es ihnen nicht möglich sei, über das Zweigbüro in Wiesbaden Beweise für die angebliche Fälschung zu bekom-

men. Darauf gingen sie allerdings nicht ein, sondern legten uns nahe, diese Papiere zu verbrennen.
„Setzt euch doch nicht der Gefahr aus, von Dämonen belästigt zu werden", sagte Bruder Stefan B. nun zum wiederholten Mal. „Und wenn ihr das schon nicht wollt, so versprecht uns wenigstens, nicht mehr über diese Dinge mit den Brüdern zu sprechen."
Ich muß zugeben, daß mich die so sicher erscheinende Überzeugung der Ältesten etwas verwirrte. Denn ich hatte nur eine Kopie dieser „Erklärung". Es konnte also durchaus möglich sein, daß es sich tatsächlich um eine Fälschung handelte.
Bis zu dieser Zeit hatten meine Frau und ich immer noch gehofft, daß uns die Ältesten eine glaubwürdige Erklärung geben könnten. Doch diese Hoffnung war vergebens. Mit der Hilfe von Bruder Rudolf Martens war es mir doch noch möglich, rechtzeitig zur „Komiteeverhandlung" den Beweis für die Echtheit der „Erklärung" zu bekommen. Interessant daran war, daß ich diesen Beweis aus dem „Wachtturm" selbst bekam.
In der Zeitschrift „Der Wachtturm" vom 15.1.1948, auf der Seite 31, ist folgendes zu lesen:
„Zum Beispiel nahm es das Schweizer Büro auf sich, in der Ausgabe von Trost vom 1. Oktober 1943 (Schweizer Ausgabe von *Consolation*), also während der zunehmenden Bedrängnis des letzten Weltkrieges, als die politische Neutralität der Schweiz bedroht zu sein schien, eine Erklärung zu veröffentlichen, in welcher ein Satz wie folgt lautete: ‚*Hunderte unserer Mitglieder und Glaubensfreunde haben ihre militärischen Pflichten erfüllt und erfüllen sie weiterhin.*' Diese einlullende Erklärung hatte sowohl in der Schweiz als auch in gewissen Teilen Frankreichs Beunruhigung hervorgerufen. Unter herzlichem Beifall legte nun Bruder Knorr als Präsident mutig dar, daß diese Worte der Erklärung abgelehnt werden, weil sie nicht die Stellung der Gesellschaft dartun und nicht in Harmonie sind mit den christlichen Grundsätzen, wie sie in der Bibel deutlich enthalten sind."
Damit war aus dem „Wachtturm" der Beweis erbracht, daß diese „Erklärung" tatsächlich von der WTG veröffentlicht worden war. Daß sich jetzt der Präsident „mutig" davon di-

stanzierte, besagt gar nichts, denn fünf Jahre nach der Veröffentlichung kommt die Reue ein wenig spät. Auch war seit drei Jahren der Krieg zu Ende. Da kann ich mich auch „mutig" davon distanzieren.
Als ich in der späteren Komiteeverhandlung den Ältesten diese Passage aus dem Wachtturm vorlas, war das auf einmal keine „Ungeheuerlichkeit" mehr, sondern man sagte mir: „Nun hol doch nicht den Schmutz unter dem Teppich vor!"
Doch kehren wir zu dem Gespräch in unserer Wohnung zurück. Als die Ältesten merkten, daß wir nicht lockerließen und von ihnen wissen wollten, ob die Wehrdienst-Erklärung echt sei oder nicht, verfolgten sie eine andere Taktik. Bruder Stefan B. lenkte erst einmal von den Dokumenten ab. Er kam auf unsere „Behauptung" zurück, daß nach der Auskunft unseres Lexikons die „Watchtower Bible and Tract Society of New York, Inc." eine AG, also eine Geschäftsfirma sei. Beide Ältesten beeilten sich, uns verständlich zu machen, daß es sich nicht um eine AG oder gewinnbringende Gesellschaft handele:
„Das ist nur ein eingetragener Verein, also ein e.V. wie bei uns in Deutschland auch", meinte Bruder Paul M. nachdrücklich, und Bruder Stefan B. schloß sich seinen Worten an und meinte: „Brüder, mir als Bankfachmann könnt ihr doch glauben. Die Erklärung ist doch ganz einfach. In den USA ist es nicht möglich, einen eingetragenen Verein (e.V.) zu gründen, wie das hier der Fall ist. Deshalb mußte die Gesellschaft in den USA eine Aktien-Gesellschaft gründen, um damit dem Gesetz zu entsprechen. Ihr könnt aber sicher sein, daß es keine gewinnbringende Gesellschaft ist."
Leider war es mir nicht möglich, ihm das Gegenteil seiner Behauptung, in den USA könne kein eingetragener Verein (e.V.) gegründet werden, zu beweisen. Doch ich hatte bemerkt, daß von den drei Gesellschaften, die in Amerika eingetragen sind, nämlich: Watch Tower Bible and Tract Society of Pennsylvania, Watch Tower Bible and Tract Society of New York, Inc., International Bible Students Association 124, Columbia Heights, Brooklyn N.Y. 11201, U.S.A., nur eine, nämlich die New Yorker Gesellschaft mit dem Verlag, das Kürzel „Inc." aufweist. Da aber im Moment eine Klärung dieser Fragen nicht möglich war, ging ich zum nächsten Punkt über.

„Uns ist ein Bericht im ‚Wachtturm' vom 15.5.1975 aufgefallen. In dem Artikel ‚Wird die Wissenschaft wirklich deine Probleme lösen?' wird auf der Seite 294 ohne Quellenangabe ein Zitat des Philosophen Karl Popper zerstückelt und sinnwidrig wiedergegeben, nur um, wie wir glauben, diesen Wissenschaftler für die Interessen der WTG zu mißbrauchen."
„Das glaubst du doch wohl selbst nicht", bemerkte Bruder Stefan B. erstaunt. „Überhaupt, wie kommst du darauf, daß im ‚Wachtturm' Zitate falsch wiedergegeben werden?"
„Darf ich euch das einmal zeigen?" fragte ich darauf. Als man mir das erlaubte, erkundigte ich mich zunächst, ob ihnen die Passage „Genauigkeit der Darlegung" aus unserem Lehrbuch „Leitfaden für die theokratische Predigtdienstschule" bekannt sei. Auf Seite 110 dieses Buches lesen wir:
„Jehovas Zeugen sind eine Organisation der Wahrheit. Wir sollten den Wunsch haben, die Wahrheit zu reden und jederzeit in allen Einzelheiten *völlig genau zu sein.* Dies sollte nicht nur hinsichtlich der Lehre der Fall sein, sondern *auch in unseren Zitaten,* in dem, was wir über andere sagen, oder *darin, wie wir sie darstellen,* ferner in Dingen, bei denen es um wissenschaftliche Angaben oder um Tagesereignisse geht."
„An diesem Maßstab wollen wir einmal den genannten Abschnitt aus dem Wachtturm vom 15.5.1975 messen", sagte ich zu den Ältesten. Auf der Seite 294 linke Spalte oben steht:
„Wahre Christen haben eine ausgeglichene Ansicht in bezug auf wissenschaftliche Erkenntnisse, und das führt zu guten Ergebnissen. Sie lassen sich nicht von ‚wissenschaftlichen' Vorstellungen irreführen, die oft eher persönliche Meinungen als erwiesene Tatsachen sind. Der Philosoph Karl Popper gesteht: ‚Die Wissenschaft ist kein System gesicherter oder nachgewiesener Erklärungen; ... wir wissen nicht; wir können nur vermuten. Und unsere Vermutungen werden vom Unwissenschaftlichen geleitet, vom Metaphysischen ...' Der christliche Apostel Paulus gab Timotheus folgenden weisen Rat: ‚Hüte dich vor unheiligen Wortneuerungen und den Streitreden der ... sogenannten Wissenschaft' (1. Tim. 6:20, Allioli)."
„Na und, was soll denn daran falsch zitiert sein?" fragte Bruder Stefan B. „Darauf will ich ja jetzt kommen", gab ich zur Antwort. „Obwohl, wie ich schon sagte, die Gesellschaft keine

Quelle angibt, was allein schon sehr unseriös ist, ist es Bruder Martens gelungen, das Buch von Karl Popper, aus dem die WTG zitiert, ausfindig zu machen. Es handelt sich um das Buch ‚Logik der Forschung' (Tübingen, 1971). Ich möchte euch jetzt einmal das vollständige Zitat vorlesen (Seite 223):
„*Unsere Wissenschaft ist kein System von gesicherten Sätzen,* auch kein System, das in stetem Fortschritt einem Zustand der Endgültigkeit zustrebt. Unsere Wissenschaft ist kein Wissen (epistémé): weder Wahrheit noch Wahrscheinlichkeit kann sie erreichen. Dennoch ist die Wissenschaft nicht nur biologisch wertvoll. Ihr Wert liegt nicht nur in ihrer Brauchbarkeit: Obwohl Wahrheit und Wahrscheinlichkeit für sie unerreichbar ist, so ist doch das intellektuelle Streben, der Wahrheitstrieb, wohl der stärkste Antrieb der Forschung.
Zwar geben wir zu: *Wir wissen nicht, sondern wir raten. Und unser Raten ist geleitet von dem unwissenschaftlichen, metaphysischen* (aber biologisch erklärbaren) Glauben, daß es Gesetzmäßigkeiten gibt, die wir entschleiern, entdecken können." (Nur die kursiven Stellen wurden von der WTG zitiert.)
„Ihr seht also, wenn man das vollständige Zitat liest und nicht nur die Fragmente, die von der Gesellschaft zusammengestoppelt sind, kommt etwas ganz anderes heraus.
Popper sagt, wissenschaftliche Erkenntnis könne „zwar" nie endgültig sein, da immer wieder neue Entdeckungen gemacht würden. Deswegen ist wissenschaftliche Wahrheit nicht absolut, sondern sie nähert sich nur an. Dennoch ist die Grundlage wissenschaftlicher Arbeit die Annahme, daß es ‚Gesetzmäßigkeiten gibt, die wir entschleiern, entdecken können'.
Was uns allerdings die Gesellschaft durch diese Zitat-Manipulation vermitteln wollte, war etwas ganz anderes. Jeder Leser, der nicht weiß, was Popper wirklich gesagt hat, muß glauben, Popper ‚gesteht' (diese Worte gebraucht die WTG gerne, wenn sie andere zu ihren Gunsten zitiert), daß Wissenschaft mehr oder weniger Nonsens ist.
Damit hat die Gesellschaft bei unseren Brüdern großen Erfolg. Schwester Ria F. und meine Frau unterhielten sich einmal über die Entstehung von Kohle und Erdöl. Meine Frau erzählte ihr von den großen Zeiträumen, die dazu nötig waren. Heutzutage kann die Wissenschaft diese Zeitspanne ziemlich genau bestim-

men und steht damit im Gegensatz zur Lehre der WT-Gesellschaft. Denn nach ihren Angaben kann pflanzliches Leben nicht älter sein als 48 000 Jahre. Darauf sagte nun Schwester Ria F. mit voller Überzeugung: ‚Wenn die Wissenschaft im Gegensatz zum 'Wachtturm' steht, dann muß sich eben die Wissenschaft korrigieren.'"

Jetzt nahm Bruder Stefan B. das Gespräch wieder auf: „Ich kann nicht mit dir übereinstimmen, daß die Gesellschaft das Popper-Zitat gegen den Sinn zitiert hat." Auch Bruder Paul M. schloß sich dem an und erklärte: „Es ist doch völlig gleich, ob der Autor in seinen Ausführungen etwas anderes sagen wollte. Das ändert doch nichts an der Tatsache, daß er die Worte, die die Gesellschaft zitierte, tatsächlich geschrieben hat."

Dieser Logik konnte ich beim besten Willen nicht folgen und meinte, daß sie das Zitat noch einmal in Ruhe durchlesen und überdenken sollten. Da an eine Klärung dieser Punkte nicht mehr zu denken war, verabschiedeten sich die beiden Ältesten von uns mit der Bitte, wir möchten über alles schweigen. Das lehnten wir ab.

Meine Frau, die sich von den Ältesten große Hilfe erhofft hatte, war sichtlich erschüttert. Wir hatten in den letzten Tagen heftige Diskussionen miteinander gehabt, in denen sie bemüht war, mir und auch sich selbst zu beweisen, daß die WTG doch die „wahre Religion" sei. Ihre Hoffnung, mit Hilfe der Ältesten ihren Glauben wieder zu stärken, hatte sich nun zerschlagen. Im Gegenteil: Das Verhalten der Ältesten trieb uns zu weiteren Nachforschungen an.

In dem bereits erwähnten Wachtturm-Artikel zeigte die Gesellschaft ihren „Respekt" vor dem Wort Gottes, indem sie sich nicht scheute, eine katholische Bibelübersetzung zu verwenden, die inzwischen wegen ihrer Übersetzungsmängel selbst von der katholischen Kirche nicht mehr benutzt wird. Doch um ihre Wissenschaftsfeindlichkeit ihren Gläubigen gegenüber auch biblisch vertreten zu können, ist der WT-Gesellschaft jedes Mittel recht.

Ein Bekannter machte uns darauf aufmerksam, daß die Bibelstelle aus 1. Tim. 6,20 nur deshalb aus der „Allioli-Bibel" zitiert wurde, weil damit gegen Wissenschaft und „Weltweisheit" polemisiert werden konnte. So warnte Paulus die Christen gemäß

der Allioli-Bibel vor der „fälschlich so genannten ‚Wissenschaft'". Im griechischen Urtext dieser Passage steht aber das Wort „Gnosis", und Gnosis bedeutet nicht „Wissenschaft" im modernen Sinne, sondern „religiöse Erkenntnis", die als *religiöse* im Widerspruch zum Evangelium steht. (Vgl. die Anmerkung zur Stelle in Wilckens-NT, Hamburg 1970)
Daß der WTG das auch bekannt ist, kann man daran sehen, daß sie in ihrer hauseigenen „Neuen-Welt-Übersetzung" diese Stelle völlig korrekt im obigen Sinne übersetzt. Sie spricht nämlich auch von „den Widersprüchen der fälschlich sogenannten ‚Erkenntnis'". Um nun den Eindruck, aus der Bibel lasse sich Wissenschaftsfeindlichkeit sicher herleiten, noch zu verstärken, frisierte die WTG den Bibeltext noch weiter, indem sie die Einschränkung, diese „Wissenschaft" sei bloß „fälschlich" so genannt, einfach wegließ.
Im Zusammenhang liest sich der WT-Text dann so: „Der christliche Apostel Paulus gab Timotheus folgenden weisen Rat, der auch *heute noch* angebracht ist: „Hüte dich vor unheiligen Wortneuerungen und den Streitreden der...[8] so genannten ‚Wissenschaft'."
So mußten wir nun in einem kleinen „Wachtturm"-Absatz zwei Zitate feststellen, die man bei genauer Prüfung nur als bewußte Irreführung bezeichnen kann. Sie standen einzig und allein da, um dem Leser klarzumachen, daß die Bibel vor jeder weltlichen Wissenschaft warnt. Ein wahrer Christ sollte sich damit nicht abgeben.
Was will die Gesellschaft damit bezwecken, wenn sie mit zweifelhaften Methoden die moderne Wissenschaft bei ihren Gläubigen unglaubwürdig macht?
Nun wurde uns auch verständlich, warum besonders die Jugendlichen unter uns vor einer höheren Schulbildung oder einem Universitätsstudium gewarnt wurden.
Der Tenor auf zahlreichen Kreis- und Bezirkskongressen war immer derselbe:
„Die Wissenschaft kann ja doch nicht die Probleme der Menschheit lösen, außerdem widerspricht sie der Bibel." Ein junger Mensch kann also Jehovas Werke am sinnvollsten fördern, wenn er möglichst viel Zeit für die Neue-Welt-Gesellschaft einsetzt. Darüber hinaus ermahnen zahlreiche „Wacht-

turm"- und „Erwachet!"-Artikel die Jugendlichen in dieser Richtung. Dabei wird jedoch nie vergessen, das „nahe Ende des herrschenden Systems" zu beschwören:

„Wenn du zum Beispiel zur Mittelschule gehst und eine Hochschulbildung in Erwägung ziehst, so bedeutet das wenigstens vier, vielleicht auch sechs oder acht weitere Jahre bis zum Abschluß in einem besonderen Fach. Aber wo wird sich dieses System der Dinge dann befinden? Es wird auf seinem Weg zu seinem Ende weit vorangeschritten sein, wenn es nicht sogar schon verschwunden sein wird!

Darum finden es Eltern, die ihr Leben nach Gottes prophetischem Wort ausrichten, viel nützlicher, ihre Kinder einen Beruf erlernen zu lassen, der nicht eine so lange weitere Studienzeit erfordert. Und Berufe wie der des Zimmermanns, des Installateurs und anderer Handwerke sind nicht nur jetzt nützlich, sondern vielleicht noch nützlicher bei dem Wiederaufbau, der in Gottes neuer Ordnung erfolgen wird.

Viele junge Leute, die einen praktischen Beruf erlernt haben, sind in der Lage, ihren Lebensunterhalt durch eine Teilzeitbeschäftigung zu verdienen. Dadurch ist es ihnen möglich, viel von ihrer Zeit zu verwenden, um interessierten Personen zu helfen, Gottes Erfordernisse für das Leben kennenzulernen, indem sie mit ihnen die Bibel studieren." („Erwachet!", vom 22.8.1969, Seite 15–16)

Das waren einige der Gedanken, die uns nach dem Besuch der Ältesten beschäftigten. Hatten schon ihre schwachen Argumente und ihr ausweichendes Taktieren unsere Bedenken nicht beseitigen können, so wurde unser Mißtrauen erst recht durch diese weiteren Erkenntnisse bestärkt.

In dieser Situation besuchten uns die Ältesten zum dritten Mal. Um nachträgliche Unklarheiten zu vermeiden, habe ich das nun folgende Gespräch, mit Einwilligung der Ältesten, auf Band aufgenommen. Deshalb ist es mir möglich, im folgenden Kapitel einige typische Passagen wörtlich zu zitieren.

15. Besuch der Ältesten bei uns: „Hirten ohne Erbarmen“

Das Gespräch wurde zunächst mit Bruder Stefan B. allein geführt. Er machte uns als erstes den Vorwurf, daß wir trotz der Bitte, über diese Dinge zu schweigen, weiterhin mit anderen Brüdern darüber gesprochen hätten. Auf unsere Frage, wer ihnen das zugetragen habe, meinte er: „Ich möchte dem noch nicht vorgreifen, ich möchte warten, bis der Paul M. auch hier ist.“

Für diese Förmlichkeit hatte ich allerdings kein Verständnis und sagte, daß es sich doch nur um Vorgespräche handele. Vorsichtig meinte er: „Ja, aber du nimmst diese Vorgespräche auf Band auf, das ist mir ja bewußt, weißt du, da laß ich mich gar nicht festnageln. Abgesehen davon, daß ich dir sowieso nichts sagen kann – es ist ja so, daß die Ältestenschaft eine Körperschaft ist. Und Christus sagte:

‚Wo zwei oder drei gebetsvoll beieinander sind ...‘

Und wir haben weder ein Gebet gesprochen noch sind wir zwei oder drei!“

Dem konnte ich jedoch nicht zustimmen, denn wir waren doch mit ihm zusammen genau drei Personen. Auf meine Frage „Sind wir für dich keine Christen mehr?“ sagte er ausweichend:

„Wir haben noch kein Gebet gesprochen! Wenn wir gebetsvoll beieinander sitzen, ‚dort wird der Geist mitten unter ihnen sein‘. Wir wollen kein Gezänk haben, sondern wir wollen gemäß dem Wort Gottes, gemäß dem, was Christus uns zeigte, handeln.“

„Aber wir entsprechen doch dem Grundsatz, den Christus aufstellte. Wir sind genau drei Personen, die sich in seinem Namen hier versammelt haben“, warf ich ein.

„Ja, ich meine von meiner Warte aus (der Ältestenschaft), daß wir zwei oder drei sind. Und ich weiß nicht, inwieweit ihr im Moment mit mir konformgeht. Das wollen wir eben nachher feststellen. Deine Frau wollte in mich dringen, wollte erfahren, von wem (wir das gehört haben), obwohl ich ihr sagte, ich sei nicht befugt, ihr das zu sagen. – Wie würdest du denn über mich denken, Gerd, wenn ich über meine Befugnisse hinausgehen würde?“

Ich wollte ihm antworten, daß es meines Wissens keine Richtlinien gäbe, die verbieten, daß man die Wahrheit sagt. Doch in dem Moment kam der vorsitzführende Aufseher Paul M. hinzu. Nach einer kurzen Begrüßung gab er dem Gespräch erst einmal den offiziellen Charakter, indem er ein Gebet sprach. Der Vollständigkeit wegen möchte ich dieses Gebet wörtlich zitieren:

„Herr Jehova, du gütigster Gott. Zu dir, dem allein wahren Gott, blicken wir wiederum auf und danken dir, daß wir wieder zusammenkommen dürfen, um die Belange deiner Versammlung zu erörtern, um dein Wort der Wahrheit hochzuhalten. Wir bitten dich deshalb, daß du durch deinen Geist unter uns sein mögest, daß wir alles in Liebe und Barmherzigkeit regeln mögen und daß wir stets darauf bedacht sind, dein Wort der Wahrheit hochzuhalten; und dich preisen, damit dein Name noch weiterhin den Menschen bekannt werde und du der allein wahre Gott sein wirst. Somit bringen wir unser Bitten und Danken dar, im Namen deines lieben Sohnes Jesus Christus, Amen.“

Die Beteuerung, daß er bemüht sei, das „Wort der Wahrheit“ hochzuhalten, hielt ihn in der Folge jedoch nicht davon ab, gegen das Gebot der „Wahrheitsliebe“ zu verstoßen. So ging er gleich zielstrebig auf die vorige Unterhaltung ein und sagte: „Wir kamen das letztemal auf deine Erörterung hin darauf zu sprechen, daß der ‚treue und verständige Sklave‘, daß die Gesellschaft zum Beispiel eine AG (Geschäftsfirma) sei. Und wir haben dir geraten, ein (Bibel-)Studium mit uns zu beginnen. (Das ist das übliche Mittel, um „schwache“ Brüder bei der Stange zu halten.) Denn mit Infiltration aus einem anderen ‚Kanal‘ (so wird allgemein eine Information genannt, die nicht durch die WT-Schriften gewonnen wird) das ist nicht neu, – Paulus hat dies schon kundgetan. Auch Jesus hat uns darauf hingewiesen, daß wir acht haben sollten auf unsere Brüder. Nun liegt es natürlich an euch zu erklären, inwieweit ihr den ‚treuen und verständigen Sklaven‘ anerkennen wollt oder ob diese ‚Schriften', die ihr bekommen habt, Wahrheiten sind oder ob sie gegen die Bibel sprechen."

Es war nicht mein Vorhaben, Unklarheiten in der Bibel zu diskutieren, sondern mein Wunsch war es, über die Unklarheiten in der WT-Literatur zu sprechen. So beschränkte ich meine Gegenfrage darauf: „Ist es verkehrt, sich Gedanken über einen Zusatztitel unserer Gesellschaft (Inc.) zu machen und sich z. B. in einem Lexikon darüber zu informieren? Und siehst du es als einen Fehler an, die gewonnene Erkenntnis mit unseren Brüdern zu besprechen?"

Bruder Paul M. antwortete: „Ja, in der Hinsicht, wenn ich das mit anderen von der Versammlung bespreche, dann ist das abwegig."

„Auch wenn diese Brüder selbst Älteste in einer anderen Versammlung sind?" fragte ich erstaunt.

Darauf schaltete sich Bruder Stefan B. wieder ein und fragte provozierend: „Was soll denn der Einwand mit den Ältesten aus einer anderen Versammlung, wenn du gestattest. Es geht doch zunächst einmal darum, daß du mit Brüdern unserer Versammlung darüber gesprochen hast. Und ihnen auch die ‚Schriften' gezeigt hast und den Rat von den Brüdern bekommen hast, du sollst sie verbrennen. Im übrigen, da hast du dir wieder eine eigene Grube gegraben, darauf möchte ich dich fairerweise aufmerksam machen. Als wir euch am Dienstag verlassen haben, haben wir euch gebeten, und ihr habt uns das eigentlich zugesagt. Wir haben euch gebeten und darauf aufmerksam gemacht, ihr solltet über diese Dinge sinnvollerweise mit niemandem weiter sprechen."

„Gestatte", sagte ich, „daß ich das richtigstelle. Wir haben euch nicht versprochen, über diese Dinge zu schweigen."

„Nun, ihr habt bei unserem ersten Besuch, da war der Bruder Edgar O. dabei, da habt ihr es der Ältestenschaft schon einmal versprochen, daß ihr nicht über diese Dinge sprechen werdet – also es stimmt sicherlich, daß ihr *keine klare Antwort* darauf gegeben habt, das will ich euch gern bestätigen."

„Ihr habt uns angeklagt, ohne uns die Vorwürfe beweisen zu können", gab ich ihnen zu verstehen, und Bruder Paul M. beeilte sich zu sagen: „Es soll keine Anklage sein, sondern wir wollen die Sache nur erörtern und euch eine Gelegenheit geben, alles was getan worden ist, rückgängig zu machen."

„Wie willst du das rückgängig machen?" fragte ich darauf, und er sagte bestimmend: „Indem ihr diese Unterlagen vernichtet und mit keinem anderen darüber redet!"

Ohne meine Antwort abzuwarten, meinte Bruder Stefan B., daß wir die Antwort aus der Bibel nachlesen sollten. Er bat mich, die Verse 15–17 aus dem 7. Kapitel des Matthäus-Evangeliums zu lesen. Als er bemerkte, daß ich aus der „Elberfelder Bibel" vorlesen wollte, fragte er vorwurfsvoll: „Hast du nicht eine ‚Neue-Welt-Übersetzung'?"

„Ja", sagte ich, „die habe ich, aber ich möchte es doch aus der Elberfelder Bibel vorlesen: ‚Hütet euch aber vor falschen Propheten, die in Schafskleidern zu euch kommen, inwendig aber sind sie reißende Wölfe. An ihren Früchten werdet ihr sie erkennen. Liest man etwa von Dornen eine Traube oder von Disteln Feigen? Also bringt jeder gute Baum gute Früchte, aber der faule Baum bringt schlechte Früchte.'"

„Was das nun für Früchte sind, die du bei diesen Menschen findest, brauchen wir wohl kaum zu besprechen", meinte Bruder Stefan B. und las nun selbst aus der „Neuen-Welt"-Übersetzung die Worte aus Titus 3, 9–11: „Doch meide törichte Streitreden und Geschlechtsregister und Zank und Streitigkeiten wegen des Gesetzes, denn sie sind nutzlos und nichtig. Einen Menschen, der eine Sekte fördert, weise ab nach einer ersten und zweiten ernsten Ermahnung, da du weißt, daß sich ein solcher vom Weg abgewandt hat und sündigt, wobei er durch sich selbst verurteilt ist."

„Niemand hat in eurem Fall verurteilt, niemand hat gerichtet", beeilte sich Bruder Stefan B. zu versichern, „aber wir müssen unsere Brüder ermahnen, andere Brüder mit euren – mit diesen ‚faulen Früchten' nicht zu belasten. Und das haben wir zweimal getan. Und dennoch habt ihr wieder mit Brüdern darüber gesprochen."

„Ihr meint also, wenn wir darüber sprechen, daß die Gesellschaft eine Geschäftsfirma ist, dann ist das eine falsche Frucht?"

„Ja", meinte Bruder Stefan B., „aber ihr habt nicht nur über das ‚Inc.' gesprochen, sondern ihr habt auch noch über andere

Dinge gesprochen. Wesentlich sinnvoller wäre es gewesen, festzustellen, wie man zu dem ‚treuen und verständigen Sklaven‘ steht, Gerd. Das wäre wesentlich sinnvoller als zu prüfen, über welche Kanäle nun diese Tatsachen die Ältesten erreicht haben."
Das ganze lief nun darauf hinaus, daß wir bedingungslos alles akzeptieren sollten, was der „treue und verständige Sklave" verlangte. Das wurde besonders durch die folgende Aussage des vorsitzführenden Aufsehers Paul M. erkennbar: „Da wollen wir die Sache doch einmal klar definieren: Erkennt ihr den ‚treuen und verständigen Sklaven‘ in seiner jetzigen Form an, daß er das, was er tut, rechtmäßig tut, daß er unter der Leitung des ‚Heiligen Geistes‘ steht und deshalb in der rechten Weise für die Organisation Gottes hier auf der Erde eintritt, oder seid ihr anderer Meinung?"
„Schließt das auch ein, daß alles, was in der Vergangenheit vom ‚treuen und verständigen Sklaven‘ durch die WTG veröffentlicht wurde, unter der Leitung des ‚Heiligen Geistes‘ stand?" fragte ich interessiert.
„Ja sicher", bestätigte er mir, und ich fragte: „Obwohl anhand unserer Literatur nachzuweisen ist, daß er sich damals geirrt hat, sogar maßgeblich geirrt hat. Und das alles hat demnach unter der Leitung des ‚Heiligen Geistes‘ gestanden?"
„Ja! Denn wenn er wirklich etwas Verkehrtes gesagt hat, dann gibt er es auch zu, und er tut sich nachher verbessern."
Dem Leser wird aufgefallen sein, daß die Ältesten sehr großen Wert auf die bedingungslose Anerkennung des „treuen und verständigen Sklaven" legten. Ich denke, daß ich den Begriff etwas näher erklären muß. Denn wer oder was dieser „Sklave" ist und warum er von den „Zeugen Jehovas" in der Weise akzeptiert werden muß, als wäre er „Jehova Gott" selbst, kann nur ein Zeuge Jehovas verstehen. Doch selbst ein Zeuge Jehovas dürfte erstaunt sein, wenn er durch eine Konfliktsituation, wie wir sie erlebten, plötzlich die ganze Bedeutung dieses „Sklaven" begreift. Nach meiner Erfahrung ist diese Tatsache so gut wie keinem Zeugen Jehovas bekannt.
Der Anspruch der WTG, „Werkzeug" des „treuen und verständigen Sklaven" zu sein, stützt sich auf das Gleichnis, das Jesus nach Mat. 24, 45–51 erzählt hat. In dem Wachtturm-

Buch „Dein Wort ist eine Leuchte meinem Fuß“ „begründet“ die Gesellschaft diesen Anspruch wie folgt:
„Aus dem inspirierten Wort Gottes erfahren wir, daß Jehova Jesus Christus alles unterworfen hat (Eph. 1: 22–23). Zu Pfingsten 33 u. Z. goß der verherrlichte Jesus Gottes heiligen Geist auf seine treuen Jünger aus, die sich in Jerusalem versammelt hatten: auf diese Weise kennzeichnete er sie – als Klasse – als einen ‚treuen und verständigen Sklaven‘. (Matth. 24:25) ... Heute bilden die übriggebliebenen der mit Geist gesalbten Leibesglieder Christi, die auf Erden sind, den ‚treuen und verständigen Sklaven‘, und diese Klasse hat der Herr Jesus gemäß den prophetischen Worten in Matthäus 24:47 ‚über seine ganze Habe‘ auf Erden gesetzt. *Es ist daher äußerst wichtig, daß du mit dieser ‚Sklavenklasse‘ eng zusammenarbeitest und den Rat, den du von ihr erhältst, annimmst und befolgst.*“ (S.40)
Die Forderung, diesem „Sklaven“ oder der „Sklaven-Klasse“ zu gehorchen und mit ihr zusammenzuarbeiten, wird in dem später veröffentlichten Buch „Organisation zum Predigen des Königreiches und zum Jüngermachen“, allgemein als das „Organisationsbuch“ bekannt, auf der Seite 11 mit folgenden Worten umschrieben: „Wenn es dein aufrichtiger Wunsch ist, unserem liebevollen Gott und Vater, Jehova, zu dienen, solltest du also für die Klasse des ‚treuen und verständigen Sklaven‘, derer er sich bedient, *Wertschätzung bekunden und von ganzem Herzen unter ihrer Leitung arbeiten.*“
Der Anspruch, den „guten Sklaven“ für sich gepachtet zu haben, geht auf die Behauptung der WTG zurück, Jesus habe in dem Gleichnis von zwei Sklaven gesprochen, einem „guten“ und einem „bösen“. Nach der Ansicht der WTG befindet sich der „böse Sklave“ generell bei „Babylon der Großen“. Damit sind alle anderen Religionen auf der Erde gemeint, die nicht mit der Lehre der WTG übereinstimmen.
Daß allerdings der vermessene Anspruch, durch diesen „Sklaven“ der Mitteilungs-„Kanal“ Jehova Gottes zu sein, biblisch nicht zu begründen ist, ging mir erst später auf. Durch aufmerksames Lesen des ganzen Zusammenhanges dieser Schriftstelle erkannten meine Frau und ich, daß Jesus hier nur von „einem“ Sklaven sprach, aber von „zwei“ Möglichkeiten. Die-

ser „Sklave“ konnte somit „gut“ als auch „böse“ sein. Im Klartext würde das bedeuten, eine Religionsgesellschaft, auch die Wachtturm-Gesellschaft, kann sowohl gut als auch böse sein. Unsere Überlegung konnte nicht im Sinne der WTG sein. Deren Forderung, diesen „Sklaven“ als „Kanal“ Gottes bedingungslos anzuerkennen, war nur mit der Behauptung: „Wir sind der ‚gute‘ Sklave“, zu rechtfertigen. Die wiederholte Forderung der Ältesten, diesen „Sklaven“ anzuerkennen, sollte uns davon überzeugen: „Wenn ihr Jehova Gott dienen wollt, so könnt ihr das nur durch die WTG tun. Wenn ihr den Segen Gottes wünscht, müßt ihr euch diesem ‚Sklaven‘, also der WTG, völlig unterwerfen.“
Die weitere Verhandlungstaktik der Ältesten verriet immer mehr, daß ihnen nicht daran gelegen war, die Widersprüche innerhalb der WTG und deren Literatur zu klären. Sie wollten uns dahin bringen, die Dokumente zu vernichten und darüber zu schweigen. Die Frage von Bruder Stefan B.: „Seid ihr bereit, in Übereinstimmung mit euren Brüdern zu reden, zu denken und zu handeln, oder wollt ihr aus dieser ‚Hürde‘ ausbrechen?“, zeigte das sehr deutlich. Auch der vorsitzführende Aufseher Paul M. schloß sich dem an und sagte: „Na ja, uns interessiert hier lediglich die Frage, ob ihr den ‚treuen und verständigen Sklaven‘ in seiner jetzigen Autorität anerkennt und ob ihr damit übereinstimmt, daß er die Befähigung besitzt, uns durch den Geist Gottes die Wahrheiten der Bibel kundzutun.“
Meine Antwort darauf: „Da kann ich weder ja noch nein sagen“, unterbrach Bruder Stefan B. sogleich mit den Worten: „Das gibt es nicht, das kannst du nicht. Was du hören möchtest, können wir dir nicht sagen. Wir können dir nur sagen, was die Bibel sagt. In Römer 16, 17–18 lesen wir folgendes: ‚Nun ermahne ich euch, Brüder, die im Auge zu behalten, die Spaltungen hervorrufen und Ursachen zum Straucheln geben entgegen der Lehre, die ihr gelernt habt, und meidet sie. Denn Menschen von dieser Art sind Sklaven, nicht unseres Herrn Christus, sondern ihres eigenen Bauches, und durch glatte Worte und schmeichelhafte Reden verführen sie das Herz der Arglosen‘ (NW). Nicht nur die Ältestenschaft, sondern jeder reife Christ ist dazu aufgefordert, solche Personen („die nicht mit dem ‚Sklaven‘ übereinstimmen“) zu meiden. Solange du

Zweifel hegst, betreibst du in gewissem Sinne ein zweischneidiges Spiel – es ist kein Spiel, es ist bitterer Ernst, ich weiß das. Sollen wir dich jetzt meiden? Überleg dir das gut!"

„Wir legen es nicht darauf an, daß ihr uns meidet, aber ihr könnt auch nicht von uns verlangen, daß wir eine Vogel-Strauß-Politik betreiben. Wir können nicht den Kopf in den Sand stecken und so tun, als wäre alles in bester Ordnung! Wenn die Zweifel nun einmal da sind, muß ich ihnen auch nachgehen und darf sie nicht einfach ignorieren. Das müßt ihr schon verstehen", gab ich zurück.

„Aber du siehst doch, daß du vor lauter Zweifeln einen Weg einschlägst, der dir das Verderben bringt. Und bedenke einmal deine Zeit, die du dafür aufwendest, die vergeudest du doch in großem Maße, ohne daß du davon etwas hast", sagte beschwörend Bruder Paul M.

„Das kann ich nicht sagen, daß ich von diesen Nachforschungen nichts habe. Denn ich mache mir schon meine Gedanken darüber, wenn ich z. B. feststelle, daß die WTG eine Bibelstelle bewußt manipuliert, nur um ihre Wissenschaftsfeindlichkeit auch biblisch zu begründen."

„Du meinst die Stelle (aus dem WT-Artikel) mit der Wissenschaft oder Erkenntnis?" fragte Bruder Stefan B. Ich berichtete nun, welche Informationen ich darüber erhalten hatte (siehe Seite 84 bis 85), worauf er sagte: „Du weißt doch ganz genau, daß im Korintherbrief steht, daß er die Intelligenz der Intellektuellen zunichte machen wird. Und wer besitzt denn die Intelligenz der Intellektuellen? Doch niemand anders als die Wissenschaft. Sie beruft sich darauf. Wer ist damit sonst wohl angesprochen? – Lügt die Bibel, oder ist sie wahr?"

„Ja, aber gestatte einmal, warum hat es dann ‚Gottes Organisation' nötig, solche fragwürdigen Gedanken zu veröffentlichen?" wandte ich jetzt ein, und Bruder B. meinte erstaunt: „Das findest du fragwürdig? Von uns findet das mir bekannterweise niemand als fragwürdig."

„Also, wenn ihr unbedingt behaupten wollt, daß ein Schimmel schwarz ist, dann ist wohl kaum noch ein ehrliches Gespräch möglich", sagte ich darauf.

Die Ältesten, die nun einsahen, daß uns mit den üblichen Methoden nicht beizukommen war, versuchten es nun mit einer

Art Kuhhandel. Jetzt zeigten diese „christlichen“ Aufseher der Zeugen Jehovas ihr wahres Gesicht. Unser christliches Gewissen oder Seelenheil war ihnen völlig gleichgültig. Ihr Interesse richtete sich nur darauf, diese peinlichen Dinge vor der übrigen Versammlung zu verschweigen. Der vorsitzführende Aufseher Bruder Paul M. sagte nun:

„Wenn ihr dieses hier (die Dokumente) für euch behaltet und meinetwegen damit macht, was ihr wollt – denn das können wir ja doch nicht verhindern –, denn was ihr tun wollt, das macht ihr doch. Das hat Jesus dem Judas auch gesagt. Er sagte ihm: ‚Was du tun willst, das tue bald.‘ Er konnte ihn nicht daran hindern, wenn er diese Einstellung hatte. Aber wir sind bemüht darum, daß die Versammlung nicht davon irgendwie infiziert wird, um dann Schaden anzurichten. Und wir müssen von dem Gedanken ausgehen, wenn die Versammlung das alles erst weiß, dann können wir wenig für euch tun. Wir möchten euch, so gut es geht, helfen, denn von toten Kindern haben wir nichts.

Deswegen haben wir uns überlegt – wir haben dir schon am Dienstag gesagt –, daß ihr euch von diesen Schriften einer anderen Fakultät, die euch doch nur Zweifel und Unbehagen bringen, trennt. Und deswegen die Frage an euch: Würdet ihr bereit sein, die Dokumente zu verbrennen und euch nicht mehr mit diesen Dingen zu befassen?“

„Verbrennen können wir diese Schriften nicht, schon deshalb nicht, weil sie uns nicht gehören“, sagte meine Frau, und Bruder Stefan B. rief sogleich: „Wem gehören sie denn?“ Ich sagte: „Das weißt du doch ganz genau, dem Rudolf Martens.“

Bruder Paul M. ging nun aber nicht weiter auf Bruder Martens ein, sondern meinte, daß doch schon sehr viele in der Versammlung über diese Affäre informiert seien und deshalb müßten sie nun, ob sie wollten oder nicht, etwas dagegen tun. (Es ist eine Besonderheit der WTG, daß ein Vergehen gegen die Grundsätze Gottes vom Komitee nicht nach der Schwere einer Übertretung beurteilt wird, sondern nach dem Bekanntheitsgrad in der Versammlung. Je mehr davon wissen, desto härter fällt die Strafe aus. Schon damals konnte ich dieser eigenartigen Moral nicht folgen, war ich doch immer der Meinung, daß vor Gott alle Menschen gleich sind.)

„Wenn wir dir jetzt z. B. eine Aufgabe zuteilen würden“, sagte Bruder Paul M. weiter, „und du müßtest am Rednerpult über etwas reden, was diese Dinge betrifft, da könnten die anderen Brüder sagen: ‚Der Gerd ist doch der 'böse Knecht', und ihr Ältesten gebt ihm auch noch eine Aufgabe darüber.‘ Meinst du, daß das lobenswert wäre, was du da tust?“
„Ihr wollt doch nicht sagen, daß ihr mir noch eine Aufgabe zugeteilt hättet?“ fragte ich.
„Moment“, sagte Bruder Stefan B., „du mißverstehst uns hier. Wenn du dich jetzt hier entscheiden kannst – das soll kein Geschäft sein, *wir machen keine Geschäfte mit der Bibel,* sondern wir möchten dir eine Chance geben, wenn du begreifst –, dann müssen diese Schriften sofort aus dem Haus kommen. Wir werden uns bemühen, euch alle Fragen, die ihr an uns stellt, biblisch zu beantworten. Nur in dem Moment wirst du sicherlich eine Zeitlang warten müssen, bis du wieder eine Aufgabe bekommst.
Aber es wird sicherlich – und das könnte man auch damit begründen, daß du ja im Moment arbeitsmäßig sehr eingespannt bist. Aber es wäre dann vielleicht nicht erforderlich, dich offiziell deines Dienstamtes zu entheben.
Wenn das aber nicht der Fall ist, wenn du jetzt hergingst und darauf beharrst, hier weiter zu prüfen, ist das nicht mehr drin. Das mußt du begreifen, das mußt du verstehen. Mehr als wir dir jetzt gesagt haben, eigentlich können wir das kaum noch verantworten, was wir dir hier gesagt haben. Und das Tonband, besonders diese Stelle da, muß verschwinden. Wir möchten nicht (daß andere das erfahren), und es ist auch kein Akt der Liebe uns gegenüber.“
„Ich habe euch ja vorher um Erlaubnis gebeten, daß ich diese Aufnahmen machen kann. Wenn ihr das abgelehnt hättet, hätte ich es auch unterlassen“, sagte ich.
„Sicherlich“, meinte Bruder Stefan B., „dann hättest du das – während du gefragt hast, lief das Tonband, und dann hättest du gesagt: Ich habe aber zumindest aufgenommen, daß ihr nicht bereit seid, für das, was ihr sagt, einzustehen. Und diese Möglichkeit wollten wir dir nicht geben. Aber es ist das letzte, was wir machen können, mehr ist nicht mehr zu machen. Und du mußt dich jetzt entscheiden.“

„Gut“, sagte ich darauf, „ich entscheide mich. Allerdings dafür, daß ich noch weiter prüfen werde. Eine Aufgabe in der Versammlung hätte ich doch nicht mehr angenommen, denn ich kann mich nicht an das Rednerpult stellen, um über ein Thema zu sprechen, von dem ich nicht mehr überzeugt bin.“

Nun versuchte Bruder Stefan B. einzulenken: „Ja, ich glaube dir auch, du hättest dich nicht vorne hingestellt, aber wir hätten dir ersparen können, daß du offiziell keine Aufgabe mehr bekommst.“

Wenn ich bis jetzt noch hoffte, daß die Ältesten ehrliche Absichten hatten, so sollte uns dieser plumpe Versuch, unser Gewissen zu vergewaltigen, vom Gegenteil überzeugen. Sie merkten auch selber, daß wir schon zu sehr hinter die Kulissen gesehen hatten. Um noch zu retten, was zu retten war, versuchte Bruder Stefan B. es noch einmal mit einem Appell an unsere Vernunft. Mit Nachdruck sagte er: „Was geht ihr für einen Handel ein, Brüder. Schaut doch mal, für ein Goldstück, das euch von ferne irgendwo blinkt, geht ihr das Risiko ein, einen ganzen Sack voller 99 Goldstücke zur Seite zu legen und nie wieder zu finden. Wegen einem Goldstück, von dem ihr nicht einmal wißt, ob es Gold ist oder nur Goldpapier. Aber wegen diesem Goldstück geht ihr das Risiko ein, den ganzen Sack voll Gold, den ihr schon eingehamstert habt, aufzugeben und zu verlieren. Das verstehe ich nicht. Aber ich verstehe heute besser als je zuvor, daß es richtig ist, diese Schriften nicht weiter mit euch zu betrachten. Weil der Nebel durch Streitereien und Zänkereien nur noch dichter und größer wird. Das würde doch zu nichts führen. Die Wahrheit findet ihr nur in dem Worte Gottes und ‚in der Versammlung‘.

Es ist nichts dagegen einzuwenden, Schriften, die von der WTG herausgegeben werden, auch die älteren Schriften, zu besprechen, weil wir euch helfen möchten. Aber sinnvoller ist es, das sage ich nach wie vor, die heutige Literatur zu studieren, weil wir vor dem Pflug sehen wollen – und nicht hinter dem Pflug. Und wir wollen keine Geschichtskunde betreiben, sondern wir wollen in die Zukunft sehen. – Aber wenn es euch hilft, wenn ich euch damit helfen kann, wäre ich bereit, für euch auch ‚hinter dem Pflug‘ zu schauen, um dort noch nach ein paar ‚Kartoffeln zu stoppeln'. Wenn ich euch damit helfen kann, will ich das gerne tun."

„Das hat jetzt nichts mit Stoppeln zu tun", wandte ich ein. „Wir machen es mit anderen Organisationen, z. B. der katholischen Kirche, auch. Nehmen wir einmal das ‚Erwachet!' von 1961 mit dem Titel: ‚Die katholische Kirche im 20. Jahrhundert', da wurde doch anhand der Geschichte gezeigt, daß die katholische Kirche viele Fehler gemacht hat."

„Das ist doch zweierlei Maß, versteh das doch endlich", erregte sich Bruder Stefan B. „Der Wachtturm wird geschrieben, damit ihn Menschen in der ‚Welt' und Christen lesen. Wir lesen ihn auch, natürlich, aber damit ihn Menschen in der ‚Welt' lesen und sie damit über die Zustände in ‚Babylon der Großen' und in der ‚Welt' aufgeklärt werden, deswegen ist der Wachtturm geschrieben.

Wäre der Wachtturm und die andere Literatur nur für ‚wahre Anbeter Gottes', für ‚Zeugen Jehovas' geschrieben, brauchte vieles nicht drinnen zu stehen. Wir brauchten praktisch nur die Bibel zu nehmen und zu lehren.

Die Schriften sind doch nur zum besseren Verständnis, vor allem für die da draußen (in der Welt) da, aber doch nicht für die, die drinnen (in der WTG) sind. Wir sollten als reife Christen so viel Erkenntnis haben, daß wir unseren Glauben allein mit der Bibel stützen können."

Das war nun allerdings ein starkes Stück. Der Wachtturm sollte für uns „Zeugen Jehovas" gar nicht „so wichtig", sondern nur für die „Weltmenschen" als „Aufklärung" nötig sein? Das war mir neu. Das, was mir dieser christliche Aufseher der Zeugen Jehovas da sagte, stand in völligem Gegensatz zur Wachtturm-Lehre. Die interne Lehrbroschüre für die Ältesten: „Königreichsdienstfragen", von deren Existenz der kleine Zeuge Jehovas keine Ahnung hat, sagt zu diesem Thema auf Seite 44 folgendes: „Wenn sich hingegen jemand öffentlich gegen das auflehnt, was im ‚Wachtturm' veröffentlicht worden ist, und andere zu beeinflussen sucht, unrichtigerweise das zu glauben, was er glaubt, dann würde er eine Sekte innerhalb der Versammlung fördern und sollte nach einer ersten und zweiten Verwarnung abgewiesen werden. Spr. 6:19, Titus 3:10."

Wenn doch nach der Meinung des Ältesten Bruder Stefan B.

der Wachtturm nur für „die da draußen“ wichtig war, warum regte er sich so auf, daß ich als Zeuge Jehovas einen Wachtturm-Artikel beanstandet hatte?
Ich sah ein, auf dieser Basis konnte kein klärendes Gespräch zustande kommen. Bruder Paul M. als vorsitzführender Aufseher wurde während des Gesprächs immer unruhiger, schließlich meinte er: „Ich habe mir auch diese Gedanken vorgelegt – und habe mir gesagt: Stelle dir vor, was müssen einst diese Brüder Rechenschaft ablegen für ihre Handlungsweise, da sie das Leben und die Arbeit der Ältesten so strapazieren.“
Die armen Ältesten, dachte ich bei mir, wie müssen die sich anstrengen, um zu verhindern, daß die unangenehme Wahrheit in der Versammlung bekannt wird. Leider konnte ich es ihnen nicht ersparen, ihre „christliche“ Wahrheitsliebe in Zukunft noch weiter unter Beweis zu stellen.

Jetzt kommt Rudolf dran

Durch diese Gespräche hatten die Ältesten sehr schnell erkannt, daß die Enthüllungen über die WTG die ganze Versammlung sprengen konnten. Die erste Maßnahme, die das „Rechtskomitee“[9)] der Versammlung ergriff, war, den „Urheber“ dieser Enthüllungen, Bruder Rudolf Martens, zu einer Komiteeverhandlung zu laden. Er wurde angeklagt, „falsche Schriften und Lehren“ verbreitet zu haben. Dies sei ein „Verstoß gegen die Grundsätze Jehovas und gegen den Heiligen Geist“, schrieben sie in ihrer Anklageschrift. Man gebe ihm bei der Verhandlung die Möglichkeit, sich zu verteidigen.
Rudolf, der überzeugt war, keine „falschen“ Schriften und Lehren verbreitet zu haben, sah der Verhandlung mit Interesse entgegen. Er fragte mich, ob ich bereit wäre, dabei als Zeuge auszusagen. Natürlich war ich sofort bereit dazu, sah ich doch hier die Möglichkeit, an einer Diskussion zwischen den Ältesten und Rudolf Martens teilzunehmen. Außer mir hatte Rudolf noch drei weitere Personen, die an der Organisation Jehovas interessiert waren, zur Verhandlung mitgebracht.
Die Verblüffung der Ältesten, die das „Rechtskomitee“ bildeten, war nicht zu übersehen, als sie uns erblickten, beladen mit einer größeren Menge Literatur, mit deren Hilfe wir über die

angeblich „falschen“ Lehren und Schriften diskutieren wollten. Doch es dauerte nicht lange, da war es an mir, verblüfft zu sein. Der Anlaß dafür war das Verhalten der Ältesten. Nachdem Rudolf seine Zeugen benannt hatte, stellte der vorsitzführende Aufseher Paul M. fest, daß die drei Bekannten, die Rudolf als Zeugen zur Sache außer mir mitgebracht hatte, keine Zeugen Jehovas waren. Er verwies auf sein Hausrecht und forderte die drei Herren auf, den Königreichssaal zu verlassen. Er begründete dies damit, daß außenstehende Personen bei einer Verhandlung des „Volkes Gottes“ nichts zu suchen hätten.

Der Einwand Rudolfs, daß seine Zeugen die zu verhandelnden Anklagen aufklären könnten, wurde wiederum mit dem Hinweis auf das Hausrecht zurückgewiesen. Um nun auf die Rechtmäßigkeit seiner Wahl der Zeugen hinzuweisen, versuchte er den Ältesten folgende Passage aus dem Buch „Organisation zum Predigen des Königreiches und zum Jüngermachen“ zu zitieren: „Die Ältesten möchten bestimmt, daß der Beschuldigte die Gelegenheit hat, *irgendwelche Personen* mitzubringen, die er als Zeugen für sich haben möchte, und dies sollten sie ihn wissen lassen.“

Doch wurde er daran von Bruder Paul M. mit wortreichem und zudringlichem Gestikulieren gehindert. Der Tenor war, daß man nicht bereit sei, in Anwesenheit dieser „Weltmenschen“ die Verhandlung zu beginnen.

Nach der erneuten Aufforderung an die Zeugen, sofort den Saal zu verlassen, fragte Rudolf: „Seid ihr nun gewillt, die Verhandlung im Sinne des ‚Organisationsbuches‘ durchzuführen, das mir das Recht zugesteht, ‚irgendwelche Personen‘ als Zeugen für mich mitzubringen?“

Darauf antwortete der Bibelstudien-Aufseher Edgar O. bestimmend: „Du bist nicht hier, um Fragen zu stellen, sondern um solche zu beantworten. Du bist angeklagt!“

Von seiten der Ältestenschaft bestand man darauf, daß bei einer derartigen Verhandlung keine „Weltmenschen“ als Zeugen zugelassen sind. Auf die nunmehr geäußerte Bitte von Rudolf Martens, ihm das doch anhand des „Organisationsbuches“ zu zeigen, reagierten die Ältesten mit der endgültigen Aufforderung an die „Weltmenschen“, den Saal zu verlassen, da man sonst die Polizei rufen würde.

Aufgrund dieser massiven Drohungen verließen die drei Herren, sichtlich schockiert, den „Königreichssaal" der christlichen Zeugen Jehovas. Auch Rudolf Martens, der nun keine Möglichkeit mehr für eine faire Verhandlung sah, verließ daraufhin den Saal.

Als ich mich, noch immer unter dem Eindruck des gerade Erlebten, auch entfernen wollte, baten mich die Ältesten, einen Moment zu bleiben. Mit dem Gefühl, eine stolze Leistung vollbracht zu haben, fragten sie mich, was ich denn von der Handlungsweise des Bruder Martens hielte.

„Nach allem, was ich jetzt erlebt habe, muß ich dem Rudolf recht geben. Denn er hat doch nur das verlangt, was ihm gemäß unserem ‚Organisationsbuch' zusteht", gab ich zur Antwort. „Ich verstehe auch nicht, daß ihr seine Zeugen, auch wenn sie Weltmenschen sind, ablehnt. Wir sind doch sonst bei jeder Gelegenheit bereit, für unseren Glauben Zeugnis zu geben. Und wenn ihr überzeugt seid, dem Rudolf das Verbreiten von falschen Schriften und Lehren nachweisen zu können, so wäre das doch ein großes Zeugnis geworden."

„Da sieht man, wie tief du schon gesunken bist!" rief nun Bruder Stefan B. „Damit hast du dein eigenes ‚Todesurteil' gesprochen, und nun werden wir auch gegen dich ein Komiteeverfahren durchführen."

Ich sagte ihnen, daß mir das recht sei, und verließ nun ebenfalls den Königreichssaal.

Viele meiner Brüder, denen ich das Glanzstück unserer Ältesten erzählte, waren darüber erschüttert, doch wagte es keiner, Kritik an ihnen zu üben. Man meinte nur: „Reg dich doch nicht so auf, das werden sie einmal vor Jehova verantworten müssen. Du mußt auch bedenken, daß wir alle nur unvollkommene Menschen sind." Das Ehepaar Willi und Gisela G., das in dieser Zeit auch einige Differenzen mit den Ältesten hatte, gab uns den Rat, doch einmal mit dem Kreisaufseher[10)] Bruder L. zu sprechen. „Der ist bestimmt in der Lage, eure Fragen zu beantworten", meinten sie zuversichtlich.

Diese Zuversicht konnten wir nach den Erlebnissen mit den Ältesten nicht mehr teilen. Da wir uns aber keine Versäumnisse vorwerfen lassen wollten, nahm ich die Gelegenheit wahr, mit dem Kreisaufseher zu sprechen.

16. Gespräch mit dem Kreisaufseher der WTG

Wir hatten erfahren, daß der Kreisaufseher in der Nachbarversammlung tätig war, und gingen am Sonntag hin, um mit ihm eine Unterredung zu vereinbaren. Ich sagte ihm, daß wir über die Lehren und die Geschichte der WTG beunruhigt seien. Er war auch gleich bereit, uns zu besuchen. Doch machte er die Einschränkung, daß er nicht allein, sondern mit einem Ältesten aus unserer Versammlung kommen werde. Das lehnte ich allerdings mit dem Hinweis ab, daß wir schon mit den Ältesten gesprochen hätten, aber zu keinem Ergebnis gekommen seien. Nach kurzer Bedenkpause willigte er ein, uns allein aufzusuchen.

Wie vereinbart kam er am 3.12.1975 gegen 11.15 Uhr allein zu uns. Offensichtlich beabsichtigte er nicht, ein längeres Gespräch mit uns zu führen. So lehnte er es zunächst ab, seinen Mantel auszuziehen, und nahm auch den angebotenen Sitzplatz nicht an. Erst als er bemerkte, daß wir uns auf seinen Besuch gut vorbereitet hatten, änderte er seine Haltung.

Aufgrund der Aufzeichnungen, die meine Frau und ich während des Gespräches und direkt danach machten, ist es möglich, den Verlauf des Gespräches wörtlich wiederzugeben.

Bevor wir eine Frage stellen konnten, sagte er überraschend: „Wenn ich gewußt hätte, daß ihr euch mit dem Komitee schon über einige Dinge unterhalten habt, hätte ich meinen Besuch nicht zugesagt. Wir wollen also von vornherein nur über eine Frage ganz kurz sprechen: Was hat sich zwischen *Jehova* und euch abgespielt?“

Diese Wendung war jedoch nicht in unserem Sinn. Er gab sich den Anschein, als habe er nicht gewußt, daß wir bereits mit den Ältesten gesprochen hatten. Gerade deshalb hatten wir ja darauf bestanden, daß er uns allein besuchen solle. Doch jetzt, nachdem er von den Ältesten die Einzelheiten erfahren hatte, ergriff er die Flucht nach vorn, indem er die ausweichende Fra-

ge stellte: „Was hat sich zwischen Jehova und euch abgespielt?“ Und nur darüber wollte er „kurz“ sprechen.
Ich sagte, daß unsere Beunruhigung nichts mit Jehova Gott zu tun habe, sondern es gehe um Probleme, die durch Menschen innerhalb der WTG aufgekommen seien. „An Gott glauben wir nach wie vor“, sagte meine Frau.
„Warum wollt ihr ihm aber nicht dienen? Versteht mich jetzt richtig, warum sagt ihr, bevor ihr ihm jetzt weiter dienen könnt, müßtet ihr erst einige Fragen klären?“
Darauf meinte meine Frau: „Es müßte doch für einen Zeugen Jehovas selbstverständlich sein, Ehrlichkeit und Genauigkeit an die erste Stelle zu setzen.“ Dann lasen wir ihm die bereits ausführlich zitierte Passage aus dem Buch „Leitfaden für die Theokratische Predigtdienstschule“ (siehe Seite 82) vor und betonten besonders die Worte: „Wir sollten den Wunsch haben, ... jederzeit in allen Einzelheiten völlig genau zu sein ... auch in unseren Zitaten ...“ Als Beispiel für die Ungenauigkeit der WTG bezogen wir uns auf die schon ausführlich zitierte Popper-Stelle und die Wiedergabe von 1. Tim. 6, 20 aus der Allioli-Bibel (siehe Seite 82ff.).
Nach diesen deutlichen Hinweisen auf die Unehrlichkeit der Gesellschaft hatte ich eigentlich erwartet, daß er sich unsere Dokumente und Unterlagen ansehen und uns eine Erklärung abgeben würde. Statt dessen stellte er die Frage: „Sagt einmal, was bezweckt ihr jetzt eigentlich?“
Wir sagten ihm, daß wir von ihm als Beauftragten der WTG eine überzeugende Erklärung erwarteten. Erneut auf die Zitatfälschungen im Wachtturm angesprochen, meinte er: „Geht dieser Bruder[11)] in seinen Schriften nicht genauso vor, wenn er euch die Schriften ‚Sklave des Wachtturms‘ usw. gibt? Denn ihr habt doch solche Schriften, und ihr habt sie auch mit anderen besprochen. Das ist doch beobachtet worden. Und diese Schriften strotzen doch vor lauter einzelnen Zitaten, die falsch wiedergegeben und aus dem Zusammenhang herausgerissen sind.“
Mit dieser Erklärung hatten wir nicht gerechnet. Denn diese Schriften, von denen er behauptete, daß wir sie erhalten und mit anderen Brüdern besprochen hätten, galten unter uns Zeugen Jehovas als das Schlimmste, was wir überhaupt lesen konn-

ten. Wegen ihrer „Gefährlichkeit“ ist es auch grundsätzlich verboten, diese Literatur aus „einer anderen Fakultät“ zu lesen. Durch den Vergleich, den der Kreisaufseher nun anstellte, „Geht er in seinen Schriften nicht genauso vor ...“, setzte er die Literatur der WTG auf eine Stufe mit der so verachteten „Hetzliteratur“.

Im Verlauf des Gespräches stellte sich immer klarer heraus, daß es dem Kreisaufseher weniger auf die Zitatverfälschungen ankam als darauf, wie wir an die Dokumente gekommen waren. Auf seine Frage: „Glauben diese Personen, die dir das gegeben haben, daß Jehovas ‚treuer und verständiger Sklave‘ wirklich von Gott eingesetzt ist?“, antwortete meine Frau: „Wir haben eigentlich gedacht, daß du uns erklären könntest, warum in unseren Schriften diese Fälschungen vorgenommen werden. Denn wie soll ich an die Türen der Menschen gehen und sagen, diese Schriften sind von A bis Z wahr? Diese Überzeugung muß ich aber haben!“

Ich schloß mich dem Gedanken meiner Frau an und meinte, daß ich mit einer derartigen Unehrlichkeit in der Politik und im Geschäftsleben rechnen müsse, aber bei der „Organisation Jehovas“ setzte ich absolute Ehrlichkeit voraus. Wenn ich also z.B. keinen Wissenschaftler zitieren kann, der meine Ansichten stützt, dann verzichte ich doch lieber ganz darauf, als mir durch aufmerksame Leser den Vorwurf der Unehrlichkeit machen zu lassen.

Darauf meinte der Kreisaufseher: „Hast du den Eindruck, daß der ‚Wachtturm‘ in erster Linie eine wissenschaftliche Aussage macht oder eine biblische?“ Auf diesen Versuch, vom Thema abzulenken, sagte ich: „In diesem Fall hat er es ja getan. Und wenn er sich darauf einläßt, mit wissenschaftlichen Zitaten die eigenen Lehren beweisen zu wollen, dann muß er auch eine wissenschaftlich exakte Aussage machen.“

„Sieh einmal Bruder L.“, sagte meine Frau darauf, „in dem Buch ‚Ist die Bibel wirklich das Wort Gottes?‘ von 1969 ist ein Unterkapitel mit der Überschrift ‚Adam und Eva‘. Darin werden Wissenschaftler zitiert, die die gleiche Meinung wie die Gesellschaft über Adam und Eva haben sollen. Auf der Seite 30 Mitte ist der Anthropologe Ashley Montagu[12] folgendermaßen zitiert: ‚Alle Menschenrassen gehören zu derselben Art,

sind ursprünglich von gleicher Herkunft. Das ist die Schlußfolgerung, die man aufgrund all der einschlägigen Beweise der vergleichenden Anatomie, der Paläontologie, der Serologie und der Vererbungslehre ziehen muß. Schon allein aus genetischen Gründen ist die Annahme sozusagen unhaltbar, daß die Menschenrassen unabhängig voneinander entstanden sind.'
Das hört sich doch an, als ob der Wissenschaftler die Ansichten der Zeugen Jehovas vertritt. Aber genau das ist falsch! Ein Bekannter hat uns inzwischen das vollständige Zitat gezeigt. Dort wo die Gesellschaft zitiert, ‚daß die Menschenrassen unabhängig voneinander entstanden sind', steht im Original kein Punkt, sondern der Satz lautet vollständig: ‚daß die Menschenrassen unabhängig voneinander entstanden sind als getrennte Entwicklungslinien *menschenartiger* Vorfahren'.
Du mußt doch zugeben, daß die Gesellschaft die entscheidende Aussage dieses Wissenschaftlers unterschlagen hat. Im vollständigen Zitat redet Montagu von ‚vielen Vorfahren' und gerade nicht von einem Menschenpaar Adam und Eva. Auch spricht er nur von ‚menschenartigen' Vorfahren, worunter er als Biologe und Evolutionist das Tier-Mensch-Übergangsfeld versteht. Warum geht die Gesellschaft her und läßt die Worte ‚menschenartige Vorfahren' weg, um damit den Eindruck zu erwecken, daß dieser Wissenschaftler unsere Ansicht stützt? Wir Zeugen Jehovas wissen doch, daß die Wissenschaft gerade das nicht tut. Deshalb nun meine Frage: Warum macht die Gesellschaft so etwas?"
„Na ja, ich habe von den Ältesten gehört, daß sie sich schon mit euch über das Wesentliche unterhalten haben", war alles, was der Kreisaufseher zu diesen Vorwürfen sagte.
„Nein", sagte meine Frau, „sie haben es abgelehnt, uns anzuhören. Tut den Mist weg, haben sie gesagt. Sie waren nicht bereit zuzuhören, was wir für Probleme haben."
„Wißt ihr, in der Bibel steht drin, daß diese ‚gute Botschaft' vom Königreich gepredigt wird. Und in der Bibel steht drin, daß Jehovas Königreich herrscht, und das Ergebnis seht ihr selbst", waren die ablenkenden Worte des Kreisaufsehers.
Auf meine Bemerkung: „Aber das ist doch noch keine Antwort auf unsere Fragen", sagte er: „Doch, das ist die Antwort, dein Ton gefällt mir gar nicht, mit dem du zu mir sprichst."

„Der Zweck heiligt die Mittel, meinst du das?“ fragte ich. Darauf wiederholte er seine Worte:
„Dein Ton gefällt mir gar nicht, denn ich hatte gedacht, daß ihr euch in einer Gewissensnot befindet und ich euch anhand der Bibel ein bißchen zeigen könnte, daß Jehova ein Volk auf Erden hat, auf das er seinen Geist gelegt hat. Und daß dieses Volk auch die Früchte seines Geistes hervorbringt. Das habe ich gedacht.“
Die volle Bedeutung dessen, was die Führung der Zeugen Jehovas mit dieser Zitatverfälschung erreichen will, erkannte ich erst, nachdem der Kreisaufseher gegangen war. Die WTG hat in ihrem Buch „Ist die Bibel wirklich das Wort Gottes?“ (S. 30) durch eine bewußte Zitatverstümmelung einen wissenschaftlichen Text gegen seinen ausdrücklichen Sinn verkehrt. Sie versucht so, einen Wissenschaftler als Kronzeugen für ihre Lehre von Adam und Eva aufzubauen. Dazu ist neben dem Zitat ein Bild (S. 31) mit Adam und Eva als Ureltern aller heutigen Rassen zu sehen mit der suggestiven Erklärung: „Die Wissenschaftler geben zu, daß alle Völker der Erde eine einzige Familie bilden und einen gemeinsamen Ursprung haben.“
So wird der Eindruck durch Text und Bild erweckt, „wahre Wissenschaft“ bestätige die WTG-Lehre. „Wahre Wissenschaft“ ist ein Begriff, den Jehovas Zeugen oft gebrauchen. Darunter verstehen sie solche Ansichten, die die eigene Lehre stützen.
Erinnern wir uns noch einmal an das schon ausführlich wiedergegebene Popper-Zitat. Dort versucht die WTG, durch den „Wachtturm“-Artikel den Eindruck zu erwecken, daß Wissenschaft oftmals Nonsens, eigentlich unglaubwürdig ist. Im Montagu-Zitat dagegen versucht die WTG, die von ihr so geschmähte Wissenschaft vor den eigenen Karren zu spannen. Da das aber kaum möglich ist, schreckt sie selbst vor sinnentstellenden Zitatkürzungen und Zitatverfälschungen nicht zurück.
Dies muß auch dem Kreisaufseher gedämmert sein, denn er versuchte das Problem auf die Ältesten abzuwälzen. Seine Antwort: „Na ja, ich habe von den Ältesten gehört, daß sie sich schon mit euch über das Wesentliche unterhalten haben“, zeigte das sehr deutlich. Mehr wußte er dazu nicht zu sagen.
Die ganze traurige Angelegenheit hat auch eine komische Seite.

Ich habe oben das Bild von Adam und Eva erwähnt. Beim Hinsehen entpuppt sich der fesche Adam mit seiner Rock'n'-Roll-Frisur als der amerikanische Filmschauspieler John Derrek. Neben ihm Eva mit künstlichen Wimpern und Lidstrich. Offensichtlich gibt es unter den Wachtturm-Autoren in New York Liebhaber der sonst bei Jehovas Zeugen so verfemten „weltlichen und verderbten“ Hollywood-Kultur.
Doch wenden wir uns wieder dem Gespräch mit dem Kreisaufseher zu. Auf seine Erklärung: „Ich hatte gedacht, daß ihr euch in Gewissensnot befindet“, sagte meine Frau: „Du hast recht, wir sind in Gewissensnot.“
Darauf wollte oder konnte er nicht eingehen, dann versuchte er es mit einer neuen Taktik. „Seht einmal“, sagte er fast beschwörend, „Jesus hat gesagt: ‚Wenn ihr mein Fleisch eßt und mein Blut trinkt, werdet ihr leben.‘ Das war für einen Juden unfaßbar, für einen Christen undenkbar. Deswegen wandten sich viele seiner Jünger von ihm ab. Und was haben sie gemacht? Sie gingen nicht mehr mit ihm. Da galt alles nichts mehr, obwohl sie aus der Bibel wußten, daß dies alles gut war und richtig. Und dann sagte Jesus zu den anderen: ‚Ihr wollt doch nicht etwa auch weggehen?‘ Petrus, obwohl er das in dem Moment auch nicht hätte erklären können, sagte aber: ‚Wohin sollen wir gehen, du hast Worte ewigen Lebens. Und wir haben es erkannt, und wir haben es geglaubt.‘“
Er versuchte uns nun davon zu überzeugen, daß wir nur in der „Organisation Jehovas“ die wahre Anbetung finden könnten. Zu unserer Verblüffung meinte er: „Wir gehen nicht von der *Tatsache* aus, daß wir jahrelang ausgenutzt, irregeführt und vernagelt wurden und daß uns die wahre Freiheit außerhalb der Organisation erwartet. Sondern wir gehen davon aus, daß Jehova unser liebevoller Vater ist. Denn alles, was wir über die Bibel wissen, haben wir durch den Wachtturm, durch die Zusammenkünfte und durch die Kongreßprogramme kennengelernt.
Das ist also Wahrheit, davon müssen wir ausgehen. Wenn wir soweit gehen, daß wir sagen: Wie kann der Wachtturm, wie können Zeugen Jehovas so etwas sagen, ist unser Verhältnis zu Jehova Gott schon belastet, wenn nicht sogar unterbrochen.“
Auf diese anmaßende Erklärung sagte ich ihm nochmals, daß

unsere Probleme nichts mit Gott zu tun hätten, sondern ausschließlich mit der WTG und deren Literatur. Wenn also die Gesellschaft unehrlich handelt, kann ich nicht Gott dafür verantwortlich machen. Dann fragte ich: „Siehst du nun diese Dinge, die wir dir geschildert haben, auch als Fehler der Gesellschaft an?“ Auf diese direkte Frage erwartete ich eine klare Antwort. Doch er ging auch diesmal einer Stellungnahme aus dem Weg. Statt dessen sagte er: „Ich werde mich mit diesem Punkt nicht beschäftigen, weil die Ältestenschaft bereits ein Komiteeverfahren anberaumt hat. Aber ich würde euch ermuntern, einmal alle diese Punkte zusammenzustellen, damit die Brüder das dann in ihrem Brief an das Zweigbüro beilegen können. *Ich habe den Wachtturm nicht geschrieben.*“ Wenn er uns auch nicht direkt bestätigte, daß er unserem Urteil zustimmte, so war diese Aussage deutlich genug.

Wieder versuchte er vom Thema abzulenken: „Habt ihr, als ihr im ‚Leitfaden-Buch‘ gelesen habt, euch dann hingesetzt und diese Stelle im Wachtturm oben angestrichen, oder habt ihr das erst gemacht, nachdem ihr euch mit dem anderen[11] unterhalten habt, der euch auch diese Kopien gegeben hat?“

Darauf entgegnete meine Frau: „Die Reihenfolge war die, wir haben erst die Dokumente und die Zitate gelesen, und dann haben wir die Passage im ‚Leitfaden-Buch‘ gelesen. Wir haben den Wachtturm natürlich wie üblich gelesen und studiert.“

„Es war also nicht so, daß ihr zuerst im ‚Leitfaden-Buch‘ gelesen habt, man soll ehrliche Zitate machen, und jetzt ist es euch selbst im Wachtturm aufgefallen?“ meinte nun Bruder L. vorwurfsvoll.

Meine Frau: „Die Reihenfolge mußte ja so sein, denn wenn wir in unserer Literatur ein Zitat gelesen haben, meinst du, dann haben wir das wissenschaftliche Buch geholt, was übrigens gar nicht immer einfach sein dürfte, um nun nachzulesen, ob das auch stimmt? Da war kein Mißtrauen. Uns war einfach klar, wenn die Gesellschaft das schreibt, daß es sich auch so verhält.“

„Und warst du zu dieser Zeit nicht glücklicher?“ fragte darauf der Kreisaufseher. Meine Frau, nun sichtlich verblüfft, antwortete: „Natürlich war man glücklicher, das ist doch klar. Aber deswegen ist das doch alles eine Tatsache, die man nicht einfach unter den Tisch fallen lassen kann.“

Darauf wußte er nichts weiter zu sagen, als uns den Rat zu geben: „Nehmt einmal eine Liste und schreibt diese angeblichen Widersprüche, über die ihr nicht hinwegkommt, auf. Seitenzahl, ursprüngliches Zitat und wie es sich verhalten hat. Schreibt auf, von wem ihr die Kopien habt, dann müßt ihr das den Brüdern ganz offen und in Liebe zeigen. Ihr müßt davon ausgehen, daß euch die Brüder lieben, aber sie müssen auch die Versammlung lieben."
Ich versuchte jetzt, ihm einen kurzen Bericht zu geben, was ich mit den Ältesten erlebt hatte, doch er fiel mir sofort ins Wort und sagte: „Ich höre mir keine Anklagen über Älteste an!"
Da wir so auch nicht weiterkamen, versuchten wir eine Antwort auf die Fragen zu bekommen, die uns seit der Auseinandersetzung mit den Ältesten beschäftigten. Es ging um den Anspruch des „treuen und verständigen Sklaven". Wir fragten ihn, ob er der gleichen Meinung wie unsere Ältesten sei, die uns gesagt hatten, daß der „Sklave" von Gott gelenkt würde. „Lenkt er ihn, indem er ihm direkt Gedanken eingibt, oder läßt er ihn nur frei in der Bibel forschen?" war die Frage meiner Frau.
„Dann wäre er ja inspiriert, der Wachtturm ist aber nicht inspiriert", erwiderte er darauf.
„Warum, wenn er nicht inspiriert ist, wie du jetzt selbst bestätigt hast, muß ich ihm aber diese hohe Wichtigkeit zumessen?"
„Weil er von Gott eingesetzt ist!"
Meine Frau gab sich damit aber nicht zufrieden: „Der Wachtturm ist also nicht inspiriert, aber doch muß ich ihn behandeln wie die Bibel oder sogar noch höher. Das ist doch ein Widerspruch, finde ich."
„Das ist also nicht so, das seht ihr nicht", sagte er darauf und meinte bestimmend: „Der ‚Sklave' ist von Jesus Christus als ein ‚treuer und verständiger Sklave' bezeichnet worden – und wenn er von unserem Herrn so bezeichnet wird, dann maße ich mir nicht an, Jesus zu kritisieren, daß er untreu oder unverständig ist. Wir wollen die Dienste dieses Sklaven annehmen. Schaut, ihr müßt das Ergebnis einer Sache sehen", sagte er dann weiter. „So gab es zum Beispiel vor 1963 eine ganze Reihe von Brüdern, die haben erkannt, daß das, was der Wachtturm über

die in Römer Kapitel 13 genannten ‚obrigkeitlichen Gewalten' sagte, nach ihrem Verständnis nicht auf Jehova Gott und Jesus Christus zutrifft, sondern auf die politischen Herrscher.
Das haben sie nun lang vor 1963 verkündet und haben damit halbe Versammlungen auseinandergebracht. Und das Schlimmste dabei ist, sie dienen Gott nicht eifriger, sondern sie haben sich schmollend in eine Ecke zurückgezogen. Und als Jahre später der Wachtturm ganz offen sagte, wir haben es jetzt besser verstanden, die in Römer 13 beschriebenen ‚obrigkeitlichen Gewalten' beziehen sich eben doch auf die politischen Dinge, weil da von Steuern und Abgaben die Rede ist, sind nun diese Brüder nicht zurückgekommen. Sie kamen nicht und sagten, na bitte, jetzt sind wir gerechtfertigt, jetzt kann es weitergehen. Nein, sie bleiben bis heute untätig.
Versteht ihr, daß der Teufel manchmal Dinge benutzt, zufolge unserer eigenen Unvollkommenheit, um uns von Jehova und seinem Volk wegzuziehen? Und das ist die große Gefahr. Wir dürfen in ‚Gottes Versammlung', und das ist der wichtigste Punkt, keine Unruhe bringen. Versteht ihr? *Wir dürfen es nicht besser wissen als der ‚Sklave' zu seiner Zeit.*"
Seinen Ausspruch: „Wir dürfen es nicht besser wissen ...", nahm er selber sehr genau. Denn er verschwieg uns schlauerweise, daß die WTG die Erklärung der Bibelstelle aus Römer 13 schon zum zweiten Mal geändert hatte. Denn bis zum Jahre 1929 hatte die WTG die gleiche Ansicht über die Bedeutung von Römer 13 wie später wieder vom Jahre 1963 an.
Die Ansicht des Begründers der WTG, Ch.T. Russel, daß mit den genannten „obrigkeitlichen Gewalten" die politischen Herrscher gemeint seien, wurde im Jahre 1929 im „Namen Jehovas" geändert. Die Juli-Ausgabe des „Wachtturms" aus diesem Jahr brachte folgende Erklärung: „Ist es nicht klar, daß die Worte des Apostels Paulus ganz entschieden verkehrt ausgelegt worden sind, wenn man sie auf die Regierungen dieser Welt anwandte? Wenn er sagt: ‚Diese (obrigkeitlichen Gewalten), welche sind, sind von Gott verordnet', bezieht er sich da irgendwie auf die Nationen der Erde? Ist es nicht vernünftiger anzunehmen, daß Gott seine Worte ausschließlich an jene obrigkeitlichen Gewalten richtet, die in der Organisation Gottes bestehen und funktionieren, und nicht an die Gewalten in der Organisa-

tion Satans?“ (Zitiert nach: „Jehovas Zeugen in Gottes Vorhaben“, Wiesbaden 1960, S. 124)
Die ganze Verwerflichkeit ihrer Bibeldeutung wird verständlich, wenn man den Wachtturm von 1963 liest, in dem die WTG, wieder im „Namen Jehovas“, diese Lehre erneut änderte. Im Wachtturm vom 1. Januar 1963 begründet sie ihr „Neues Licht“ so:
„Wen hat Paulus mit dem Ausdruck ‚Obrigkeit‘ und ‚Behörden‘ gemeint, denen die Christen untertan sein oder denen sie sich unterordnen sollten? Hat er jene innerhalb der Christenversammlung gemeint? Oder sind damit die politischen Obrigkeiten oder Regierungen und Behörden außerhalb der Christenversammlungen, damals jene unter der Herrschaft des kaiserlichen Rom, gemeint? Wem untertan zu sein sollte Titus den kretischen Versammlungen einschärfen? Offenbar den politischen Obrigkeiten oder Regierungen und Behörden dieser Welt ... Gott hat die Christen nicht aus der Welt herausgenommen. Sie müssen mit den Regierungen und Behörden, die immer noch bestehen, auskommen. Daher sagt Paulus, sie sollen ihnen untertan sein.“ (Seite 14–15)
Diese willkürliche Art, die Bibel auszulegen und dann zu behaupten: „Jehova hat uns neues Licht gegeben“, war in unseren Augen ein starkes Stück. In dem Bemühen des Kreisaufsehers, es uns „nicht besser wissen“ zu lassen, verschwieg er uns auch die Behandlung jener Brüder, die sich „schmollend in eine Ecke zurückgezogen“ hatten. Erst später, als wir die verbotene „Hetzliteratur“ lasen, die die unchristlichen Methoden der WTG offen beschreibt, erfuhren wir unter anderem auch, daß diese Brüder, die in den Jahren ab 1929 mit der Änderung der Lehre über Römer 13 nicht einverstanden waren, erbarmungslos aus der Gemeinschaft des „Volkes Gottes“ ausgestoßen wurden.
Nur ein gläubiger Mensch kann ermessen, welches Leid und Elend über diese „Ausgeschlossenen“ gebracht wurde. Denn warum sind diese Menschen seinerzeit Zeugen Jehovas geworden? Doch nur deshalb, weil sie an Gott glaubten und zu der Überzeugung kamen, daß Gott nur durch die WTG sein Rettungswerk auf der Erde vollbringt. Statt nun Verständnis aufzubringen für die Gewissensnot, in der sich diese gläubigen

Menschen befanden, machte der Kreisaufseher ihnen noch den Vorwurf, sie seien, als der Wachtturm nach 34 Jahren Irrlehre seinen Fehler einsah und korrigierte, nicht reumütig zurückgekommen.

Daß die WTG immer wieder falsche Lehren verbreitet hat und durch die Zeugen Jehovas hat verbreiten lassen, war also auch dem Kreisaufseher bekannt. Seine Aufforderung zum bedingungslosen Gehorsam empfanden wir als glatte Unverschämtheit. Er sagte in vollem Ernst: „Ihr müßt davon ausgehen, daß das *Wahrheit* ist. Und alles andere müßt ihr jetzt noch kennenlernen. Aber der ‚Sklave‘ dient seit neunzehnhundert Jahren, und wer bin ich, daß ich das mit Skepsis anhöre, was der ‚Sklave‘ auf den Tisch bringt."

Damit ließ er die Katze aus dem Sack: Es steht uns nicht zu, an der WTG Kritik zu üben. Denn das, so gab er uns ja zu verstehen, würde einer Kritik an Jehova Gott selbst gleichkommen. Und wer von uns Zeugen Jehovas wollte schon so anmaßend sein und Jehova kritisieren. Darauf angesprochen, sagte der Kreisaufseher: „Hoffentlich niemand – und doch tun das einige!"

Er ließ sich auf keine weiteren Diskussionen mehr ein, sondern versuchte nur noch, ein paar ermunternde Worte an meine Frau zu richten, und mußte dann ganz plötzlich weg. Sich von meiner Frau verabschiedend, fragte er mich beiläufig, ob ich denn überhaupt noch an Jehova Gott glaubte. „Das schon", erwiderte ich, „nur an die Menschen, die vorgeben, ihn zu vertreten, an die glaube ich nicht mehr."

„Ein folgenschwerer Satz", sagte er, drehte sich um und ging ohne Gruß davon. Daß dieser Satz Folgen haben würde, war meiner Frau und mir klar. Doch was dann auf uns zukam, ahnten wir beide nicht.

17. „Anklage“ der Aufseher und Inquisition

Unsere Informationen über die Methoden der WTG waren in der Tat geeignet, Unruhe in die Versammlung zu bringen. Das muß auch der Kreisaufseher begriffen haben, denn sieben Tage nach seinem Besuch, am 10.12.1975, erhielten wir durch Einschreibebrief eine Anklageschrift:

„Liebe Brüder Gerd und Karin Wunderlich:

Dem Komitee der Versammlung Frankfurt/M.-Bockenheim ist durch mehrere Zeugen die Mitteilung gemacht worden, daß Ihr unter Brüdern, durch Schriften des bösen Sklaven oder Knechtes, falsche Lehren verbreitet haben solltet. Da dies ein Verstoß gegen die Grundsätze Jehovas und den Hl. Geist ist, geben wir Euch gern die Gelegenheit, zu dieser Anklage Stellung zu nehmen, damit ihr Euch auch verteidigen könnt.

Das Komitee bittet Euch daher, am Samstag, den 13.12.75, um 14.30 Uhr im Königreichssaal, Ffm.-Grempstr. 27, zu erscheinen.

In brüderlicher Liebe
Eure Brüder
des Rechtskomitees der Versammlung
Ffm.-Bockenheim“

Nach der Aussage dieses Schreibens stützte sich die Anklage auf Mitteilungen von Zeugen. Da ich mir sicher war, keinem meiner Brüder „falsche“ Schriften und Lehren vermittelt zu haben, war ich daran interessiert, wie man diese Behauptungen beweisen wollte. Durch die Erfahrung mit dem „Rechts“-Komitee in der Angelegenheit Rudolf Martens vorsichtig geworden, hatte ich den Verdacht, daß die angeblichen Zeugen bei der Verhandlung nicht anwesend sein könnten. Wir beschlossen deshalb, dem Komitee mitzuteilen, daß wir nur dann bereit wären, zur Verhandlung zu erscheinen, wenn die Zeugen, auf die sie sich beriefen, anwesend wären. Da in der kurzen Zeit eine schriftliche Klärung nicht mehr möglich war, vertraute ich auf die Ehrlichkeit eines Ältesten und regelte diese Bedingung telefonisch. Da dieses Telefongespräch in der Verhandlung noch eine Rolle spielen wird, möchte ich es in direkter Rede wiedergeben:

Ich:	Guten Tag, Bruder M. Wir haben heute euren lieben Brief bekommen. Nur ist der Termin, den ihr genannt habt, sehr kurz gesetzt!
Aufseher:	Ja.
Ich:	Aber wir könnten ihn trotzdem einhalten, wenn ihr in der Lage seid, bis dahin eure Zeugen zu benennen. Denn wir bestehen darauf, daß diese Zeugen, auf die ihr euch beruft, vor uns aussagen. Geht das?
Aufseher:	Das geht, ja. – Ist das dann in Ordnung, seid ihr am Samstag da?
Ich:	Ja, wir sind da, wenn die Zeugen auch da sind.
Aufseher:	Das ist gut.
Ich:	Ist es nötig, daß ich dir deswegen noch einmal schreibe?
Aufseher:	Das brauchst du nicht mehr, wenn du mir jetzt zugesagt hast, ist es in Ordnung.
Ich:	Ich wollte dir nämlich erst schreiben, aber ich dachte, ihr habt dann nicht mehr die Möglichkeit, die Zeugen zu benachrichtigen.
Aufseher:	Ach, die sind eh automatisch zu erreichen.

Der Hinweis „Ach, die (Zeugen) sind automatisch zu erreichen" gab uns zu denken. Das konnte doch nur bedeuten, daß die Ältesten gleichzeitig als Ankläger, Zeugen und Richter auftreten wollten. Eine Verfahrensweise, die selbst nach den Richtlinien der WTG nicht erlaubt ist. Das „Organisations-Buch" sagt auf Seite 160 dazu folgendes: „Es kann sein, daß einer der drei, die üblicherweise zum Rechtskomitee gehören, zurücktreten möchte, weil er in der zu betrachtenden Angelegenheit als Zeuge dienen muß oder sonstwie in die Sache verwickelt ist."

Nach den Erfahrungen, die ich bis dahin mit den Aufsehern gemacht hatte, war mein Verdacht gar nicht so abwegig. Leider behielt ich recht. Wie der Bericht über die Verhandlung zeigen wird, hatte uns der vorsitzführende Aufseher der christlichen Zeugen Jehovas bewußt angelogen, denn alle drei Aufseher be-

tonten während der Verhandlung, daß sie die „Zeugen dessen seien“, was uns vorgeworfen wurde.
Ein Verhalten, das später von der WTG in Wiesbaden voll akzeptiert wurde. Denn trotz des Berichtes, den ich nach dieser Komiteeverhandlung nach Wiesbaden geschickt hatte, wurde nichts gegen diese treuen Diener der Gesellschaft unternommen. Sie bekamen sogar noch die Möglichkeit, das Berufungskomitee, das ihre Entscheidung überprüfen sollte, selbst zu bestimmen.

Verhandlung vor dem „Rechtskomitee“, erster Teil

Am Samstag, dem 13. Dezember 1975, fand die Verhandlung vor dem „Rechts“-Komitee der Versammlung Frankfurt-Bokkenheim statt. Der folgende Bericht wurde nach meinen und den Aufzeichnungen meiner Frau von mir angefertigt. Er gibt einen umfassenden Einblick in die interne Gerichtsbarkeit, die Gedankenwelt und die Argumentationsweise der Zeugen Jehovas. Bis auf geringfügige Kürzungen, bedingt durch Wiederholungen im Text, handelt es sich hier um die vollständige und unverfälschte Wiedergabe der Verhandlung. Um der Authentizität willen habe ich nichts am Stil der wörtlichen Rede geändert, selbst da, wo es nötig gewesen wäre.
Es liegt mir nichts daran, die beteiligten Aufseher des Komitees bloßzustellen, obwohl sie hier nicht nur als tätige Opfer handelten, sondern vollbewußt das Geschäft der WTG betrieben. Freilich verschwindet ihre Individualität hinter einer Charaktermaske. Es genügt deshalb, sie mit ihren Funktionen abzukürzen.
Der Nicht-Jehovazeuge wird von Stil und Gang der Verhandlung eher angeödet sein, so aufschlußreich sie auch ist. Er müßte sich dennoch fragen, woher all die wachttürmelnde Rechthaberei, die Bevormundung und Gereiztheit kommt. Das pseudobiblische Wahnsystem der WT-Weltanschauung kann von ihren Funktionären nämlich nur mit unsauberen Tricks und falschem Spiel aufrechterhalten werden. Schon die kleinsten Hinweise auf die Widersprüchlichkeit und Verschrobenheit des Systems können es leicht in seiner Unglaubwürdigkeit entlarven. Jeder Zeuge Jehovas und gerade die leitenden Herren wissen und fürchten das nur allzu sehr.

So befinden sie sich in stetem Alarmzustand, müssen immer auf der Hut sein und kämpfen mit dem Rücken an der Wand, um ihre Lebenslüge aufrechtzuerhalten. Typisch dafür ist, daß sie auf klar gestellte Fragen keine Antwort geben wollen, weil sie keine geben können. Auch in der theologischen und bibelwissenschaftlichen Diskussion unserer Tage spielen sie überhaupt keine Rolle. Sie haben genug damit zu tun, ihre „Versammlungen reinzuhalten".

Beteiligte Personen:

1) Das „Rechts"-Komitee der Versammlung Frankfurt-Bokkenheim, bestehend aus:
   Vorsitzführender Aufseher (VA) Paul M.
   Predigtdienst-Aufseher (PA) Stefan B.
   Bibelstudien-Aufseher (BA) Edgar O.
2) Die Angeklagten:
   Gerd Wunderlich (Gerd)
   Karin Wunderlich (Karin)

Nach einer kurzen Begrüßung begann die Verhandlung in einem Nebenraum des Königreichssaales, der zu dieser Zeit noch nicht einmal geheizt war. Wir behielten deshalb unsere Mäntel an und nahmen Platz. Wie vermutet, waren keine Zeugen zu sehen. Deshalb begannen wir das Gespräch mit der Feststellung:

Karin: Wir sind doch noch nicht vollzählig.
Gerd: Ja, die Zeugen, wo sind denn eure Zeugen?
BA: Nun mal langsam, seid doch nicht so nervös, hm.
Gerd: Erlaube einmal, wir haben wohl das Recht, nervös zu sein. Es geht doch hier um ‚Leben und Tod' oder nicht?
PA: Ist es wirklich ein Akt der Nächstenliebe, wenn man gleich mit Geschützen schießt? Nach dem Motto, so, wollen wir erst einmal eine Kriegserklärung anwenden!
Gerd: Uns wurde aber die Zusage gemacht, daß die Zeugen heute anwesend sind. Deshalb nun meine Frage: Wird das auch eingehalten?

PA: Von der Bedingung weiß ich nichts.

Gerd: Das habe ich mit Bruder M. ausgemacht, du kannst ihn ja fragen. Also meine Frage noch einmal: Sind die Zeugen da?

VA: Wir wollen erst einmal gemeinsam beten!

Karin: Ich meine, wir brauchen erst gar nicht anzufangen, wenn keine Zeugen da sind!

VA: Das kommt dann ganz *automatisch.*

BA: Moment, ihr wollt – darf ich einmal feststellen – ihr wollt kein Gebet mit uns sprechen bezüglich der Dinge, die wir zu besprechen haben, die bestimmt ernst sind. Auch dein Mann sagte ja eben so groß, ‚es geht um Leben', das ist richtig. Und da seid ihr aber nicht gewillt, ein Gebet mit uns zu sprechen?

Gerd: Ihr weicht uns doch aus!

PA: (sehr herrisch) Aber wir sind doch Brüder, wir können doch ein Gebet zusammen sprechen! Ihr wollt doch sagen, da habt ihr doch bestimmt nichts dagegen, oder?

Karin: Gegen das Gebet nicht, aber was dann danach kommt.

VA: Wenn wir als Brüder zusammenkommen, wollen wir uns bemühen, Jehova wenigstens die Ehre zukommen zu lassen, oder?

Gerd: Also gut, regeln wir die Frage eben nach dem Gebet. (Damit war der erste Akt des Betruges in Szene gesetzt. Denn mit einem Gebet war die Verhandlung offiziell eingeleitet.)

VA: Sprechen wir also erst ein Gebet:
Herr Jehova, du gütigster Vater, zu dir, dem allein wahren Gott, blicken wir auf und sagen dir wiederum Dank, daß du uns auch den heutigen Tag wieder geschenkt hast. Wir sind hier zusammengekommen, um mit unseren Brüdern die Gemeinschaft zu pflegen und mit ihnen zu behandeln, wie dieses Problem, das aufgetaucht ist, um deine Versammlung reinzuhalten.
Wir bitten dich deshalb, daß du mit deinem wunderbaren Geist vorhanden bist. Du möchtest uns Erkenntnis und Verständnis geben, daß wir voller Barmherzigkeit und Liebe ... nach deinem heiligen Wil-

len und Geist handeln. Wir möchten dich um deinen Geist bitten und bringen alles vor dich, im Namen deines Sohnes, des Königs in Zion, Jesus Christus. Amen.

Gerd: So, meine Frage noch einmal: Wer sind die Zeugen, und wo sind diese?

VA: Wir möchten das Problem von vorn aufzäumen und nicht von hinten. Wir sind nicht zusammengekommen, um Streitgespräche zu führen, sondern um zu verhandeln! Wir haben euch geschrieben, daß ihr hierher kommen sollt!

Gerd: Ich hätte dir doch lieber schreiben sollen!

VA: Wollt ihr von vornherein alles brechen – und damit zeigen, daß ihr nicht gewillt seid, unter solchen Bedingungen, *wie sie der König Jesus Christus* hat, die Verhandlung auch durchzuführen?

Gerd: Bruder M., ich habe dich am Mittwoch angerufen, weil euer Brief so spät kam. Es war mir also nicht möglich, dir meine Bedingungen schriftlich mitzuteilen. Du hast mir versprochen, daß die Zeugen anwesend sind.

VA: Wo steht das? Steht das in dem Brief drinnen, daß die Zeugen da sein werden?

Gerd: Ich sehe doch, daß ihr mit unlauteren Mitteln arbeitet!

BA: Wieso denn das?

Gerd: Bruder M. hatte mir versprochen, daß die Zeugen da sind!

VA: Ich habe gesagt, wir werden dazu verhandeln, die Zeugen sind da. Wann sie da sind, das werdet ihr ja jetzt noch vernehmen. *Wir sind auch da.*

Gerd: Dann seid ihr gleichzeitig Zeugen und Ankläger?

PA: Schaut einmal, wir sind eigentlich mit euch zusammengekommen, um Frieden zu stiften und mit euch zunächst einmal zu sprechen, ob wir einen gemeinsamen Weg, einen richtigen Weg im Rahmen der Wahrheit finden können. Und ist es dann richtig, daß man gleich mit Kanonen auf Spatzen anlegt? Kann es denn in eurem Interesse sein, wenn wir jetzt hier einen großen Auflauf machen, mit Zeugen-Pipapo, wenn wir uns vielleicht, und das war unsere Hoffnung, mit euch friedlich, mit friedlichen und biblischen Gedanken einigen können.

Karin: Du sagtest, wir sollten nicht mit Kanonen auf Spatzen schießen, völlig richtig. Aber die Anklagen, die ihr vorbringt, die sind schwerwiegend wie Kanonen. Denn wenn hier gesagt wird, daß wir ‚falsche Lehren' verbreiten – und dies eine Sünde gegen den Heiligen Geist ist, dann ist das schwerwiegend.
Es ist doch so, daß, wer gegen den Heiligen Geist sündigt, kommt in die „Gehenna", also den ewigen Tod. –

(Das Wachtturm-Buch „Gott bleibt wahrhaftig" gibt auf der Seite 103–104 folgende Erklärung für die Bezeichnung „Gehenna": „... das Wort Gehenna. Gemäß den Hebräischen Schriften bezieht sich dies auf das ‚Tal Hinnom', ... Dieses Tal lag außerhalb der Süd- und Westmauern Jerusalems und wurde als eine Art Krematorium oder Verbrennungsstätte benutzt, wohin die Israeliten den Abfall und Kehricht der Stadt und auch Leichen von Tieren und Schwerverbrechern warfen, um sie dort durch Verbrennen zu vernichten. Es wurden jedoch keine lebenden Geschöpfe dort hineingeworfen, da dies gegen das jüdische Gesetz verstoßen hätte. Dieses Feuer unterhielt man beständig; um es zu schüren, warfen die Juden Schwefel hinein. Deshalb wurde die Gehenna (oder das Tal Hinnom) ein Sinnbild ... der ewigen Verdammnis. Ihre Flammen versinnbildlichten die vollständige, ewige Vernichtung, in die alle willentlichen Feinde Gottes und seines Königreiches kommen werden und aus der es keine Rückkehr oder Auferstehung gibt.")

Karin: Und nun heißt es hier in der Anklageschrift: „durch Zeugen die Mitteilung gemacht worden ..."
Daraufhin hat mein Mann den Bruder M. angerufen und hat darauf bestanden, daß diese Zeugen heute anwesend sind. Das hat nun Bruder M. auch zugesagt – und hat mit keinem Wort darauf hingewiesen, daß das nicht zu diesem Termin sein sollte. Denn es war ja von keinem anderen Termin die Rede.

Als mein Mann das jetzt vorbrachte, da sagte Bruder M.: „Habt ihr das schriftlich?" Wo, frage ich euch da, bleibt da das gegenseitige Vertrauen, von dem ihr doch zu Anfang gesprochen habt, das wir euch doch entgegenbringen sollen? Man hat uns doch, entschuldigt bitte, daß ich das so sehe, aber man hat uns in dieser Weise doch hintergangen.

BA: Darf ich dir darauf antworten? – Weil du eben sehr, sehr hart glaubst, das Versprechen mit den Zeugen von Bruder M. würde nicht stimmen. Ich bin Zeuge, daß dein Mann in Gegenwart von Bruder B. die Unterlagen offeriert hat. Das stimmt doch, nicht? Und daß du diese auch anderen Brüdern zeigen würdest. Das stimmt doch, oder nicht?

Karin: Du bist also Zeuge Nr. eins – und wo ist der zweite?

PA: Moment, da bin ich auch Zeuge davon, nicht wahr!

Gerd: Somit seid ihr also doch Ankläger und Zeugen in einer Person. Das geht doch nicht!

BA: Nein, hör einmal, Gerd –

VA: Sagt einmal, haben wir ausgemacht, daß wir alle zusammen reden? Wenn ich zu irgend etwas Stellung nehme – nehmen wir einmal an, du kommst vor ein Gericht. Und du würdest jetzt einer höheren Persönlichkeit das Wort abschneiden, was wäre dann? Da würde man dir automatisch sagen: „Bitte mäßigen Sie sich, oder Sie werden hinausgesetzt."

BA: Gerd, ich habe den Eindruck, daß du das Problem, was du dem Stefan und mir geschildert hast, gar nicht besprechen willst!

Gerd: Doch, das will ich. Darf ich dazu gleich eine Frage stellen?

BA: Sofort, kleinen Moment. Da möchte ich aber eins, daß deine Frau das, was sie eben gesagt hat, in der Form als nicht zutreffend bezeichnet, daß wir hier mit unlauteren Mitteln euch hierher gebeten haben.

Karin: Und das verlangst du, obwohl du jetzt weißt, daß uns die Zeugen doch zugesagt wurden?

BA: Ja, Moment einmal, ich habe doch eben gesagt, wollt ihr euch aufgrund des Problems, das ansteht, helfen lassen, da sagte dein Mann eben ja. Und jetzt kommt ihr mit Wortklauberei. Mit ganz anderen Dingen, nur um jetzt eine ganz andere Atmosphäre zu schaffen, die euch sicherlich nicht dienlich ist.

Es ist unglaublich, dieser Aufseher verlangte doch tatsächlich, daß meine Frau die Tatsachen, die sie geschildert hatte, als nicht zutreffend bezeichnen sollte, nur dann wäre er bereit, mir eine Frage zu gestatten. Auch unterstellte er uns, daß wir gar nicht an der Lösung unserer Probleme interessiert seien. Dabei bemühten gerade wir uns darum, die Hindernisse, die einer ordentlichen Verhandlung im Wege standen, zu beseitigen. Es ist allerdings verständlich, daß die Ältesten so reagierten, denn sie waren es schließlich selbst, die die *biblischen* Grundsätze (bezieht sich auf die sog. „Zeugenregel“ 5. Mose 17,6 und 19,15 sowie Mt 18,16; 2. Kor 13,1; 1. Tim 5,19) übertreten hatten. Doch daran wollten sie nicht erinnert werden, daher lenkten sie einfach vom Thema ab und bezeichneten unseren berechtigten Hinweis als Wortklauberei. Um nicht noch weiter vom Thema abzukommen, kam ich auf die Anschuldigungen der Ältesten zu sprechen.

Gerd: Wir wollen jetzt aber einmal Stellung zu den Dokumenten, die ich euch ja überlassen habe, nehmen. Und dazu gleich eine Frage an dich, Bruder M. Hältst du deine Aussage, die du bezüglich der „Erklärung“ zur Wehrdienstfrage des Schweizer Zweigbüros in unserer Wohnung gemacht hast, aufrecht? Du sagtest damals: „Wenn diese Erklärung wahr wäre, würde das eine Ungeheuerlichkeit sein, die im Gegensatz zur Bibel stehen würde – und somit kann so etwas bei dem Volke Gottes nicht vorkommen.“
Weil das eben so ist, wäre diese Erklärung eine Fälschung, sagtest du damals. Das stimmt doch, oder nicht? (Zustimmendes Gemurmel)
Ich sagte damals, bringt mir die Beweise dafür, ich selbst werde mich bemühen, Beweise für die Echtheit dieser Kopie zu bekommen. Nun, ich habe den Beweis bekommen. Darf ich euch aus dem Wachtturm

von 1948 etwas vorlesen? Wie ich sehe, haben wir diesen Jahrgang im Regal.

BA: Nein, Gerd.

Gerd: Aber bitte, wir wollen das doch besprechen. Und nun muß ich feststellen, daß ihr die Beweise gar nicht sehen wollt, das ist doch recht merkwürdig!

VA: Gerd, paß einmal auf. Wir wollen nicht von den Dingen abschweifen, sondern wir möchten zum Kernpunkt kommen. Die Anschuldigung ist, daß ihr mit anderen Brüdern über diese Dinge gesprochen habt und ihnen diese Schriften sogar gezeigt habt. Ist das nun richtig, oder ist es falsch?

Karin: So lautet aber die Anklage nicht. In der Anklageschrift steht: „Verbreiten von falschen Lehren ...".

PA: Hör einmal, möchtest du gern überführt werden? Oder möchtest du zu einer Handlungsweise stehen, die du vielleicht selbst nicht für richtig hältst? Denn bedenke bitte eins, was bezielst du damit? Möchtest du den Brüdern helfen, möchtest du sie auferbauen oder aufklären im Sinne deines richtigen Sklaven, oder was bezielst du damit an? Gib doch daraufhin einmal eine Antwort.
Hast du irgend jemand damit helfen können, die wahre Anbetung zu verbessern und Frieden unter den Brüdern stiften? (Schreit fast) Hast du irgendwie schon –

Gerd: Schrei doch nicht so, wir hören noch recht gut!

PA: Entschuldige bitte, das ist der Eifer, ich nehme es zurück, entschuldige bitte. Hast du irgendwo, lieber Gerd, hast du irgendwo in dieser Beziehung aktiv sein können?

Gerd: Ja, das habe ich.

PA: Ja? Dann hätten wir gern einen Nachweis gehabt.

Gerd: Ihr werdet erlauben, daß ich euch den erst bei der nächsten Verhandlung bringe, denn ihr habt eure Zeugen ja auch nicht gebracht. – Aber es geht jetzt doch darum, ob die Dokumente echt oder falsch sind.

VA: Wir haben euch die Möglichkeit eingeräumt – und haben euch gebeten, diese Dinge zu verbrennen und nicht mehr mit anderen darüber zu sprechen! Habt ihr das eingehalten?

Gerd: Haben wir euch das versprochen?

VA: Ich habe es euch aber geboten! Wenn ich als „Vorsitzführender Aufseher“ der Versammlung euch diese Geste entgegenbringe, dann braucht ihr sie ja nicht auszuschlagen. Ihr könnt es ja annehmen, denn es bedeutet euer Leben. Und es kommt jetzt auf euch an – seid ihr gewillt, diese Dinge wegzuwerfen und zu verbrennen, oder seid ihr weiter darauf bedacht, diese Dinge weiter zu verbreiten?

Gerd: Welche Dinge meint ihr denn, meint ihr die Wachtturm-Literatur, wie z. B. „Das goldene Zeitalter“ aus dem Jahre 1924 oder die „Wachttürme“ von 1940, 1948, 1950 usw.?

BA: Nein, diese nicht. Da gibt es doch mehr, Gerd.

VA: Gerd, bekennst du dich dazu, daß diese Dinge jetzt die „Wahrheit“ sind – und die Bibel die Unwahrheit wäre? Ist also die Bibel die Wahrheit oder diese Schriften, die ihr verbreitet, die Wahrheit?

Gerd: Wenn du so fragst – und die WT-Literatur meinst, die ich ja fast ausschließlich verwendet habe, dann muß ich dir allerdings klar sagen: Die Bibel ist natürlich die Wahrheit und nicht die WT-Literatur.

Noch als Zeuge Jehovas habe ich mich immer gefragt, was diese Aufseher veranlaßt, neben ihrem Beruf so viele Aufgaben in den Versammlungen zu übernehmen. Nach den Worten des „Vorsitzführenden Aufsehers“ Bruder Paul M. „es bedeutet euer Leben, wenn ihr auf mich hört“ wurde mir klar: Es war die Macht, die diese Ältesten über andere Menschen haben. Denn nach der Lehre der WTG bedeutet der Ausschluß aus der Gemeinschaft des Volkes Gottes für den Betroffenen den sicheren Tod in Harmagedon. Er wird also, wie oben schon erwähnt, in die Gehenna, den ewigen Tod, ohne Hoffnung auf Auferstehung eingehen. Bis es allerdings soweit ist, gilt er als geistig tot.

Das ist auch die Erklärung dafür, daß die Zeugen Jehovas eine Person nach dem Ausschluß völlig ignorieren. Eine jahrelange

Freundschaft zählt da nicht mehr, Familienbande werden zerrissen, als hätten sie nie bestanden. Diese Kaltschnäuzigkeit ist das Ergebnis der geistigen Inzucht, der sie sich aussetzen. Denn wer etwas anderes liest als die WT-Literatur und Widersprüche mit anderen Brüdern bespricht, wird sofort in die psychologische Mangel genommen. Wer es gar wagen sollte, Kritik an der Wachtturm-Gesellschaft zu üben, muß schnell von der übrigen Versammlung isoliert werden. Das geht am besten, indem man ihm die Gemeinschaft des Volkes Gottes entzieht. Wer einen „Ausgeschlossenen" grüßt oder noch Gemeinschaft mit ihm pflegt, macht sich an seinen Sünden mitschuldig, wird dem Volke Gottes gesagt, und man erreicht damit, daß die Wahrheit nicht bekannt wird.
In ihrem Eifer hatten die Ältesten gar nicht bemerkt, wie sie im Verlauf des Gespräches zugaben, daß die Wachtturm-Schriften zu den unbiblischen Schriften gehörten. Ich ging nun nochmals auf die schon ausführlich erörterte „Erklärung" zur Wehrdienstfrage des Schweizer Zweigbüros aus dem Jahre 1943 ein. Nach einiger Mühe durfte ich doch noch aus dem eigenen Wachtturm (Ausgabe 1948) den Beweis für die Echtheit dieser Erklärung erbringen; da war das auf einmal keine „Ungeheuerlichkeit" mehr, sondern „geistige Speise zur rechten Zeit, die nicht im Widerspruch zur Bibel gestanden hat". Wörtlich sagte der Bibelstudien-Aufseher Bruder Edgar O.

BA: Ich möchte dir nun eine direkte Antwort geben. Der „treue und verständige Sklave", heißt es ja, gibt „Speise zur rechten Zeit". Speise, die 1925 oder 1943 ausgeteilt wurde, mag zu dem damaligen Zeitpunkt die „Speise zur rechten Zeit" gewesen sein. Dies mag auch gar nicht im Widerspruch zu dem, was anhand der Bibel an Erkenntnis vorhanden war, gestanden haben.
Würdest du, jetzt frage ich dich direkt, Gerd, würdest du heute noch eine Speise zu dir nehmen, die 1943 zubereitet wurde? Würdest du das?
Der „Wachtturm" gibt zu, wenn etwas aufgrund der Erkenntnis heute anders verstanden wird. – Aber nun meine direkte Frage: Willst du hier die Speise von 1925, 1943, die damals Speise „zur rechten Zeit" war,

die willst du heute, als zur „rechten Zeit“, verkraften, hundertprozentig anziehen?

Das war eine aufschlußreiche Antwort. Bruder Edgar O. wollte uns allen Ernstes beibringen, daß die „geistige Speise“, die 1925 und 1943 durch die Wachtturm-Literatur „zur rechten Zeit“ ausgeteilt wurde, biblisch begründet gewesen sei. Wenn ich nun diesen Ältesten der Zeugen Jehovas nicht der bewußten Lüge und Verschleierungstaktik beschuldigen möchte, so muß ich ihm zu seinen Gunsten völlige Unkenntnis der Tatsachen zubilligen.
Denn gerade das Jahr 1925 war für die damaligen Zeugen Jehovas eine große Enttäuschung, die man durchaus mit der Zeit von 1975 vergleichen kann. Lange Jahre vor 1925 wurden die gleichen Anstrengungen unternommen, um das „Ende des bösen Systems“ bekannt zu machen. Allerdings hatte die WTG sich damals noch auf ein bestimmtes Endzeit-Datum festgelegt. So wurde ein Jahr vorher in der Zeitschrift „Das goldene Zeitalter“ (heutiges „Erwachet!“) vom 15.3.1924 folgende zuversichtliche Erklärung abgegeben:
„*Wir erwarten mit voller Gewißheit,* daß die jetzige große Drangsal (Daniel 12, Matth. 24, Luk. 21:5–36) im Jahre 1925, etwa im Herbst ihren furchtbaren Höhepunkt erreicht und alsdann zum endgültigen Abschluß kommen wird, damit anschließend das Werk der Wiederherstellung aller Dinge (Apostg. 3:19–20) unter der gerechten Regierung des Christus und seiner Getreuen (Offb. 20:4–6) beginnen kann. *Wir erwarten mit absoluter Zuverlässigkeit* die nach der Drangsal beginnende Auferstehung der gesamten Menschheit ...“
Nun, der Fortgang der Weltgeschichte beweist, daß diese „geistige Speise zur rechten Zeit“ eine verdorbene Speise war und bar jeder biblischen Begründung. Nebenbei bemerkt, nach der Aussage von Bruder Edgar O. war auch die „geistige Speise zur rechten Zeit“ für das Jahr 1975 ohne biblische Grundlage. Das dürfte auch die Ursache sein, warum Jehovas Zeugen schon kurz nach dem Jahr 1975 nicht gern daran erinnert werden wollten.
„Wir haben nie behauptet, daß 1975 Harmagedon kommt, sondern wir haben nur gesagt, daß 1975 6000 Jahre Mensch-

heitsgeschichte ablaufen", war die stereotype Antwort der Wachtturm-Zeugen, die darauf angesprochen wurden.
Auf folgende Fragen konnte ich jedoch von keinem eine Antwort bekommen: Warum haben dann Jehovas Zeugen zehn Jahre gewaltige Anstrengungen und Entbehrungen in Kauf genommen? Nur um 6000 Jahre Menschheitsgeschichte, wie ein Jubiläum, zu verkünden? Warum wurde dann, als das Ziel endlich erreicht war, das Jahr 1975 verschämt totgeschwiegen?
Weder das „Jahrbuch der Zeugen Jehovas" noch der „Wachtturm" brachten eine Erfolgsmeldung, wie etwa: „Jetzt haben wir es geschafft, das Ziel unserer Anstrengungen wurde erreicht". Statt dessen bemüht man sich krampfhaft zu erklären, das „Ende von 6000 Jahren Menschheitsgeschichte" sei nicht gleichzusetzen mit den 6000 Jahren des Ruhetages Gottes. Man wisse wohl, wann Adam erschaffen wurde, nämlich 4026 v. u. Z., aber man wisse nicht, wann die Eva erschaffen wurde. Und der Ruhetag Gottes begann ja erst nach der Erschaffung der Eva. Das war nun das „Neue Licht", das Jehova gegeben hatte.
Diese, wie Jehovas Zeugen meinen, *logische Erklärung* zeigt wieder einmal, daß Jehovas Zeugen an permanentem Gedächtnisschwund leiden. Oder sollte ihnen wirklich nicht mehr bekannt sein, was in der Zeitschrift „Erwachet!" vom 8. April 1969 darüber geschrieben stand? „Nach der zuverlässigen biblischen Chronologie wurden *Adam und Eva* im Jahre 4026 v. u. Z. erschaffen." (S. 14)
Auch an die Aussage des „Wachtturms" vom 1. Januar 1967 will oder kann man sich nicht mehr erinnern: „Er (Bruder Franz) ging ausführlich auf Einzelheiten ein und zeigte, wie begründet das Jahr 4026 v. u. Z. als Datum für den Anfang des Ruhetages Gottes ist." (S. 22–23)
Alles das war nach den Worten des Rechtskomitees zu der Zeit, als es veröffentlicht wurde, die „Speise zur rechten Zeit". Nur wenn es ein Zeuge Jehovas wagt, diese „geistige Speise" zu prüfen und mit seinen Brüdern über die Widersprüche, die er feststellt, zu sprechen, dann verbreitet er, anhand des „Wachtturms", eine falsche Lehre und muß zum Schweigen gebracht werden.
Die Aufseher verfolgten eine klare Taktik: Mit allen Mitteln

wollten sie verhindern, daß die von uns entdeckten „Wachtturm"-Widersprüche in der Versammlung bekannt würden. An einer Aufklärung unserer Fragen hatten sie kein Interesse.

Es war in der Tat eine Zumutung, wenn der Bruder Edgar O. behauptete, die „Speise zur rechten Zeit", die 1943 in der Schweiz in Form einer „Erklärung" zur Wehrdienstfrage veröffentlicht wurde, habe nicht im Widerspruch zur Bibel gestanden. Demnach muß doch Jehova den Brüdern in der Schweiz ein anderes „Licht" gegeben haben als in anderen Ländern. Dadurch entstand die fatale Situation, daß die Zeugen Jehovas in Deutschland, Frankreich und vielen anderen Ländern im Namen Jehovas den Wehrdienst verweigerten und lieber ins Zuchthaus oder ins KZ gingen, wobei viele ihr Leben verloren. Dagegen wurden Jehovas Zeugen in der Schweiz aufgefordert, im Namen Jehovas „ihre militärischen Pflichten zu erfüllen".
Doch wenden wir uns wieder der Verhandlung vor dem Rechtskomitee zu, die zeitweise eher einer Tragikomödie glich als der Klärung von Widersprüchen in der WT-Literatur.
Die „Speise zur rechten Zeit" war für die Ältesten von so großer Bedeutung, daß auch der vorsitzführende Aufseher seine Erklärung dazu abgeben mußte. Er meinte in vollem Ernst:

VA: Hast du, wie du noch so klein warst, nicht auch etwas Brei gegessen und die Flasche genommen? Würdest du heute noch dasselbe tun, mit der Milchflasche?
Gerd: Ich denke, daß das nicht hierher gehört – und auch nicht zur Debatte steht, ob ich einmal aus der Milchflasche getrunken habe.
BA: Das sind jetzt Vergleiche, als ob ich sagen würde, ob du mit der Dampfmaschine heute dein Auto wieder aufbereiten wolltest, um vorwärts zu kommen.
(Ich konnte nicht anders, ich mußte einfach laut lachen.)
BA: Ja, da lachst du.

Es folgten jetzt einige Diskussionen über Dinge, die schon ausführlich in den Vorgesprächen behandelt wurden. Da die „falschen" Lehren für die Ältesten von so großer Bedeutung waren, möchte ich auf diesen Teil der Verhandlung genauer eingehen. Aus der folgenden Unterhaltung wird deutlich, wie unsicher diese Ältesten werden, wenn man ihnen konkrete Fragen stellt:

Karin: Ich muß nochmals auf euren Brief zurückkommen. Da wird gesagt, daß wir „falsche Lehren" verbreiten – und das wäre eine Sünde gegen den Heiligen Geist.

VA: Das ist richtig!

Karin: Nun wird gesagt, daß Jesus durch den „treuen und verständigen Sklaven" uns die „geistige Speise" zur rechten Zeit gibt. Und alles, was uns Jesus über diesen „Sklaven" gibt, müssen wir annehmen. Wenn ich aber z. B. in den Felddienst gehen würde ...
(Alle drei Ältesten wollen unterbrechen)

Karin: ... Moment, ich möchte aussprechen. Wenn ich nun im Felddienst verkündigen würde, wir als Zeugen Jehovas sind der Meinung, Jerusalem soll die Hauptstadt der ganzen Erde werden, weil von da aus das „Neue System" regiert wird, würde ich doch heute eine falsche Lehre verbreiten.

PA: Moment, das wäre ja wider bessere Erkenntnis!

Karin: Eine Frage dazu: Wenn ich sagen würde, daß wir als Zeugen Jehovas das lehren, wäre das eine falsche Lehre, ja oder nein?
(Kurzes betretenes Schweigen auf allen Seiten)

Karin: Also es wäre eine falsche Lehre!

BA: Ja, Moment einmal, nein, ich bin nicht ganz einverstanden. Wenn du meinst, hier wäre das Jerusalem als buchstäbliche Stadt gemeint, so ist das falsch.
(Erregtes Durcheinanderreden der Ältesten, keiner verstand ein Wort)

Karin: Das ist doch ein Beispiel, mit dem ich etwas erklären möchte. Wenn ich also in den Dienst gehen würde und würde sagen, daß wir lehren, Jerusalem wird im buchstäblichen Sinne die Hauptstadt über die ganze Erde, dann würde ich damit eine falsche Lehre verbreiten. Und Bruder B. sagte eben „Richtig", und ich stimme ihm zu, es wäre eine falsche Lehre.
Diese Lehre aber wurde durch Bruder Ch.T. Russel[13] in seinen „Schriftstudien" damals vertreten.

BA: Wann damals?

Karin: Das können wir gerne nachlesen.
(Heftiges Durcheinanderreden der Ältesten)

PA: Aber entschuldige einmal, was sollen diese alten Kamellen?

Gerd: Moment, wartet doch erst einmal ab, ihr versteht doch noch lange nicht, wo meine Frau hinaus will. (Oder etwa doch?)

Karin: Also ich habe das Wort – und davon mache ich jetzt Gebrauch. Jetzt habe ich folgende Frage: Wenn Jesus diese Dinge doch lenkt und leitet, und jetzt kommt das, worauf ich hinaus will, würde es Jesus verantworten können, dem „treuen und verständigen Sklaven“ falsche Lehren zu vermitteln, wo doch falsche Lehren *eine Sünde gegen den Heiligen Geist* sind? So habt ihr es uns doch geschrieben – und ich möchte noch hinzufügen, daß wir uns nicht bewußt sind, falsche Lehren und Schriften verbreitet zu haben. Diese Anschuldigung ist verkehrt und ich weise sie zurück.
Aber der ‚treue und verständige Sklave‘ hat, wenn wir die Dinge einmal rückblickend betrachten, viele *falsche Lehren* verbreitet und verbreiten lassen, von denen wir uns heute distanzieren. Würde nun Jesus so eine schwere Schuld, die ja den Tod in der ‚Gehenna‘ nach sich zieht, auf seinen ‚treuen und verständigen Sklaven‘ legen? Darauf hätte ich jetzt gern eine Antwort.

Ich muß nun an dieser Stelle etwas näher auf das Palästina-Jerusalem-Problem eingehen. Die ältere Literatur der WTG hat in den Jahren 1891–1932 die Ansicht vertreten, daß die Aufrichtung des jüdischen Staates ein Teil des „göttlichen Planes“ sei. Hier wären besonders die „Schriftstudien“ (Band 2 und 3/1889 und 1891) sowie die Broschüre „Millionen jetzt lebender Menschen werden niemals sterben“ und das 1929 veröffentlichte Buch „Leben“ zu nennen. Es ist bezeichnend für die WTG, daß sie für ihre Ansichten immer die entsprechenden „Beweise“ aus der Bibel vorlegen kann. So wurde die Palästina-Bewegung als eine neuzeitliche Erfüllung der Prophezeiung von He-

sekiel Kapitel 37 am „Tal der verdorrten Gebeine“ beschrieben. Das Buch „Leben“[14] schreibt auf den Seiten 156, 177, 178 folgendes:
„Bevor die zionistische Organisation wirksam tätig werden konnte, mußte sie tatkräftige Männer und Geld haben, im Bilde dargestellt durch das Fleisch und die Sehnen; sie mußte ferner in den Augen der Juden der Welt ein richtiges und anziehendes Ansehen bekommen. Niemand weiß besser als die Zionisten selbst, wie schwer sie kämpfen mußten, um andere in ihre Reihen zu bringen und zu bewegen, Geldopfer zu bringen und dafür zu wirken, die Bewegung zum Wiederaufbau Palästinas in wirksamer Weise öffentlich bekannt zu machen und so den Zionismus in den Augen des jüdischen Volkes anziehend und wohlgefällig zu machen.
Daher stellt das Zusammenbringen der Gebeine passenderweise die Bildung des Gerippes einer Organisation dar.
Man beachte nun die tatsächlichen Geschehnisse und wie sie die Erfüllung dieser Prophezeiung beweisen.
Herzl sagt: ‚Die Judennot‘ war ‚die treibende Kraft‘ zum Entwurf des Zionismus-Planes. Der Lärm und die Aufrüttelung durch die Verfolgungen und Verhetzungen veranlaßten die Gebeine oder die Juden, zusammenzurücken und das Gerippe einer die Heimkehr nach Palästina und die Wiederherstellung ihres Heimatlandes bezweckenden Organisation zu bilden.
Ein menschliches Skelett besteht aus 206 Knochen. Der Zionismus wurde im Jahre 1897 in Basel, Schweiz, zu einer Körperschaft organisiert; und an jenem Kongreß, der die Organisation vollendete, waren genau 206 Delegierte anwesend, genau die Zahl wie die Zahl der Knochen des Menschenskeletts. Das war kein bloßer Zufall, sondern eine augenscheinlich von dem Herrn angeordnete Tatsache und zeigt, daß der Herr auch die kleinsten Dinge in Verbindung mit der Wiederherstellung der Juden und ihre Wiederbringung zu Gott überwaltet. Das sollte die Hoffnung der Juden beleben und ihnen Trost bringen.“
Das genannte Buch „Jehovas Zeugen ...“ von M. Gebhard gibt auf der Seite 80 noch folgende Information:
„Während von nun an im Rahmen der internationalen WTG-Verkündigung der Zionismus als Gotteswerk popularisiert wurde, entsandte die WTG auch Vertreter, die an den zionisti-

schen Kongressen und Tagungen teilnahmen. So nahm laut ‚Wachtturm' Nr. 8 vom August 1914 (Deutsch) als WTG-Beauftragter Otto Dathe, Leipzig, an der zionistischen Delegationskonferenz vom 14. bis 16. Juni 1914 in Leipzig teil. Dathe schrieb anschließend im genannten ‚Wachtturm': ‚Jetzt können wir umso besser verstehen, wie unser himmlischer Vater die Drangsal Jakobs zuläßt, um allen Israeliten zu zeigen, daß er es ist, der sie in ihr Land zurückbringt.'
Nicht nur der Zionismus sollte demnach Gottes Werk sein, sondern auch die Judenverfolgungen gehörten in Gottes Plan!"
Die gleiche Zeitschrift „Der Wachtturm" brachte in der Ausgabe vom 15. Juli 1955 einen Artikel, in dem die Zionistenbewegung innerhalb der WTG als das Werk „Satans" bezeichnet wurde. Der Wachtturm schreibt (laut Gebhard S. 87): „Die Wiederherstellung der echten Anbetung des lebendigen Gottes im Jahre 1919 bedeutete nicht das Versammeln großer Mengen gebürtiger oder natürlicher ‚orthodoxer' Juden in ein sogenanntes ‚Heiliges Land' (Palästina) unter dem Schlagwort ‚Zionismus' (Joh. 4:21–23). In der Tat, in bezug auf ein so lange erwartetes und allgemein bekanntgemachtes Ereignis erkannten die ernsten Erforscher der Bibel ums Jahr 1932, daß es nicht Jehovas Weg, sondern nur der Weg sich selbst dienender Menschen ist, die auf schlaue Weise zu menschlichen Zwecken und Vorteilen zur Tat aufgerüttelt worden sind. Durch die Veröffentlichung von Band 2 des Buches ‚Rechtfertigung' in jenem Jahre erkannten Jehovas Zeugen, daß eine solche ‚Zurück-nach-Palästina-Bewegung' *vom Geiste des Erzfeindes Jehovas in die Wege geleitet wurde,* vom Satan, der die ganze bewohnte Erde betrogen hat."
„Demnach hätte Satan, der Teufel, die Zeugen Jehovas, die Juden und die Weltöffentlichkeit 40 Jahre lang durch die WTG mit dem politischen Zionismus betrogen. Die Purzelbäume der WTG sind wahrlich grotesk, sie spielt in der Tat auf der Bibel die widersprechendsten Lieder." (Gebhard S. 37)
Kehren wir zurück zum eigentlichen Thema. Wir haben uns von ihm weniger weit entfernt, als es manchem vielleicht scheinen mag, denn die Antwort der Ältesten dieses Rechtskomitees zeigt erneut die Handschrift der WTG. Auf die Frage meiner Frau, ob denn Jesus Christus seinen „treuen und verständigen

Sklaven“ ständig der Gefahr aussetzt, in die Gehenna zu kommen, weil er ihn falsche Lehren verbreiten läßt, sagte der Predigtdienst-Aufseher Stefan B.:

PA: Schau mal, du mußt unterscheiden, ob etwas wider besseres Wissen, also absichtlich, geschieht oder mangels ausreichender Erkenntnis.

Karin: Ich denke, *Jesus* gibt die Erkenntnis, und der irrt sich doch nicht?

PA: Sei doch so freundlich, wir haben dich doch auch ausreden lassen. Und das ist der Unterschied, daß Jehova die Erkenntnis zur rechten Zeit gibt, nicht Jesus, das wissen wir auch. Nur schau mal, es gibt in der Bibel eine Reihe von Fällen, in denen gezeigt wird, daß treue Apostel gefehlt haben oder auf dem falschen Dampfer gefahren sind, wie man so schön sagt.
Wir wissen, daß in der frühen Christenversammlung viele ehemalige Priester und Pharisäer waren, die an den alten Dingen wie z. B. der Beschneidung festhielten. Und daß hier allmählich anderes „Licht“ kam. Du siehst also, daß auch in der frühen Christenversammlung manchmal das „Licht“ nicht vollständig oder nicht hell genug war.
Das ist doch der Unterschied, darum ist es auch so, daß manchmal irgendwo etwas berichtigt werden muß. Eben weil man eine Frage beantwortet hat, für die das „Licht“ noch nicht hell genug war. Dafür sind wir alle, auch der „treue und verständige Sklave“, unvollkommene Menschen.
Aber das ist ein Unterschied zu den Menschen, die zu „Babylon der Großen“ gehören, die bewußt und willentlich, *aus eigener* Profitgier und aus Streitigkeiten heraus, andere Dinge lehren. Oder Menschen, die gegen die Organisation der Zeugen Jehovas vorgehen, weil sie aus irgendwelchen persönlichen Gründen damit nicht mehr im Einklang sein mögen.
Das ist also der Unterschied! Hier liegt eine willent-

liche „Sünde wider den Heiligen Geist" vor. Das andere ist – na du weißt ja selbst.

BA: Warum laßt ihr euch jetzt von Dingen, die datummäßig, ich sage es einmal, wie es ist, der Vergangenheit angehören und, wie wir schon klar festgestellt haben, das „Licht" nicht in der Helligkeit geleuchtet hat und auch die Zeit für gewisse Dinge nicht so weit fortgeschritten war, leiten? Warum verschließt ihr euch den Dingen, die heute gelehrt werden, die heute – und das sollte man beurteilen, ob diese nun gegen oder für die Bibel sprechen.

Gerd: Wenn ich euch jetzt also richtig verstanden habe, gebt ihr also zu, daß die Dinge, die damals durch den „Sklaven" veröffentlicht wurden, heute überholt sind.
(Heftiges Durcheinander der Ältesten)

PA: Also, das müssen wir abstimmen. Nicht *die Dinge*, sondern Dinge allgemein.

Gerd: Ich möchte jetzt folgendes sagen, wir besprechen jetzt erst einmal das Problem mit der angeblich gefälschten „Erklärung" (man hatte mir bis jetzt noch nicht gestattet, den Beweis dafür aus dem Wachtturm vorzulesen), und dann wollen wir wegen mir die „alten Kamellen" begraben und uns über die Unklarheiten in der *neuesten Literatur* unterhalten.

BA: Eine Frage habe ich aber vorher dazu, bevor ihr zwei Ältesten dazu Stellung nehmt.
Ich bin etwas überrascht, Gerd, daß du jetzt noch einmal auf das Bezug nehmen willst. Ich habe doch vorhin durch das Beispiel zu erklären versucht mit der „Speise", die notwendig war, oder das mit 1929. Willst du diese „geistige Speise" heute wieder aufwärmen und neu verabreichen?

Nun war meine Geduld am Ende. Das Komitee klagt uns an, falsche Schriften und Lehren verbreitet zu haben, gibt zu, daß z. B. die „Erklärung", wäre sie echt, eine Ungeheuerlichkeit sei – und will mir nun nicht gestatten, den Beweis für die Echtheit vorzulesen. Ja, man ist „überrascht", daß ich nach ihren Ausführungen immer noch darauf bestehe, diese Angelegenheit zu klären. Es ist allerdings verständlich, daß ihnen das „Aufwärmen" dieser alten „Speise" peinlich sein mußte, würde doch dadurch der Anspruch der WTG, die „einzige" wahre Religion auf Erden zu sein, widerlegt. Ich sagte ihnen: „Die Zeugen Jehovas haben mir ein Gerechtigkeitsdenken beigebracht – und wenn ihr mir den Vorwurf macht, eine ‚falsche Schrift' zu verbreiten, so will ich auch die Möglichkeit haben, euch zu zeigen, daß es sich nicht um eine Fälschung, wie ihr behauptet, handelt."

„Hast du den Beweis aus Wiesbaden?" fragte Bruder Stefan B. herausfordernd.

Jetzt hatte ich genug, ich sprang auf, ging zum Bücherregal, das sich hinter den drei Ältesten befand, und holte den „Wachtturm"-Band von 1948 heraus, um ihnen die bewußte Stelle vorzulesen. Da ruft mir Bruder Edgar O. zu: „Hängst du noch immer am Gesetz fest, Gerd? Sag einmal, hängst du noch am Gesetz, wie die Propheten unter Moses?"

Nein, sagte ich, da hänge ich wirklich nicht dran, was soll diese Frage?

Da schaltet sich Bruder Paul M. wieder ein und ruft: „Dann ist also eure Zugehörigkeit zu den Zeugen Jehovas nicht mehr in Ordnung. Du hast jetzt nämlich gesagt: ‚Die Zeugen Jehovas haben mir Gerechtigkeitsdenken beigebracht' – also trifft es nicht mehr für dich zu, daß du einer bist."

Über soviel Logik war ich erst einmal sprachlos. Dann sagte ich zu Bruder Stefan B.:

Gerd: Kommen wir zu deiner Frage: „Hast du die Antwort aus Wiesbaden?" Nun, ich habe die Antwort aus dem „Wachtturm", und der wird ja bekanntlich in Wiesbaden gedruckt, also es ist die Antwort aus Wiesbaden.

BA: Wir möchten klarstellen, daß es euch freisteht, nach Wiesbaden zu gehen oder zu schreiben.

Gerd: Das werden wir auch machen, aber wir wollten erst noch die Verhandlung abwarten.

PA: Seht ihr, darum geht es doch. Wir wollen doch gar nicht über diese Schriften diskutieren.

Gerd: Ach nee, das ist ja ganz was Neues. Ihr werft uns doch das Verbreiten „falscher Schriften" vor!

PA. *Nein, nein, wir werfen euch vor, daß ihr unsere Brüder in Unordnung bringt.*

Jetzt war es endlich heraus! Der wahre Grund für die Verhandlung waren also nicht unsere angeblich „falschen Schriften". Es sollten nur den Brüdern die peinlichen Tatsachen nicht bekannt werden. Deshalb konnte das Komitee auch keine Zeugen gebrauchen. Sie müssen das ganz bewußt eingeplant haben, denn wir wurden ja am Anfang der Verhandlung dadurch reingelegt, daß sich plötzlich die drei Komiteemitglieder als Zeugen entpuppten. Die Verhandlung verfolgte ab jetzt das Ziel, uns entweder von den anderen Brüdern zu isolieren oder irgendwie zum Schweigen zu bringen. Auf jeden Fall durften die Peinlichkeiten nicht weiter bekannt werden, deshalb versuchte das Komitee uns mit einer Drohung einzuschüchtern:
„Geht ihr nun weiterhin auf diese Dinge ein, indem ihr mit anderen Brüdern über diese Dinge redet und auch weiterhin versucht, ihnen diese Schriften zugänglich zu machen? Wollt ihr, wir legen dies euch vor, wir sind nicht darauf bedacht, euch um euer Leben zu bringen, aber wenn jemand nicht einsehen will, daß diese Dinge, die ihr tut, dem ‚treuen und verständigen Sklaven' und der Versammlung schaden – und sich die Brüder der Versammlung an das Komitee wenden, mit dem Jammer kommen und sagen: ‚Wir werden mit diesen Dingen konfrontiert, was sollen wir tun?', dann könnt ihr nicht mehr mit Milde rechnen!"
Darauf gab ich zurück: „Wenn ihr mir beweist, daß ich mich geirrt habe, dann werde ich auch bereuen." Meine Frau schloß sich dem an: „Ihr habt uns den gleichen Rat gegeben wie der Bruder L. (Kreisaufseher), nämlich diese Unterlagen nach Wiesbaden zu schicken. Wir haben diesen Rat als gut befunden, aber jetzt kommt der springende Punkt ..."
Hier fällt ihr Bruder Stefan B. ins Wort und sagt: „Darf ich da einmal etwas einflechten? Den Rat, die Dokumente nach Wiesbaden zu schicken, haben wir euch nicht gegeben. Wir haben es euch freigestellt. Und ich möchte das in diesem Sinne verstanden haben." Auf meinen Einwand: „Aber der Kreisaufseher hat uns diesen Rat gegeben", sagte er: „Gut, das ist seine Sache. Wir haben euch aber diesen Rat nicht gegeben, wir haben es euch freigestellt, o. k.?"

Eigenartig, vor ein paar Minuten war alles, was sie von mir wollten, daß ich diese Dinge nach Wiesbaden schicke und in der Zeit, bis die Widersprüche von dort geklärt sein würden, nicht mit den Brüdern darüber spreche. Als die Ältesten jetzt hörten, daß wir diesen „Rat" befolgen und uns dabei auf sie als Älteste beziehen wollten, war ihnen das offensichtlich nicht geheuer.
Es war auch den Ältesten nicht unbekannt geblieben, daß schon einige Brüder in ähnlicher Sache nach Wiesbaden geschrieben und von dort keine Antwort bekommen hatten. Da war es für sie sicherer, auf ihr Lieblingsthema zurückzukommen, den „treuen und verständigen Sklaven". Da aber auch hier nicht mehr viel Neues gesagt werden konnte, versuchte ich das Gespräch zu beenden:

Gerd: Ich möchte jetzt sagen, daß wir eine neue Verhandlung ansetzen. Aber ich bestehe dann darauf, daß eure Zeugen anwesend sind.

BA: Gerd, da kannst du nicht darauf bestehen, nein, das geht nicht.

Gerd: Das denke ich aber doch!

VA: Ich möchte gern von euch wissen, steht ihr immer noch auf demselben Standpunkt, daß ihr den „treuen und verständigen Sklaven" nicht anerkennt, ja, daß er eine Geschäftsfirma (Inc.) ist und dadurch Geschäfte macht und dergleichen Dinge mehr?

Gerd: Jetzt paßt einmal auf, die WTG ist doch nach der Aussage des Lexikons eine AG, das hat mir doch der Stefan bestätigt.

VA: Das (Inc.) bedeutet nur, als Gesellschaft eingetragen, dem Kadi gegenüber.

Gerd: Das stimmt nicht, denn dann müßte es keine AG (Inc.) sein ... auch Bruder Russel hat in seinen Büchern, wie ich schon erwähnte, von der WTG als von einer „Geschäftsfirma" gesprochen. Am Schluß der „Schriftstudien" Band 4, veröffentlicht von der „Watch-Tower Bible and Tract Society", 1919, ist folgendes zu lesen: „Wacht=Turm Bibel= und Traktat=Gesellschaft. *Das ist der Name einer Geschäftsfirma,* die sich mit der

Herausgabe von wichtigen religiösen Büchern und Zeitschriften und anderen nützlichen Hilfsmitteln zum Bibelstudium befaßt. Sie verwaltet die Kasse ..."
(Zitiert nach Bruderdienst/Wegweiser Nr. 6,
Hans Jürgen Twisselmann, Itzehoe)
Diese Tatsache ist bis jetzt meines Wissens noch nicht widerrufen worden. Wenn ihr einmal den Geschäftsbericht der Gesellschaft in den „Jahrbüchern" lest, da erkennt man doch deutlich die Praktiken einer Geschäftsfirma. Und doch machtet ihr uns einen Vorwurf, als wir euch fragten, was die Bezeichnung „Inc.", die in jedem unserer Bücher steht, bedeutet.

PA: Moment, da möchte ich dir antworten. Wir haben euch nicht zum Vorwurf gemacht, daß ihr entdeckt habt, daß da „Inc." dahinter steht, sondern daß der Gedanke weitergetragen wurde, daß da eine gewinnträchtige Gesellschaft dahintersteht – und damit auch in Zusammenhang gebracht wurde. Wollen wir die Kinder doch beim Namen nennen!

Nach Aussage von Bruder Stefan B. war also die Tatsache, daß die WTG eine Geschäftsfirma (Inc.) ist, uninteressant, nur die Verbreitung dessen war es nicht.
Wie schon gesagt, ging ich nun auf die neuzeitliche Literatur der Gesellschaft ein und sagte ihnen, daß es gar nicht nötig sei, auf den „alten Kamellen" herumzureiten, da auch in der neuen Literatur die eigenen Richtlinien der Gesellschaft mit Füßen getreten werden. Ich erinnerte sie nun noch einmal an die Passage aus dem „Leitfaden-Buch", die von der Ehrlichkeit in bezug auf Zitate sagt:
„Jehovas Zeugen sind eine Organisation der Wahrheit. Wir sollten den Wunsch haben, die Wahrheit zu reden und jederzeit in allen Einzelheiten völlig genau zu sein ... auch in unseren Zitaten ..."
Mit dieser Einleitung ging ich auf die bereits ausführlich geschilderten Zitatverstümmelungen und Verfälschungen in dem „Wachtturm" vom 15.5.75 und dem Buch „Ist die Bibel wirklich das Wort Gottes?" ein. Nachdem ich geendet hatte, meinte Bruder Edgar O.:

BA: Jetzt frage ich dich aber einmal etwas anderes, weil du gerade das hier zitierst. Du mußt doch von vornherein hierbei den *Geist der Kritik* haben, wenn du nun über irgendeinen Autor, der hier angezogen wird, diesem eine Unmenge an Zeit widmest, was doch *nur* ein Nebengedanke aus dem Ganzen ist.

Hier muß ich hinzufügen, daß es sich bei dem genannten Wachtturm-Artikel nicht um einen „Nebenartikel" handelte, sondern einen sogenannten „Studienartikel", der in der Versammlung „studiert" wurde.
Wenn man sich allerdings an das Gespräch mit Bruder Stefan B. erinnert, der sagte: „Der Wachtturm ist doch in der Hauptsache nur für die da draußen (in der Welt) gedacht", dann ist natürlich eine genaue Betrachtung des Wachtturms für einen Zeugen Jehovas nur „Zeitverschwendung". Diese „Weltmenschen" durfte man durchaus mit gefälschten Zitaten irreführen und somit in die „Wahrheit" bringen.
Der Älteste einer Nachbarversammlung, Bruder Ernst H., sagte in einem Gespräch mit meiner Frau einmal: „Wenn jemand vor Jahren durch eine Lehre zur ‚Wahrheit' gekommen ist, die heute anders erklärt wird, dann wird er dir doch nicht sagen, du hast mir aber damals etwas Falsches gesagt! Nein, er wird froh sein, daß er die ‚Wahrheit' dadurch erkannt hat. Was macht es denn schon, daß das damals eine falsche Ansicht war?"
Wahrlich, es war eine eigenartige Auffassung von Moral, die diese Ältesten zum Ausdruck brachten. Meine Frau gab darauf zur Antwort: „Es geht uns nicht um den Geist der Kritik, sondern um den Geist der Wahrheitsliebe."
„Nein, Moment", meinte Bruder Edgar O., „ich sehe das etwas anders, so wie ich das im Moment einstufe. Denn ich bin nicht der Verfasser des Artikels vom Wachtturm, sondern ich sage mir eins: Wenn dieser Hauptgedanke, der durchaus durch Nebengedanken gestützt werden kann, mich veranlaßt, alles was da geschrieben steht, als gesetzestreu zu prüfen, dann ist von vornherein der *Geist der Kritik* in mir. Ich will also einen Fehler suchen! Ich suche ja durch Kritik erst einmal einen Fehler. Man sollte sie wohl haben, aber ich sehe in der Kritik allein als primärem Gedanken schon eine Fehlersuche."

Da hatten wir wieder einmal die Bestätigung, daß berechtigte Kritik innerhalb der WTG nicht gestattet ist. Danach versuchten die Ältesten noch eine Weile, uns dazu zu bewegen, über diese Dinge zu schweigen und den „Sklaven" ohne jede Einschränkung anzuerkennen. Da wir dazu nicht bereit waren, zogen sie sich erst einmal zur Beratung zurück.

Verhandlung vor dem „Rechtskomitee", zweiter Teil

Nachdem die drei Ältesten wieder Platz genommen hatten, eröffnete Bruder Edgar O. das Gespräch:
„Gerd, noch einmal eine Frage – und wir stellen diese ganz klar, damit du siehst, wegen dem Ernst der Sache und irgendwelchen Angelegenheiten: Anerkennst du den treuen und verständigen Sklaven, ja oder nein? – Überlege es dir gut!"

Gerd: Ja, ich erkenne den „Sklaven" an, wenn er recht hat!
BA: Das ist keine Antwort!
Gerd: Doch, das ist die Antwort. Ihr könnt doch nicht von mir verlangen, daß ich Dinge, die ich als falsch erkannt habe, als richtig und zutreffend bezeichne. Wo bleibt denn da meine christliche Freiheit?
BA: Gut, dazu habe ich dir doch ganz klar gesagt, versprich uns bis zu dem Zeitpunkt, bis wir uns wieder zusammensetzen, über diese Dinge nicht mehr zu sprechen. Das konntest du nicht, aber das wäre noch das Leichtere gewesen. Also bist du doch geneigt, über diese Dinge weiter zu sprechen. Ich muß nun leider ein bißchen auf die Frage drängen: Gerd, kannst du uns zusagen, bis zum nächsten Termin Stillschweigen zu bewahren?
Gerd: Dazu muß ich noch etwas sagen. Wenn ich jetzt eurer Forderung nachkomme, so ist für euch alles in Ordnung. Wenn ich aber jetzt nicht verspreche, darüber zu schweigen, dann entzieht ihr mir die Gemeinschaft. – Gut, ich kann nach einiger Zeit wieder aufgenommen werden, aber da ist ein Problem. Aus den „Königreichsdienst-Fragen" (die Broschüre, die nur den Ältesten zugänglich ist) habe ich entnommen, daß ein

> ausgeschlossener Bruder nach seiner Wiederaufnahme niemals wieder ein Dienstamt bekommt. Eine wirkliche Vergebung der „Schuld“ ist also gar nicht möglich.

In den KRD-Fragen heißt es: „Sollte jemand so schlecht und unbußfertig sein, daß ihm die Gemeinschaft entzogen werden muß, so ist sehr unwahrscheinlich, daß er in weniger als einem Jahr genügend Reue bekundet und sich gebessert hat, um eine Wiederaufnahme zu verdienen. Deshalb wird empfohlen, daß der Gemeinschaftsentzug mindestens ein Jahr in Kraft bleibt.“ Wenn nun jemand, nachdem er die Bedingungen der WTG erfüllt hat, wieder aufgenommen wird, steht er erst einmal für ein Jahr unter Bewährung. Dann aber passiert folgendes:
„Nach ihrem Ablauf stehen dem Betreffenden alle jene Dienstvorrechte offen, die die Verkündiger im allgemeinen haben, auch der Pionierdienst, und der Betreffende kann so eingesetzt werden, wie er nach der Meinung des Komitees geeignet ist und in der Versammlung annehmbar ist, ausgenommen, daß jemand, dem die Gemeinschaft entzogen wurde, nie mehr für das Amt eines Dieners oder Leiters in der Versammlung in Frage kommt noch vom Versammlungsdiener zum Gehilfen eingesetzt werden kann.“ (S. 33)
Als nun das Komitee bemerkte, daß ich im Besitz dieser nur für sie bestimmten Broschüre war, konnten sie ihre Bestürzung kaum verbergen. Der vorsitzführende Aufseher rief aus: „Ja, wenn du mit so einem Geist spielst, das ist ja furchtbar!“ Was sollte ich nun noch darauf antworten? Mir lag jetzt daran, dem Schauspiel ein Ende zu machen, und ich sagte deshalb zu den Ältesten: „Ich will euch jetzt eine Antwort auf eure Fragen geben: Ich kann über die Wahrheit nicht schweigen.“
„Du kannst also nicht darüber schweigen!“ stellte Bruder Stefan B. fest. „Nein“, gab ich zur Antwort. Und nun sagte der vorsitzführende Aufseher Paul M. ohne Überleitung: „Also, das Komitee hat beschlossen, Bruder Gerd Wunderlich die Gemeinschaft des ‚Volkes Gottes‘ zu entziehen. Wegen Verbreitens falscher Lehren.“
Nach einer kurzen Diskussion, in der ich den Ältesten vorhielt, daß man mir doch gar nicht bewiesen habe, daß ich falsche Lehren und Schriften verbreitet habe, meinte *Herr* Paul M. (nach

dem Gemeinschaftsentzug ist man wieder per „Sie"): „... wir haben genug Unterlagen dafür da, wir werden das in schriftlicher Form tun." Darauf warte ich noch heute.

In die Diskussion hinein sagte meine Frau: „Bruder M., ich darf ja noch Bruder zu dir sagen, ihr solltet euch einmal Hesekiel 34,20–21 durchlesen. Das meine ich jetzt in bezug auf eure Handlungsweise meinem Mann gegenüber. Dort wird folgendes gesagt: ‚Darum so spricht der Herr zu ihnen: Siehe, ich will richten zwischen den fetten und mageren Schafen, darum daß ihr mit der Seite und Schulter drängt und die Schwachen von euch stoßt mit euren Hörnern, bis ihr sie alle von euch zerstreut.'" (Luther-Bibel)

„Ja", sagte ich, „lest euch das in Ruhe noch einmal durch, denn da ist von den ‚fetten Schafen' (Aufseher) die Rede, die die Schwachen aus der Herde (Versammlung) hinausdrängen. Doch jetzt noch eine Frage zum Abschluß: Meint ihr, daß ihr mit dieser Art der Verhandlung meiner Frau geholfen habt?"

Jetzt ließ der Predigtdienst-Aufseher seine Maske völlig fallen. Unser lieber Bruder Stefan B. gab mir nämlich die unverblümte Antwort: „Das wollten wir auch gar nicht!"

Ich bin ihm heute noch dankbar, daß er durch diese Bloßstellung seiner wahren Beweggründe meiner Frau die letzten Zweifel nahm, die WTG könnte doch die „Organisation Gottes" sein. Später sagte sie zu mir, wenn sie nicht selbst an dieser Verhandlung vor dem „Rechts"-Komitee der Zeugen Jehovas teilgenommen hätte, so hätte sie das niemals geglaubt. Daß man sie nicht auch „ausgeschlossen" hatte, war nur dem Umstand zuzuschreiben, daß sie, noch im Glauben, es würde eine zweite Verhandlung geben, versprochen hatte, bis zu diesem Termin über diese Dinge zu schweigen.

Die Verhandlung vor dem Komitee der Versammlung Frankfurt-Bockenheim war nun zu Ende, doch die Auseinandersetzungen mit der WTG sollten noch weitergehen. Um festzustellen, ob es nicht doch möglich sei, auch bei den „christlichen" Zeugen Jehovas sein Recht zu bekommen, legte ich im Zweigbüro in Wiesbaden gegen dieses „Urteil" Berufung ein.

„Liebe Brüder! Ffm., den 19.12.75

Am Samstag, dem 13.12.75, wurden meine Frau und ich zu

einer Verhandlung vor das Rechtskomitee der Bockenheimer Versammlung geladen. Der Grund war, daß wir angeblich ‚vor Zeugen falsche Lehren und Schriften des bösen Sklaven oder Knechtes verbreitet' haben sollten. Obwohl Bruder M. uns am Mittwochabend, dem 10.12.75, telefonisch ausdrücklich zugesagt hatte, die Zeugen zu dieser Anklage würden bei der Verhandlung auch zugegen sein, war davon am besagten Samstag nicht mehr die Rede. Da wir dieser Zusage vertrauten, verzichteten wir (auch wegen der Kürze der Zeit) auf einen Brief von Bruder M., in welchem er die Anwesenheit von Zeugen bestätigen sollte. Von Zeugen war aber an dem besagten Samstag keine Rede mehr. An sein ausdrückliches Versprechen erinnert, fragte Bruder M. provozierend: ‚Habt ihr das etwa schriftlich?' – Eine Schwester, die möglicherweise als eine Zeugin zur Sache hätte gehört werden können, ist, wie wir inzwischen erfahren mußten, noch nicht einmal daraufhin angesprochen worden.

Wir fragen uns, warum die Ältesten sich erst auf Zeugen berufen, um uns falsche Lehren vorwerfen zu können, diese Zeugen dann nicht erscheinen.

Sachlich geht es uns um einige Fragen, die wir gerne beantwortet haben möchten, weil wir nämlich in Gewissensnot sind. Damit unser vertrauensvolles Verhältnis zu Jehova und seiner theokratischen Organisation wiederhergestellt werden kann, wollten wir gerne von den Aufsehern einige Auskünfte haben. Statt dessen ging man inhaltlich auf unsere Fragen und Probleme überhaupt nicht ein und belegte uns mit einem bedingungslosen Redeverbot.

Wieso wir ‚falsche Lehren' verbreitet haben sollten, ist uns dabei nicht klar gemacht worden, und die Ältesten haben auch nicht den geringsten Versuch unternommen, uns in unseren Glaubensnöten beizustehen. Da wir aber auf Klarheit bestanden, schloß man einen von uns – Gerd Wunderlich – kurzerhand aus.

Liebe Brüder, wegen dieser Vorfälle und des auch menschlich betrüblichen Verhaltens unserer Aufseher des Komitees bitten wir Euch, Euch dieses Vorfalles anzunehmen und somit für Ordnung in unserer Bockenheimer Versammlung zu sorgen.

So hat z. B. Bruder B. auf die Frage, ob er glaube, Schwester Karin Wunderlich mit dieser Verhandlung geholfen zu haben, gesagt: ‚Das wollten wir auch gar nicht!'
Wir glauben nun, daß ein anderes Komitee unsere Fragen sachlicher und menschlich anständiger behandeln würde und legen hiermit gegen die am Samstag, den 13.12.75 geführte Verhandlung Berufung ein.
Es grüßen Euch Eure Brüder
Gerd und Karin Wunderlich

Kopie: Bruder M. als Vorsitzender des Komitees und der Versammlung Ffm.-Bockenheim erhält eine Kopie dieses Schreibens.«

18. Die Erfahrungen mit Glaubensbrüdern danach

Auf meinen ausführlichen Bericht bekam ich ungefähr 14 Tage später die Antwort der Gesellschaft. Schon die Anrede „Werter" Herr Wunderlich ließ erkennen, daß die namentlich nicht genannten Herren (in allen Schreiben der WTG fehlt eine Unterschrift) mit der Entscheidung des Bockenheimer Komitees einverstanden waren. Mit keinem Wort gingen sie darauf ein, daß das Komitee die Verfahrensordnung und den Anstand verletzt hatte. Ich fand ihr Verhalten mehr als schäbig, denn immerhin war ich 18 Jahre ein treuer Diener der Gesellschaft. In meinem Schreiben hatte ich zum Ausdruck gebracht, daß ich mich noch immer als ihr „Bruder" mit ihnen verbunden fühlte. Diesen Hinweis, daß ich von ihnen, als meinen Brüdern, eine ehrliche Verhandlung erhoffte, ignorierten sie einfach und schrieben mir:

„Werter Herr Wunderlich!
Wir haben Ihren Brief vom 19. d. M. erhalten, mit dem Sie gegen den von dem Komitee der Versammlung Frankfurt-Bokkenheim ausgesprochenen Gemeinschaftsentzug Berufung einlegen.
Wir haben die Ältestenschaft der Versammlung Frankfurt-Bockenheim gebeten, ein neutrales Komitee zusammenzustellen, das die Berufungsverhandlung durchführt. Sie werden von den entsprechenden Ältesten Nachricht erhalten, wo und zu welchem Zeitpunkt die Berufungsverhandlung durchgeführt wird.
Wir verbleiben

im theokratischen Dienst
Wachtturm B. & T. Gesellschaft
Deutscher Zweig E. V."

Es dauerte fünf Wochen, bis ich von dem „Berufungskomitee" etwas hörte. Doch davon werde ich später berichten.

Jetzt möchte ich etwas näher auf die Erfahrungen eingehen, die ich mit meinen „christlichen Brüdern“ nach der Komiteeverhandlung machen mußte.
Um es gleich vorweg zu sagen, alle „Freunde“ zogen sich, bis auf ein Ehepaar, sofort von uns zurück.
In der ersten Zeit sprach wohl der eine oder andere noch mit meiner Frau, weil sie noch nicht ausgeschlossen war, doch lehnten es alle ab, sich mit ihr über „diese Dinge“ zu unterhalten. Offensichtlich waren vielen von ihnen die Schilderungen über die Handlungsweise der Ältesten sehr peinlich, denn sie sagten anfangs: „Das ist ja unglaublich, so kann man doch nicht handeln, das ist doch nicht christlich.“ Ein Zeuge Jehovas, der später in der Berufungsverhandlung gegen mich aussagte, schilderte die Situation in der Versammlung in dieser Zeit als „verheerend und katastrophal“. Den Ältesten blieb jetzt nichts anderes übrig, als mit gewohnten diktatorischen Maßnahmen die Ruhe wiederherzustellen.
So wurden unter anderem die beunruhigten Brüder aufgefordert, nicht mehr mit uns zu sprechen. Wenn wir am Telefon wären, sollten sie sofort den Hörer auflegen.
Um nun diese selbst für Zeugen Jehovas unmögliche Handlungsweise zu rechtfertigen, wandten sie eine in der WTG schon bewährte Methode an, indem sie eine Verleumdungskampagne gegen uns starteten. So erzählte uns der Zeuge Jehovas Manfred M., er habe den Aufseher Paul M. gefragt: „Sag mal Paul, warum sind denn die dem Gerd versprochenen Zeugen nicht bei der Verhandlung gewesen?“, und die Antwort erhalten:
„Weißt du Manfred, das wäre für die Zeugen zu gefährlich gewesen. Wir mußten um das Leben dieser Personen fürchten, denn die Wunderlichs haben sich jetzt mit einer Gruppe verbunden, die gegen uns arbeitet. Und die schrecken auch nicht vor *Morddrohungen* zurück. Deshalb muß ich dich dringend bitten, mit Wunderlichs nicht mehr zu sprechen. Wenn er anrufen sollte, dann lege sofort den Hörer auf.“
Diesen Rat hat er dann auch befolgt. Das war das letzte, was wir von ihm hörten, bis wir ihn bei der Berufungsverhandlung plötzlich als „Zeugen“ gegen mich wiedersahen.
Obwohl die Fragwürdigkeit des „Urteils“, das das Komitee ge-

fällt hatte, allgemein unter den Zeugen Jehovas in der Bockenheimer Versammlung bekannt war, wurde es von ihnen akzeptiert. Um nun der Gemeinschafts-Verantwortung zu entgehen, machten sie es wie einst Pilatus und wuschen ihre Hände in Unschuld. Darauf angesprochen, sagten alle: „Weißt du, das können wir nicht beurteilen, denn wir waren ja nicht dabei. Uns steht es nicht zu, die Entscheidung der Ältesten zu kritisieren. Wenn sie wirklich falsch gehandelt haben, so müssen sie das einmal vor Jehova verantworten."

Dieser blinde Kadavergehorsam ist typisch für Zeugen Jehovas und hat oft tragische Folgen. Als Beispiel sei hier ihre Einstellung zum Blut erwähnt. So können es Zeugen Jehovas, laut Wachtturmdiktatur, nicht mit ihrem „Gewissen" vereinbaren, im Notfall an sich oder ihren Kindern eine Bluttransfusion vornehmen zu lassen. Das wäre nach ihrer Auffassung eine Übertretung des „Gesetzes Gottes". Aus Erfahrung weiß ich, daß dieselben Eltern es durchaus mit ihrem Gewissen vereinbaren können, Gottes Gebot der „Hurerei" und des „Ehebruchs" zu übertreten. Auf den Blutkult der Zeugen Jehovas werde ich noch gesondert eingehen. (Kap. 20, Seite 174 ff.) Diese Widersprüche waren uns auch schon während unserer aktiven Zeit aufgefallen, jedoch aus Gehorsam der WTG gegenüber immer wieder verdrängt worden.

Auch von meiner Frau zog man sich immer mehr zurück. So wurde sie von ihren Glaubensschwestern nicht mehr gegrüßt, wenn man sie auf der Straße traf. Darunter waren „Schwestern", mit denen sie seit Jahren gemeinsam in den Felddienst gegangen war. In einer Zeit, in der sie die Hilfe ihrer Brüder zur Stärkung ihres Glaubens dringend gebraucht hätte, wurde sie von ihnen völlig im Stich gelassen.

Nicht nur Freunde und Glaubensbrüder, sogar die engste Verwandtschaft zieht sich von einem Ausgeschlossenen zurück. Mein Vater, der über die wahren Zusammenhänge informiert war, hatte es anfangs gewagt, in seiner Versammlung in Hachenburg/Westerwald mit einigen seiner Brüder darüber zu diskutieren. Er bekam jedoch sehr schnell den geistigen Terror der WTG zu spüren. Durch den Ältesten Hartmut S. wurde er mit folgenden Worten eingeschüchtert: „Du bist ja auch schon von deinem Sohn infiziert!"

Diese offensichtliche Drohung führte auch bei meinem Vater zu der Erkenntnis, daß er sich nun entscheiden müsste. Gemeinsam mit meiner Mutter entschied er sich für die WTG. Die Familie meines Bruders folgte ihrem Beispiel.
Meine Frau, die nach der Komiteeverhandlung für einige Zeit noch die Versammlungen besuchte, hatte dabei die Möglichkeit, mit den Ältesten zu sprechen. Die Ergebnisse dieser Diskussionen offenbarten die wahre Einstellung dieser Leute nur noch deutlicher.
Eines Tages konnte sie mit dem Aufseher Paul M. in einem Nebenraum des Königreichssaales ein Gespräch unter vier Augen führen. Herr M. gab ganz offen zu, daß er die Gerüchte über unsere Verbindung mit einer „Mörderbande“ frei erfunden hatte. Von meiner Frau darauf aufmerksam gemacht, daß wir ihn deshalb wegen Rufmord verklagen könnten, meinte er höhnisch: „Ich gebe dir die Freiheit, dies zu tun.“ Auf die Reaktion meiner Frau: „Du bist gut, meinst du, wir würden dich auch noch um Erlaubnis fragen, ob wir dich verklagen dürfen?“, muß er doch bemerkt haben, was er da eigentlich bestätigt hatte. Denn jetzt stritt er auf einmal alles ab. Nun erinnerte meine Frau ihn daran, daß der Bruder Manfred M., der sich zu dieser Zeit im Königreichssaal befand, ihre Aussage bestätigen könne. Darauf beeilte sich Herr Paul M. zu sagen: „Nein, nein, laß mal, ich möchte diesen Bruder nicht der kostbaren Versammlung berauben.“
Nach dem Programm gab dann Bruder Manfred M., wenn auch widerstrebend, vor einigen Brüdern zu, daß ihm Bruder M. diese Lügengeschichte erzählt habe. Dieser, noch im Gespräch mit meiner Frau, versuchte nun das Thema zu wechseln und kam auf die bevorstehende Berufungsverhandlung zu sprechen. Triumphierend rief er: „Aufgrund des Berichtes, den der Kreisaufseher über das Gespräch mit euch angefertigt hat, wird dein Mann sowieso nicht wieder aufgenommen – und du fliegst bei dieser Gelegenheit auch gleich raus.“
Das war der Gipfel an Unverfrorenheit. Nach Programmschluß ging meine Frau zu einem anderen Ältesten, Herrn Lothar E., der zu dieser Zeit nicht zum Rechtskomitee gehörte. Ihm berichtete sie von dem Gespräch mit Herrn Paul M. Besonders über die Indiskretion, daß ich bei der Berufungsver-

handlung sowieso nicht wieder aufgenommen würde und meine Frau bei der Gelegenheit ausgeschlossen werden sollte, war Herr Lothar E. sichtlich erschüttert. Er rief betroffen: „Das gibt es doch nicht! Dann wäre das ja alles nur noch ein Schauspiel." Meine Frau sagte: „Genauso kommt es uns auch vor." Herr Paul M., von Herrn Lothar E. daraufhin befragt, bestätigte nun die Aussage meiner Frau, und Herr Lothar E. wurde abwechselnd rot und blaß. Sichtlich nach Worten ringend, versprach er meiner Frau, sich nun selbst um diese Angelegenheit zu kümmern, und soweit als möglich wolle er auch mir helfen, damit ich mein Recht bekäme.

Doch auch ihm muß bald gedämmert sein, wie gefährlich das werden konnte, denn er ließ nie wieder etwas von sich hören. Auch aus der kurze Zeit später folgenden Berufungsverhandlung hielt er sich mit der Begründung heraus: „Das könnte mir wahrscheinlich falsch ausgelegt werden."

Mit Einschreibebrief vom 24.1.1976 wurde ich vom „Rechtskomitee" der Versammlung Frankfurt-Eschersheim zur Berufungsverhandlung eingeladen:

„Auf Veranlassung der Wachtturmgesellschaft wurde das Komitee der Versammlung Frankfurt/Main-Eschersheim beauftragt, das Komiteeverfahren vom 13.12.75 neu durchzuführen. Wir schlagen als Termin Samstag, den 8.2.76, 10.30, vor und bitten um baldige Nachricht, ob es zu diesem Zeitpunkt möglich ist. Wir würden uns dann im Königreichssaal Frankfurt/Main-Heddernheim, Nistergasse 9, treffen.

gez.: Das Komitee".

Durch die Erfahrungen mit dem ersten Komitee und durch das Fehlen der Anrede in diesem Brief mißtrauisch geworden, hielt ich es für das beste, meine Bedenken und meine Bedingungen für diese Verhandlung schriftlich zu klären. In meinem Brief vom 30.1.1976 schrieb ich unter anderem:

„... Sie sehen also, daß ich berechtigte Zweifel haben muß, ob diese Verhandlung wirklich neutral durchgeführt wird. Ich bin jedoch trotz dieser Umstände bereit, an einer neuen Verhandlung teilzunehmen ... Ich kann jedoch nur zu einer Verhandlung erscheinen, von der ich überzeugt bin, daß diese ehrlich und fair durchgeführt wird. Deshalb bitte ich Sie, mir schriftlich zu bestätigen, daß folgende Punkte erfüllt werden:

1) Die Anwesenheit der Zeugen, auf die sich das Komitee der vorherigen Verhandlung ... berufen hat ...
2) Ich möchte das mir laut Organisationsbuch zustehende Recht in Anspruch nehmen und für mich Zeugen, die ich wünsche, zu dieser Verhandlung mitbringen ...
3) Ich hätte gern Ihre Einwilligung, daß ich diese Verhandlung auf Tonband aufnehmen darf ...

Sollten Sie meine Wünsche, die nicht unbegründet sind, annehmen und bestätigen, bin ich bereit, zur Verhandlung zu erscheinen." Die Antwort kam diesmal sehr schnell. In dem Brief des Komitees vom 2. Februar 1976, wieder ohne Anrede, zeigte man sich zunächst erstaunt, daß ich Zweifel an der Neutralität dieses Komitees geäußert hatte und ging dann wie folgt auf meine Forderungen ein:

„Auf Ihre Bedingungen, die wir grundsätzlich als nicht am Platze ansehen, können wir nur bedingt eingehen.

Zu 1) ... die anderen benannten Zeugen werden selbstverständlich zugegen sein.

Zu 2) Es besteht kein Zweifel darüber, daß Sie so viele Zeugen mitbringen können, als Sie für nötig halten. Es sollten jedoch Zeugen sein, die zur Sache, das heißt zu den Ihnen zur Last gelegten sektiererischen Handlungen innerhalb der Organisation der Zeugen Jehovas, eine Aussage machen können, das heißt Sie entlasten können, dies nicht getan zu haben. Sollten Sie dabei an Zeugen denken, welche ... nicht Glieder der Organisation Jehovas sind, so können wir dies nicht zugeben ... Wir würden uns freuen, wenn Sie mehrere getaufte Zeugen Jehovas mitbringen würden, welche das Ihnen zur Last gelegte Verhalten widerlegen würden.

Zu 3) Die Einwilligung zu einer Bandaufnahme von dem Verfahren können wir Ihnen nicht geben, wir sehen dafür weder einen Grund noch die Notwendigkeit."

Den Satz des Rechtskomitees „Wir würden uns freuen, wenn Sie mehrere getaufte Zeugen Jehovas mitbringen würden" empfand ich als blanken Hohn. Diesem Komitee muß doch die Tatsache bekannt gewesen sein, daß kein Zeuge Jehovas bereit war, mit mir, dem „Ausgeschlossenen", zu sprechen. Hinzu kam noch die Aufforderung der Ältestenschaft, sofort den Hörer aufzulegen, falls ich anrufen sollte. Wie hätte ich unter diesen Umständen einen „Zeugen Jehovas" finden können, der für mich als *Entlastungszeuge* ausgesagt hätte? Die Gefahr, von den Ältesten gesagt zu bekommen: „So tief bist du also schon gesunken, daß du dich für so einen als Zeugen hergibst", war viel zu groß.

Als ich später in der Berufungsverhandlung den Aufseher Herrn Ludwig D. auf diese Tatsache aufmerksam machte, konnte er sein schadenfrohes Grinsen kaum verbergen.

Doch bevor es zur Verhandlung kam, ging ich erst noch einmal auf den Brief des Komitees ein. Unter anderem schrieb ich:

„Zunächst einmal zur Frage der Neutralität: In Ihrem Brief unterstellen Sie mir, daß ich Sie für befangen halten würde. Sie stellen sogar die rhetorische Frage, ‚oder was bezwecken Sie mit dieser Unterstellung?'. Mein Brief zeigt doch ganz deutlich, daß ich dies Ihnen nicht persönlich unterstellt habe. Ich habe nur Tatsachen geschildert, die eine neutrale Verhandlung gefährden. So ist es eine Tatsache und von nicht geringer Bedeutung für die Neutralität des neuen Komitees, daß es von denjenigen ausgesucht und informiert wurde, die Befangenheit gezeigt haben und ihre Neutralität verletzt haben ... So unterstellen Sie mir, daß ich außenstehende Personen als Zuhörer mitbringen wollte, in meinem Brief war aber von nichts anderem als Zeugen zur Sache die Rede. ... Weiterhin unterstellen Sie mir sektiererische Handlungen, eine Anklage, die selbst das erste Komitee nicht erhoben hat. Woher nehmen Sie also die Berechtigung, eine neue Anklage zu formulieren? Hier liegt doch der deutliche Beweis einer Beeinflussung und Verletzung der Neutralität vor.

Ihre Gründe für die Ablehnung einer Bandaufnahme sehe ich ein."

Die Antwort, wieder ohne Anrede, diesmal auch noch ohne Absendedatum, nahm von meinen Bedenken keine Notiz, sondern setzte den Termin für den 21.2.1976 mit der Begründung fest:

„Der bisher geführte Briefwechsel hat gezeigt, daß wir nur durch eine persönliche Unterredung zu einem Ergebnis kommen können. Alle notwendigen Zeugen werden zugegen sein. Wir werden ohne Frage das Verfahren im Sinne des ‚Org.-Buches' sowie im Sinne von 1. Tim. 5:21 durchführen. Wollen Sie

bitte besonders die Seiten 165, 166, 179, 180 im Organisationsbuch durchlesen.
Wenn sich beide Seiten an diese grundsätzlichen Gedanken halten, ist eine neutrale Durchführung ohne weiteres gewährleistet. Wir erwarten keine schriftliche Bestätigung unseres Schreibens, sondern setzen voraus, daß Sie in Ihrem eigenen Interesse für eine schnelle Erledigung sind und erwarten Sie zu oben genanntem Termin."
Das war deutlich, man wollte die Angelegenheit endlich hinter sich bringen. Die Formulierung des Komitees: „Wir erwarten keine schriftliche Bestätigung unseres Schreibens", ließ erkennen, daß sie sich auf keine Bedingung mehr einlassen wollten. Ich sah ein, daß auf schriftlichem Wege eine Klärung nicht möglich war und beschloß nun, den Termin einzuhalten. Wir, das waren meine Frau, Rudolf Martens und ich, fanden uns am 21.2.1976 wie vereinbart im Königreichssaal in Frankfurt-Heddernheim in der Nistergasse 9 ein.
Die Verhandlung verlief wie erwartet und zeigte sehr viele Parallelen zur ersten Verhandlung. Auffallend war lediglich, daß diese Berufungsverhandlung viel zielstrebiger und nicht so konfus wie die erste durchgeführt wurde. Allerdings waren die Formulierungen auch viel brutaler, und es galt nur die Meinung des Komitees.
Um unnötige Wiederholungen zu vermeiden, werde ich den Bericht über die Berufungsverhandlung, der nach den Aufzeichnungen von uns dreien während der Verhandlung und direkt danach angefertigt wurde, auf das Wesentliche beschränken.

19. Berufungsverhandlung

An dieser Verhandlung waren folgende Personen beteiligt:

Das Berufungskomitee:	
Vorsitzführender Aufseher	Herr Ludwig D.
Predigtdienst-Aufseher	Herr T. R.
Bibelstudien-Aufseher	Herr E. H.
Das erste Komitee:	Gleiche Besetzung wie bei der ersten Verhandlung (siehe Seite 116).
Die Zeugen des Komitees:	
1. Zeuge:	Herr Manfred M.
2. Zeuge:	Herr Robert K.
3. Zeuge:	Herr Ernst H.
4. Zeuge:	Herr Willi S.
Angeklagter:	Gerd Wunderlich
Zeugen des Angeklagten:	
1. Zeuge:	Karin Wunderlich
2. Zeuge:	Rudolf Martens

Zu den Zeugen des Komitees muß ich gleich folgende Erklärung abgeben: Alle vier waren nachweislich bei der ersten Verhandlung *nicht* als Zeugen vorgesehen. Sie waren auch diesmal nur da, um mich einzuschüchtern. Denn wie ich später feststellen sollte, konnten diese Zeugen so gut wie nichts im Sinne der Anklage aussagen.
Die Berufungsverhandlung begann am 21. Februar 1976 kurz nach 11.00 Uhr mit einer Begrüßung durch das Rechtskomitee im Vorraum des Königreichssaales. Die Zeugen des Komitees waren noch im oberen Saal verborgen. Das Gespräch begann erst einmal mit der Frage, ob Herr Rudolf Martens als „Ausgeschlossener Zeuge Jehovas“ als Zeuge für mich zugelassen werden könne oder nicht. Diese Diskussion zog sich etwa 20 Mi-

nuten hin. Nach einer kurzen Beratung entschloß sich das Komitee, Herrn Martens doch als Zeugen zu akzeptieren und bat uns nun alle in den Verhandlungsraum. Auch das erste Komitee und die Zeugen, die bisher der Diskussion im verborgenen gelauscht hatten, nahmen ihre Plätze ein. Als nach ein paar Minuten etwas Ruhe eingetreten war, holte ich mein Kassettengerät heraus und meinte zu dem vorsitzführenden Aufseher, Herrn Ludwig D.: „Ich habe das Gerät mitgebracht, um im Bedarfsfall einige Passagen aus dem Gespräch mit den Ältesten der Bockenheimer Versammlung vorspielen zu können."
Darauf reagierte Herr D. sehr ungehalten und bestand darauf, daß ich das Gerät sofort aus dem Verhandlungsraum entfernen solle. Darauf sagte ich ihm, daß er sich gerne überzeugen könne, daß im Gerät keine Kassette und somit eine Aufnahme nicht möglich sei. Doch selbst der Hinweis, daß das Netzkabel nicht angeschlossen und auch keine Batterien im Gerät seien, konnte seine Furcht vor einer Aufnahme nicht beseitigen. „Sie sind uns als Experte geschildert worden", sagte entschuldigend der Bibelstudien-Aufseher Herr E. H.
Im Verlauf der weiteren Verhandlung fragte mich das Komitee, was ich denn mit meiner genauen Aufzeichnung bezweckte. Auf meine Antwort, daß ich sie in erster Linie für meine privaten Unterlagen gedacht hätte und zu dieser Zeit noch nicht an eine Publizierung dächte, sagte Herr Ludwig D. selbstsicher: „Da haben wir auch keine Angst davor, denn es existieren ja Broschüren und Bücher und anderes noch, die interessanterweise nicht das bezweckt haben, was sie sollten. Die Organisation Jehovas ist noch da und ist größer als sie je war, obwohl diese Bücher gegen uns existieren und versucht wird, diese zu verbreiten. Aber sie finden doch scheinbar nicht die Ohren der Menschen, an die sie gehen sollen."
Die Behauptung, die WTG brauche vor kritischer Literatur keine Angst zu haben, dürfte stark übertrieben sein. So haben doch die Erfahrungen mit den Rechtskomitees der WTG gezeigt, daß sie gerade vor „falschen" Schriften eine panische Angst haben. Denn warum die Forderung, diese sofort zu vernichten und darüber zu schweigen? Das war um so erstaunlicher, als es sich doch ausschließlich um ältere Wachtturm-Literatur handelte. Auf meine später gestellte Frage: „Was verste-

hen Sie unter einer falschen Schrift?“ gab mir der Predigtdienst-Aufseher Herr T. R. folgende Antwort: „Wir verstehen unter einer falschen Schrift eine, die in irgendeiner Form im Widerspruch zum Wachtturm steht, die nicht mit dem heutigen Verständnis des ‚treuen und verständigen Sklaven‘ übereinstimmt.“
Um sicherzugehen, ob sie diese Aussage richtig verstanden hatte, wollte sich meine Frau bei dem Ältesten erkundigen und sagte: „Bruder, leider habe ich deinen Namen nicht behalten, wie war er doch gleich?“ Darauf der Aufseher:
„Ich weiß nicht, was du mit diesen Aufzeichnungen bezweckst, meinen Namen sage ich dir nicht mehr. Und was du schreibst, mußt du ja selber verantworten. Es tut mir jetzt leid, daß ich vorhin dafür eingetreten bin, daß du hier im Raum bleiben darfst.“
Doch kehren wir zum Anfang der Berufungsverhandlung zurück. Um den Beginn der Verhandlung nicht noch weiter zu verzögern, kam ich der Aufforderung des Komitees nach und brachte das Kassettengerät aus dem Verhandlungsraum. Herr Ludwig D. begann nun sogleich mit der Verhandlung. Und schon seine etwas später geäußerten Worte: „Wir wollen keine Diskussion darüber hören, ob das, was Sie an Schriftmaterial und mündlich verbreitet haben, vertretbar ist, oder ob es nicht vertretbar ist ...“, hätten mich veranlassen sollen, die Verhandlung sofort zu verlassen. Doch ich habe dadurch, daß ich geblieben bin, einige Praktiken der WTG erfahren und dokumentieren können.

Er begann die Verhandlung wie folgt:
„Ich möchte eingangs mit einem Schrifttext beginnen, der als Leitgedanke dienen soll für die heutige Durchführung des Verfahrens. In 1. Timotheus 5, 21 wird folgendes Gebot an Christen gegeben: ‚Ich gebiete dir vor Gott und Christus Jesus und den auserwählten Engeln, diese Dinge ohne Vorurteil zu bewahren und nichts nach einer Neigung zu Voreingenommenheit zu tun.‘ (NW)
Das soll grundsätzlich der Gedanke sein, unter dem wir heute dieses Verfahren durchführen. Wir bemühen uns, gemäß diesem biblischen Grundsatz zu handeln, auch wenn von Ihrer

Seite Bedenken vorhanden sind, wie dies aus den Briefen deutlich ersichtlich ist. Auch wollen wir uns an das halten, was im Organisationsbuch auf Seite 179 im Hinblick auf ein Berufungsverfahren gesagt wird. Es heißt hier im zweiten Abschnitt: ‚Bei einer Berufungsverhandlung ist es nötig, nochmals alle zuvor unterbreiteten Beweise sowie irgendwelche zusätzlichen Aussagen anzuhören ... Wenn sie (das erste Komitee) glauben, daß frühere Aussagen geändert werden, können sie dies sagen, und Ihre Aussage wird vom Berufungskomitee gehört ...
Das, was das Berufungskomitee beschließt, ist endgültig, ob sein Beschluß nun mit der Maßnahme des Gemeinschaftsentzuges übereinstimmt oder ob es diese Maßnahme nicht zuläßt und sie dadurch aufhebt. Und da die Angelegenheit dann von mindestens sechs verschiedenen Ältesten verhandelt worden ist, besteht kein Grund, irgendeine weitere Berufung zu berücksichtigen.‘
Nach dieser Aussage des Organisationsbuches wollen wir uns bemühen, dieses Verfahren durchzuführen.
Aus den Unterlagen, die uns in schriftlicher Form zur Verfügung stehen, geht hervor, daß Herrn Wunderlich vorgeworfen wird, innerhalb der Organisation Lehren verbreitet zu haben, die dazu dienen, Spaltungen hervorzurufen, die andere Personen, Glieder der Organisation, veranlassen, in ihrem Glauben, den sie bis dato hatten, erschüttert zu werden oder vielleicht sogar zu Zweifeln an der Wahrhaftigkeit der Organisation Jehovas geführt zu werden. Es werden laut Unterlagen, ich möchte das immer wieder betonen, besonders in der Richtung Anschuldigungen erhoben, daß Herr Wunderlich den ‚treuen und verständigen Sklaven‘, so wie ihn Jehovas Zeugen vertreten, nicht anerkennt. Daß er Verkündigern gegenüber geäußert haben soll, daß Verkündiger ausgenutzt werden, von Haus zu Haus zu gehen, und daß die Führung der Zeugen Jehovas sich reich macht.
Das sind die Anklagepunkte, die wir aus den Unterlagen entnommen haben. Ob sie stimmen oder nicht, ist Sache dieses Verfahrens zu klären.
Damit wäre der erste Teil des Verfahrens abgeschlossen, und wir bitten alle Zeugen, außer dem Komitee der Versammlung

Bockenheim, das als Anhörgruppe diesem Verfahren völlig beiwohnt, draußen bitte Platz zu nehmen, und wir werden sie rufen, wenn wir sie brauchen."
Das war nicht in meinem Sinne. Ich wollte gerade in Anwesenheit aller Zeugen diese Dinge besprechen, doch gerade das wollten ja die Ältesten vermeiden. Deshalb ließen sie sich auf keine Diskussion ein und forderten die Zeugen auf, den Saal zu verlassen, was die Zeugen des Komitees auch gehorsam taten. Auch meinem Zeugen Rudolf Martens blieb nach kurzer Diskussion nichts weiter übrig, als ihrem Beispiel zu folgen. Nur meine Frau war im Raum geblieben. Als Herr Ludwig D. dies bemerkte, forderte er sie auf, ebenfalls den Raum zu verlassen. Darauf sagte sie: „Du wirst erlauben, daß ich in diesem Fall dem Wunsch meines Mannes nachkommen möchte, denn er ist ja mein Haupt."
„Ja", sagte ich, „meine Frau bleibt hier! Sie war bei der ersten Verhandlung dabei, genau wie das Komitee, und deshalb stelle ich den Antrag, daß sie auch dieser Verhandlung beiwohnen kann."
Diesen Wunsch konnte man schlecht ablehnen, deshalb meinte der Predigtdienst-Aufseher Herr T. R.: „Du bist ja noch Schwester, ja? Ich würde also dafür plädieren, daß Schwester Wunderlich der Verhandlung beiwohnen kann, wenn sie sich ruhig verhält und nur spricht, wenn sie gefragt wird. (Eine Entscheidung, die er später selbst bedauerte, als er bemerkte, daß sich meine Frau genaue Notizen über die Verhandlung machte.)
Herr Ludwig D. stimmte dem Vorschlag zu und begann mit dem zweiten Teil der Verhandlung, indem er sagte: „Sie haben die Anklagen und Anschuldigungen gehört und nun gleich von vornherein:
Wir wollen in diesem Verfahren nicht Diskussionen darüber hören, ob das, was Sie an Schriftmaterial und mündlich verbreitet haben, vertretbar ist oder nicht vertretbar ist. Das ist nicht Sache des Komitees, darüber zu entscheiden, ob Sie innerhalb der Organisation Dinge verbreitet haben, die gegen das gerichtet sind, was die Organisation tut und was sie an Glaubenslehren vertritt. Ob der ‚treue und verständige Sklave' der ‚Sklave' ist oder nicht ist, darüber sind wir als Zeugen Jehovas uns vollkommen im klaren. Denn wir glauben daran, daß die

Körperschaft, die heute die ‚gute Botschaft' auf Erden verbreitet, der ‚Sklave' ist, von dem Matthäus 24, 25 spricht. Wenn Sie glauben, er sei es nicht, so ist das Ihre Angelegenheit. Aber als ein Glied der Zeugen Jehovas, als getaufter Zeuge Jehovas ist es eine Frage, ob Sie berechtigt sind, solche gegensätzliche Lehren innerhalb der Organisation *zu verbreiten.*
Und diese Frage wollen wir heute klären. – Ob der Sklave der ‚Sklave' ist, ob die oberen Führer, oder wie immer man das formulieren will, die kleinen Verkündiger ausnutzen oder nicht, das steht hier nicht zur Diskussion! Zur Diskussion steht die Frage: Ist das, was Ihnen vorgeworfen wird, der Fall, oder ist es nicht der Fall?
Deshalb möchten wir Sie bitten, zu dieser Frage Stellung zu nehmen. Wir wollen kein Wort darüber hören, welche Unterlagen Sie darüber haben, daß der ‚treue und verständige Sklave' nicht der Sklave ist – und daß der Wachtturm lügt und daß er dies oder jenes sagt oder tut.
Das ist nicht Sache des Verfahrens, sondern wir wollen von Ihnen hören, wie Sie zu diesen Anschuldigungen stehen. Damit erteile ich Ihnen das Wort."
Ich sagte schon, daß ich nach diesen bedeutungsvollen Worten des Aufsehers die Verhandlung hätte ablehnen und verlassen sollen. Denn das war wirklich ein starkes Stück, Anklage wegen „Verbreiten falscher Lehren und Schriften" zu erheben und dann zu erklären, es sei nicht Sache des Verfahrens, das Beweismaterial zu prüfen.
Ich ergriff nun das Wort und sagte: „Gut, als erstes muß ich also feststellen, daß Sie nicht gewillt sind, festzustellen, ob ich berechtigt oder unberechtigt Dinge verbreitet oder gesagt haben soll. Sondern Ihnen geht es nur darum, daß ich *überhaupt* Dinge verbreitet oder geäußert habe. Ob das nun falsch oder richtig war, ist für Sie gar nicht interessant?"
„Genau! Richtig formuliert", bestätigte zu meinem Erstaunen der Aufseher.
Nun war ich gespannt, wie es weitergehen sollte, und verlangte den ersten Zeugen.
„Mir geht es jetzt in erster Linie darum, daß Sie persönlich sagen, ja, ich habe das getan oder ich habe es nicht getan", gab Herr Ludwig D. zur Antwort.

„Ja was wollen Sie jetzt wissen, über die Dokumente wollen Sie doch nicht sprechen", gab ich zu verstehen, und er gab folgende Antwort:
„Diese Dinge, über die wir jetzt gesprochen haben, zu anderen Zeugen Jehovas gesagt zu haben: daß der ‚treue und verständige Sklave' nicht der ‚Sklave' ist und daß der Wachtturm Dinge verbreitet, die nicht der Wahrheit entsprechen.
Als ersten Zeugen will ich Ihnen den zitieren, der Sie persönlich aufgesucht hat. Das war Herr L., seines Zeichens Kreisaufseher. Dieser hat ein Schriftstück verfaßt – und danach haben Sie im Beisein Ihrer Frau geäußert:
‚Daß die Gesellschaft nicht ehrlich sei, wenn sie weltliche oder wissenschaftliche Daten im Wachtturm anführt. Daß sie Auszüge so kürzen würde, daß der Sinn entstellt wird, um dadurch einen für die WTG vorteilhaften Charakter zu erzielen. Daß sie Bibelübersetzungen so anwendet, daß diese ihr Gedankengut stützen, und dabei würden sinnentstellende Kürzungen vorgenommen.' Das ist die erste Darstellung."
Klarer kann man es kaum formulieren, was ich da herausgefunden hatte. Auch den Ältesten und dem Kreisaufseher muß die Gefährlichkeit der *Tatsachen* aufgegangen sein. Die hartnäckige Weigerung, auf diese Dokumente einzugehen, ist die Konsequenz dieser Einsicht. Das wird noch durch folgende Aussage des Aufsehers Herrn Ludwig D. bestätigt: „Es ist in dieser Sache nur die Frage: Was will man mit einer Behauptung, die *zwar wahr ist*, bezwecken? Warum war es notwendig, die Brüder und Schwestern darauf aufmerksam zu machen, daß die WTG eine AG ist? Was wollten Sie damit bezwecken?"
„Aber ich bitte Sie", sagte ich, „dasselbe würden Jehovas Zeugen mit Freuden tun, wenn sie anderen Religionsgemeinschaften das gleiche nachweisen könnten. Es würde sich keiner von ihnen ein Gewissen daraus machen, ob sie damit diese Gläubigen verunsichern würden, sondern sie würden hingehen und diesen Menschen sagen, eure Kirche macht dies oder das, was gegen die Bibel spricht. Auch würde man sie auffordern, ‚Babylon die Große' zu verlassen.
Und wenn ich nun als Zeuge Jehovas erkennen muß, daß hinter unserer Gesellschaft eine gewinnbringende Firma steht, dann ist doch verständlich, daß man darüber so erschüttert ist, daß

man dies mit seinen Freunden und Bekannten bespricht. Daß allerdings die Zeugen Jehovas über ihre eigene Wahrheit so erschrecken würden, konnte ich nicht ahnen."
Darauf schaltete sich der Predigtdienst-Aufseher wieder ein und fragte mich: „Herr Wunderlich, was glauben Sie, was die WTG ist?"
Der Wahrheit gemäß sagte ich: „Tatsache ist, daß die Gesellschaft in den USA eine Geschäftsfirma (Inc.) ist. Das hat der Herr Ludwig D. vorhin selbst bestätigt, als er sagte: ‚Was will man mit einer Behauptung, die *zwar wahr ist,* bezwecken?' Also ist dieser Anklagepunkt hinfällig, denn ich habe damit keine ‚*falsche* Lehre' verbreitet."
Diese Tatsache muß dem Aufseher recht peinlich gewesen sein, denn er ging nicht auf meine Antwort ein, sondern lenkte vom Thema ab: „Jetzt noch einmal, wir haben ja – wir wollen ja, äh – wir haben die Anklage ja hier vorliegen – und wir haben den Bruder L. hier angeführt, der gesagt hat, nach Ihren Worten wäre die Gesellschaft nicht ehrlich, wenn sie weltliche und wissenschaftliche Darlegungen im Wachtturm bringt usw. Stehen Sie, Herr Wunderlich, zu diesen Aussagen des Kreisaufsehers, die er aufgrund des Gespräches mit Ihnen festgehalten hat?"
„Selbstverständlich habe ich das gesagt, das habe ich ja schon bestätigt. Aber ich sagte auch, daß ich das nicht als Behauptung sagte, sondern als eine Feststellung. Und ich habe sie vor dem Kreisaufseher in seiner Eigenschaft als Vertreter der WTG gemacht, weil wir von ihm eine Klärung dieser Dinge erwartet hatten. Daß er jetzt plötzlich als Belastungszeuge zitiert wird, ist doch recht merkwürdig. Ich habe dem Kreisaufseher zum Beispiel das Popper-Zitat gezeigt, und das war ja nun eine eindeutige Zitatverstümmelung. Folglich kann ich nun nicht sagen, daß die Gesellschaft in diesem Punkt ehrlich gewesen ist, wenn doch nachweislich der eigentliche Sinn des Zitats unterschlagen wurde."
Der vorsitzführende Aufseher ging dann wieder auf das *Verbreiten dieser Tatsachen* ein und meinte: „Die Frage ist immer wieder die, geht es darum, daß solches ‚geistiges Gut' bewußt innerhalb der Organisation verbreitet wird, oder geht es darum, daß jemand in Gewissensnot ist. Aber die ganze Verhaltensweise zeigt, daß geklärt werden muß, ob sich Menschen in

Gewissensnot befinden, oder ob sie nicht schon Gewissensentscheidungen getroffen haben. Und ich bin der Meinung, wenn Sie daran gehen, andere Personen mit diesem ‚geistigen Gut' zu konfrontieren, ihnen das vorzutragen, dann identifizieren Sie sich damit. Denn wenn ich in Gewissensnot bin, geh ich erst zu denen, die mir gemäß der Bibel helfen können – und das sind die Ältesten. Aber sie haben vorhin selber zugegeben, daß Sie zuerst zu fremden Personen darüber gesprochen haben."
Die eigenen Glaubensbrüder, soweit sie keine Ältesten waren, also „Schütze im letzten Glied", waren nach den Worten dieses Aufsehers „fremde Personen", denen es nicht zustand, über die Gewissensnot eines anderen Glaubensbruders informiert zu werden. Glaubten die Ältesten tatsächlich, daß sie diese peinlichen Tatsachen hätten wegerklären können? Das Einzige, was sie erreicht hätten, wäre, diese Dinge *geheim* zu halten. Daß dies nun nicht mehr möglich war, war der eigentliche Grund ihrer Entrüstung.
Der Gedanke, diese Organisation könnte einmal in irgendeiner Form politische Macht bekommen, ist beklemmend. Ihre Intoleranz und Borniertheit ist ja schon sprichwörtlich. Während meiner aktiven Zeit in der „Neuen-Welt-Gesellschaft" sagte mir mein Onkel, ein Nicht-Zeuge-Jehovas: „Weißt du, wenn jemand an meine Tür kommt, um mich zu seiner Ansicht zu bekehren, dann informiere ich mich über seine Lehren und Ziele und frage mich dann, möchte ich unter einer Regierung leben, die von diesen Menschen gebildet wird? Und unter eurer Regierung möchte ich auf gar keinen Fall leben."
Schon damals mußte ich ihm zustimmen. Wie sehr er den Nagel auf den Kopf getroffen hatte, sollte mir erst durch die Erfahrungen mit den „Rechts"-Komitees der „Neuen-Welt-Gesellschaft" klar werden. Glücklicherweise herrscht die Gesellschaft nur über zwei Millionen Anhänger in 201 Ländern, doch da um so gründlicher.
Zurück zu dem Teil der Verhandlung, in dem die Zeugen des Komitees angehört wurden. Auch hier will ich mich auf die wesentlichen Aussagen beschränken, denn bis auf wenige Ausnahmen bestätigten sie nur, was das Komitee von ihnen erwartete.
Der Zeuge Nr. 1, Herr Manfred M. berichtete dem Komitee,

daß ich ihm auf dem Kreiskongreß in Siegen einige Dokumente gezeigt hätte, die bei anderen Brüdern durchaus den Glauben zerstören konnten. Er mußte allerdings zugeben, daß diese „falschen" Schriften der „Wachtturm" vom 15.5.1975 und das Originalzitat von Karl Popper waren. Auf meinen Hinweis, daß doch alles, was ich verbreitet haben soll, fast ausschließlich aus WT-Schriften stammte, wie „Das goldene Zeitalter" oder die „Schriftstudien", meinte der Predigtdienstaufseher Herr T.R.: „Der Wachtturm ist dann eine falsche Schrift, weil er von einer falschen Stelle gesammelt wurde."

Das bedeutet im Klartext, daß keinem Außenstehenden gestattet ist, die Wachtturm-Schriften zu sammeln. Denn wenn einer der Gesellschaft anhand ihrer eigenen Literatur Fehler nachweist, dann verwandeln sich die WT-Schriften in „falsche" Schriften, weil sie von „falscher Stelle" gesammelt und geprüft wurden. So kann man natürlich alles abwimmeln, was einem unangenehm ist. Doch worauf soll sich nun ein Zeuge Jehovas verlassen, wenn selbst die eigene Wachtturm-Literatur im Zweifelsfall von den Aufsehern einfach als „falsche Schrift" bezeichnet wird. In einem späteren Gespräch sagte mir der Zeuge Nr. 2, Herr Ernst H.: „Was interessiert es mich, was die Gesellschaft vor vierzig Jahren geschrieben hat; ich bin glücklich, daß ich jetzt im ‚geistigen Paradies' lebe, und das lasse ich mir nicht nehmen."

Als Aufseher der Versammlung Frankfurt-Rödelheim mußte er natürlich diese Ansicht vertreten. Bei anderen Religionsgemeinschaften war er nicht so tolerant. Da ging er bis ins Mittelalter zurück, um zu beweisen, daß diese oder jene Religion unmöglich Gottes Gunst haben könne.

Bei der Berufungsverhandlung zeigte er als Zeuge des Komitees dieselbe Angst wie das Komitee, daß diese neuerliche Inquisition bekannt werden könnte: „Als erstes möchte ich euch (dem Komitee) den Rat geben, etwas leiser zu sprechen, denn draußen sitzt einer wie mit Elefantenohren auf Lauschposten und macht sich eifrig Notizen (Herr Martens war damit gemeint). Zu deiner Frage kann ich folgendes sagen: Herr Wunderlich hat mich einmal angerufen und hat über die Bezeichnung ‚Inc.' gesprochen, und er meinte, daß die Gesellschaft in den USA eine AG sei. Bei einem Besuch, den er bei mir machte, versuchte ich zu erklären, daß ‚Inc.' nur eine ‚eingetragene' Gesellschaft bedeutet und nicht eine Geschäftsfirma (AG). Ich sagte ihm, stell dir doch einmal vor, da könnte doch theoretisch der Papst hingehen und bei der Wachtturm-Gesellschaft Aktienanteile kaufen, das ist doch unmöglich."

Ich fragte nun den Zeugen, ob ihm bewußt sei, daß ich damals zu dem Problem mit der „Inc." nur eine Frage gestellt und nichts behauptet habe. Darauf sagte er: „Hat damals der Satan nicht auch gesagt: ‚hat Gott wirklich gesagt ...?'

Der dritte Zeuge, Herr Robert K., war, so grotesk es erscheinen mag, im Sinne der Anklage kein Zeuge. Das bestätigte er selbst: „Also ich muß sagen, daß sich Herr Wunderlich in keiner Weise über diese Dinge mit mir unterhalten hat – und er hat mir auch von den Schriften nichts gezeigt. Ich habe eigentlich nur durch meine Frau etwas darüber gehört."

Ich machte das Komitee darauf aufmerksam, daß durch diese Aussage der Herr Robert K. nicht mehr als Zeuge im Sinne des „Organisationsbuches" angesehen werden könne. Denn auf den Seiten 165–166 wird folgendes gesagt: „Damit eine Sache als wahr erwiesen ist, müssen zwei oder drei Zeugen da sein. Dies können keine Personen sein, die lediglich wiederholen, was sie von jemand anders gehört haben, sie müssen selbst Zeugen dessen sein, worüber sie aussagen."

Auf diesen berechtigten Einwand ging das Komitee mit keinem Wort ein, sondern fuhr unbeirrt fort, den „Zeugen" zu befragen. So wollten sie von ihm wissen, welche Stimmung in der Versammlung herrschte, als diese Dinge bekannt geworden waren. Robert K.: „Also, ich muß sagen, daß ein großes Durcheinander geherrscht hat, die Wirkung war meiner Meinung nach katastrophal, denn selbst die Ältesten waren untereinander zerstritten. Ich habe auch später bei einer Ältestenversammlung die Dokumente gesehen, habe sie aber nicht gelesen, weil ich mich nur für die ‚Wahrheit' interessiere."

Darauf sagte ich ihm, daß ja inzwischen erwiesen sei, daß diese „Dokumente" den eigenen WT-Schriften entnommen waren, und was er dazu sagen würde. Darauf meinte er schuldbewußt: „Gerd, ich weiß gar nicht, was du von mir willst, warum du so sauer reagierst? Ich kann doch nichts dafür, daß man mich als Zeugen benannt hat. Mir ist das doch auch peinlich, denn schließlich hast du mich in die ‚Wahrheit' gebracht."

Das Komitee hatte nun plötzlich keine Fragen mehr an den Zeugen und bat ihn, wieder draußen Platz zu nehmen. Sichtlich erleichtert ging er nach draußen. Der letzte Zeuge wurde gerufen. Nachdem der Zeuge Nr. 4, Herr Willi S., kurz informiert worden war, stellte Herr Ludwig D. ihm folgende Frage: „Bruder S., hattest du den Eindruck, daß dich Herr Wunderlich von seiner Meinung, daß z. B. die Gesellschaft eine AG ist usw., überzeugen wollte?"
Darauf sagte der Zeuge: „Doch, den Eindruck hatte ich allerdings. Nur konnte ich nicht beurteilen, ob alles, was Herr Wunderlich sagte, auch stimmt."
Darauf beeilte sich Herr Ludwig D. zu beteuern: „Es spielt auch keine Rolle, ob das, was gesagt wird, stimmt oder ob es nicht stimmt, sondern die ‚Absicht', mit der es gesagt wird, ist ausschlaggebend. Wenn die Absicht darin besteht, Unruhe in die Versammlung zu bringen, so können wir das nicht dulden."
Als Herr Martens den Raum betrat, sagte Herr Ludwig D.: „Wir müssen annehmen, daß versucht wird, diese Verhandlung auf Tonband aufzunehmen. Ich hatte vorhin schon den Verdacht geäußert, daß sich in Ihrem Aktenkoffer ein Bandgerät befinden könnte. Da Sie diesen jetzt wieder mit herein gebracht haben, möchte ich Sie bitten, diesen einmal zu öffnen, damit wir uns davon überzeugen können."
Die Vorsicht des Komitees war allerdings auf das falsche Objekt gerichtet, denn meine Frau, Rudolf und ich zeichneten in aller Offenheit die gesamte Verhandlung auf. Wie wir das machten, ist mein Geheimnis ...
So konnte Herr Martens guten Gewissens sagen: „Ja, also grundsätzlich habe ich nichts dagegen, aber ich hätte durchaus Verständnis dafür, wenn sich andere Personen weigern würden, dieser Bitte nachzukommen. Ich sagte Ihnen ja schon, daß sich nur Bücher und andere Dokumente darin befinden, aber bitte, überzeugen Sie sich selbst."
Nachdem sich Herr Ludwig D. überzeugt hatte, daß kein Tonbandgerät im Koffer von Herrn Martens war, sagte er zu ihm: „Zu Ihrer Information: Die anderen Zeugen haben wohl ausgesagt, daß sie keine ‚falschen Schriften' von Herrn Wunderlich erhalten haben, daß ihnen aber Gedanken aus diesen Schriften übermittelt wurden. Und das mit der Absicht, ihr Vertrauen

zur Gesellschaft und dem ‚treuen und verständigen Sklaven‘ zu erschüttern. War das Ihre Absicht?“
„Nein“, sagte Herr Martens, „denn was ich gesagt habe, entspricht der Wahrheit. Und Jehovas Zeugen sind ja nach ihren eigenen Worten wahrheitsliebend. Außerdem waren es ja Wachtturm-Schriften, auf die sich Herr Wunderlich und ich bezogen haben.“
Nun ging Herr D. auf das von mir zitierte „Popper-Zitat“ ein und sagte: „Wir, das Komitee, sind aber zu dem Entschluß gekommen, daß es sich hierbei nicht um eine Fälschung handelt.“
„Die Sache ist nun die“, sagte Herr Martens darauf, „da es sich hier um ein wissenschaftliches Buch handelt, müßte man sich doch etwas genauer damit beschäftigen, und ich würde vorschlagen, daß wir dies jetzt einmal tun. Das Popper-Zitat ist zugegebenermaßen in seiner vollen Länge nicht leicht zu verstehen. Hat man aber begriffen, was Popper wirklich sagen wollte, erkennt man die Zitat-Verfälschung im Wachtturm sofort.“
Das konnte nun gar nicht im Sinne des Komitees sein, daß jetzt auch noch ausführlich darüber gesprochen wurde, deshalb meinte Herr D.: „Ich sagte ja schon, daß dies nicht mehr notwendig ist, denn wir haben erkannt, daß es sich hier nicht um eine Fälschung handelt!“
„Sind Sie Wissenschaftstheoretiker, daß Sie das so beurteilen können?“ war die Gegenfrage von Herrn Martens.
„Nein, aber das brauchen wir auch nicht zu sein, um das beurteilen zu können“, erwiderte Herr Ludwig D.
„Sehn Sie, das ist genau das, was ich bezweifeln möchte. Ich habe mich innerhalb meines Studiums gründlich damit befaßt und bin durchaus in der Lage, Ihnen diese Dinge zu erklären.“
Darauf konnte das Komitee aus bekannten Gründen nicht eingehen. Deshalb lenkten sie vom Thema ab, und Herr D. sagte: „Ich will Ihnen durchaus zugestehen, daß Sie aufgrund Ihres Studiums hundert-, ja fünfhundertmal mehr wissen als wir, aber hier geht es doch darum, ob Sie in dieser Angelegenheit gegen Herrn Wunderlich bezeugen können, daß er die ihm vorgeworfenen Dinge nicht getan hat. Sie können doch nichts über die Sache selbst bezeugen.
Auf der anderen Seite kann ich mir vorstellen, daß Sie aufgrund

ihrer Jugend noch gar nicht in der Lage sein können, diese wissenschaftlichen Bücher, wie das von Karl Popper, völlig zu verstehen."

Natürlich sollte dieser Versuch, Herrn Martens aufgrund seiner Jugend unglaubwürdig zu machen, bei den übrigen Zeugen Jehovas Eindruck erwecken. Doch Herr Martens wies den Aufseher in seine Schranken: „Wenn ich bemerken darf, dieser Karl Popper hat das zitierte Buch ‚Logik der Forschung' im Jahre 1935 geschrieben, da war er nur etwa 8 Jahre älter als ich heute bin."

Darauf folgte ein verblüfftes und betretenes Schweigen des Aufsehers. Dann griff ich in das Gespräch ein und sagte: „Daß Herr Martens nichts in dieser Angelegenheit bezeugen kann, ist doch allein auf Ihre Verhandlungsart zurückzuführen. Denn ich konnte, als ich Herrn Martens bat, als Zeuge an dieser Verhandlung teilzunehmen, nicht ahnen, daß Sie über den eigentlichen Grund der Anklage gar nicht sprechen wollen. Über die mir in der Anklageschrift vorgeworfenen Dinge, wie Verbreiten von falschen Lehren und Schriften, könnte er wohl etwas aussagen, doch das wußten Sie ja geschickt zu verhindern."

Das Komitee zog es vor, lieber nicht auf diesen Einwand einzugehen. Es war bemüht, die Verhandlung zum Abschluß zu bringen, und so sagte Herr Ludwig D.:

„Wir müssen nun auf die Zeit drängen, denn es ist doch schon sehr spät geworden. Wir möchten Sie also nochmals fragen: Sind Sie bereit, den ‚treuen und verständigen Sklaven' so anzuerkennen, wie wir das als Zeugen Jehovas tun – und über diese Dinge zu schweigen, weil sie geeignet sind, Spaltungen und Unruhe in der Versammlung zu stiften?"

Auf diese Aufforderung zur bedingungslosen Unterordnung antwortete ich: „Da Sie mir auch in diesem Berufungsverfahren nicht beweisen konnten oder wollten, daß ich ‚falsche Schriften und Lehren' verbreitet habe, kann ich nur wiederholen, was ich auch dem ersten Komitee sagte: Ich kann über die Wahrheit nicht schweigen."

Das Komitee wollte sich jetzt beraten und schickte deshalb alle Anwesenden aus dem Raum. Nach ungefähr fünf Minuten wurde ich wieder herein gebeten. Herr Ludwig D. teilte mir

nun kühl mit, daß das Komitee nicht anders konnte, als das Urteil des Bockenheimer Komitees zu bestätigen.
„Das habe ich erwartet", sagte ich, „denn das hat doch euer lieber Bruder Paul M. schon einige Wochen vorher ausgeplaudert."
„Das hat damit gar nichts zu tun", meinte Herr D., „sondern das ist unsere persönliche Entscheidung. Aufgrund der Ergebnisse dieser Verhandlung konnten wir nicht anders handeln."
„Das ist mir klar, denn Sie haben ja die Verhandlung so geführt, daß es gar nicht anders ausgehen konnte, es kommt mir so vor, als ob Sie von höherer Stelle den Auftrag hatten, das Urteil des ersten Komitees auf jeden Fall zu bestätigen. Denn warum lehnten Sie es ab, über die Dokumente zu diskutieren? Doch wohl nur, weil Ihnen inzwischen klar geworden ist, daß diese der Wahrheit entsprechen!"
„Das ist also nicht so", meinten nun die Ältesten. „Außerdem haben Sie doch die Möglichkeit, einen Wiederaufnahme-Antrag zu stellen."
Nur ein Mensch, der sich bewußt ist, daß er falsch gehandelt hat, ist bereit, die demütigende und den eigenen Willen zerstörende Behandlung im Falle einer Wiederaufnahme zu ertragen. Wer dieser Tortur, ein Jahr die Versammlung zu besuchen, von keinem begrüßt zu werden und nur still in der letzten Reihe zu sitzen, aushält, dürfte für alle Zeiten den „Geist der Kritik" verloren haben.
Ich sagte nun diesem Komitee: „Selbst wenn ich das auf mich nehmen würde, so ist mir doch aus den ‚Königreichsdienst-Fragen' bekannt, daß ich in dem Fall niemals wieder ein Dienstamt bekommen würde. Deshalb ist es mir nicht egal, ob ich durch ein revidiertes Urteil oder durch einen Wiederaufnahme-Antrag in die Versammlung zurückkomme."
„Diese Broschüre, auf die Sie sich da beziehen, ist ja gar nicht mehr gültig. Und gerade die Möglichkeit der Wiederaufnahme wurde inzwischen sehr verbessert", meinte der Predigtdienst-Aufseher Herr T.R. „So können Sie jetzt schon nach drei Monaten einen entsprechenden Antrag stellen, und das würde ich Ihnen auch empfehlen." Bei diesen Worten muß ihm doch das Gewissen geschlagen haben, denn meine Frau hatte ihn beob-

achtet und festgestellt, daß sein Mienenspiel peinlich betreten wirkte.
Auf meine Bitte, mir doch als Beweis für seine Behauptung, die Broschüre wäre nicht mehr gültig, die neue Ausgabe zu zeigen, mußte er bekennen, daß er sie nicht habe. Es fiel auf, daß auch der Älteste Herr Lothar E. meiner Frau gegenüber die gleiche Behauptung aufstellte und dann den Beweis dafür nicht bringen konnte.
Abschließend möchte ich noch einmal kurz auf die Zeugen des Komitees eingehen. Während ich nach ihrer Lehre „um mein Leben kämpfte", vertrieben sie sich die Zeit mit deftigen Witzen. Zeitweise drang ihr Gelächter bis in den Verhandlungsraum vor und brachte selbst den Aufseher Herrn Ludwig D. in Verlegenheit. Auch der Vorsitzführende Aufseher des ersten Komitees, Herr Paul M., mußte des öfteren zurechtgewiesen werden, denn er störte durch sein höhnisches Gelächter mehrfach den Ablauf der Verhandlung.
Für mich war nun nicht nur diese Verhandlung vor dem „Rechtskomitee" der Zeugen Jehovas zu Ende, sondern auch ein Lebensabschnitt, der immerhin achtzehn Jahre gedauert hatte. Ich schickte einen ausführlichen Bericht über beide Verhandlungen an das Zweigbüro der Wachtturm-Gesellschaft in Wiesbaden. Nachdem ich auf sieben Schreibmaschinenseiten meine Erfahrungen geschildert hatte, gab ich zusammenfassend meinen Eindruck wieder:
„Ich wurde vor 18 Jahren aus Überzeugung ein Zeuge Jehovas, weil ich von der Ehrlichkeit und dem eifrigen Bemühen, Jehova Gott zu dienen, angetan war. Ich habe in dieser Zeit viel über die Bibel kennengelernt (dachte ich) und habe mich auch bemüht, den Anforderungen der Wachtturm-Gesellschaft nachzukommen, da ich all dies für Jehova Gott zu tun dachte. Dann mußte ich erkennen, daß die Gesellschaft in ihrer 100jährigen Geschichte doch sehr viele Fehler machte, die unmöglich von Gott stammen konnten. Einige Dokumente, die mir zugänglich gemacht wurden, bestätigen dies. Einige Brüder, denen ich mich anvertraute, waren auch sehr erstaunt. Natürlich erfuhren auch die Ältesten davon, diese halfen uns nun nicht, sondern behaupteten einfach, das sind alles Fälschungen, und verlangten die sofortige Vernichtung der Dokumente und beleg-

ten uns mit Redeverbot ... Sie sehen also, daß es mir sehr schwer fallen wird, jemals wieder an die Wahrhaftigkeit und Ehrlichkeit der Wachtturm-Gesellschaft zu glauben. Deshalb muß ich Sie um folgendes ersuchen:

1. Eine Bescheinigung, in der Sie mir bestätigen, daß ich kein Mitglied der Wachtturm-Gesellschaft e. V., also kein Zeuge Jehovas mehr bin ...
2. Die Herausgabe meiner Mitgliedskarte (Verkündigerkarte), die mir die Ältesten verweigerten ...

Die Erfahrungen zeigen, daß ich sicher nicht mit einer Antwort von Ihnen rechnen kann, doch würde es mich sehr freuen, wenn ich in diesem Punkte falsch unterrichtet wäre. In der Hoffnung, wenigstens die Bescheinigung zu erhalten, ohne weitere Schritte einleiten zu müssen, verbleibe ich mit freundlichen Grüßen. gez. Wunderlich“

Auf diesen Brief hin hüllte sich die WTG erst einmal in Schweigen. Als ich nach acht Wochen immer noch keine Antwort hatte, mahnte ich diese mit meinem Schreiben vom 3.5.1976 einfach an. Auf dieses Schreiben reagierte die WTG wie folgt:

SCB:SSB 12. Mai 1976
Werter Herr Wunderlich!
Wir sind im Besitz Ihres Schreibens vom 3. Mai 1976. Haben Sie bitte Verständnis dafür, daß für uns gemäß dem Status, in dem Sie sich befinden, keine Notwendigkeit besteht, einen Gedankenaustausch auf schriftlicher oder mündlicher Ebene zu führen. Mit dieser Feststellung wollen wir lediglich das jetzt bestehende Verhältnis abgrenzen. Ihre Verkündigerdienstkarte, die wir als unser Eigentum betrachten, ist kein Mitgliedsausweis. Da sie für uns keine Bedeutung mehr hat, ist sie vernichtet worden.
Die Ältesten der Versammlung Frankfurt-Bockenheim werden Ihnen mitteilen bzw. haben Ihnen mitgeteilt, daß Ihnen die Gemeinschaft entzogen worden ist. Dieses Schriftstück können Sie als Bestätigung dafür betrachten, daß Sie kein Zeuge Jehovas mehr sind.

Sicher wissen Sie, daß wir als Folge der Autonomie unserer Gesellschaft das Recht haben, uns von solchen Personen zu distanzieren, die offen oder auch in versteckter Form gegen uns arbeiten. Daß Sie dies weiterhin tun wollen, ist dem Bericht des Komitees, das Ihren Gemeinschaftsentzug überprüfte, zu entnehmen. Im Zusammenhang damit möchten wir nicht unerwähnt lassen, daß ein Gemeinschaftsentzug eine rein innerorganisatorische Maßnahme darstellt und deshalb in keiner Weise, auch nicht hinsichtlich der formellen Gültigkeit, der Überprüfung im ordentlichen Rechtsweg unterliegt.
An Ihnen haben sich nun die Worte aus 1. Joh. 2:19 erfüllt. Ob Sie zukünftig in Übereinstimmung mit Matth. 24:48,49 sagen: ‚Mein Herr bleibt noch aus' und Ihre Aufgabe darin sehen, ‚Ihre Mitsklaven zu schlagen', wird die Zukunft zeigen. Wir verbleiben im theokratischen Dienst
Wachtturm B. & T. Gesellschaft
DEUTSCHER ZWEIG E. V.
cc: F-Bockenheim
F-Eschersheim

Ich glaube, die Arroganz des Briefes spricht für sich. Das Gebot der christlichen Nächstenliebe, das auch Feinde und Andersdenkende einschließt, zitiert die WTG sehr gerne, wenn es um ihre eigenen Interessen geht. Fühlt sie sich aber stark und mächtig einem Einzelnen gegenüber, so handelt sie ganz anders.
Ist diese Einstellung aber christlich? Nach Matthäus 12,7 gibt Jesus Christus folgende Antwort: „Wenn ihr aber wüßtet, was das sei: ‚Ich habe Wohlgefallen an Barmherzigkeit und nicht am Opfer' – hättet ihr die Unschuldigen nicht verdammt." (Luther)
Doch wie sieht die praktische Anwendung der Worte Jesu innerhalb der Wachtturm-Gesellschaft aus? Ihre Zeitschrift „Der Wachtturm", Ausgabe vom 15.12.1961 (Artikel: „Mit der Loyalen Organisation prophezeien", Seite 752–759), gibt darauf eine eindeutige Antwort:
„Was sollten Gott hingegebene getaufte Eltern in einem solchen Fall tun? Sie dürfen ihrer Zuneigung nicht freien Lauf lassen, sie dürfen selbst einen solch lieben Angehörigen, dessen Geburt sie veranlaßt haben, nicht verschonen." (S. 757)

Eine Seite weiter heißt es: „Beim theokratischen Volke Israel der alten Zeit wurden solche falschen Propheten vor Zeugen verhört, bloßgestellt und zu Tode gesteinigt (5. Mose 13:1–11). Heute kann die wahre Christenversammlung an Propheten, die Trug reden und andere dazu verleiten wollen, Gott und seinem Königreich gegenüber unloyal zu sein, keine solche Todesstrafe vollziehen. Die Versammlung kann sie aber geistig, mit der Wahrheit aus Gottes Wort, schlagen und sie an Herz und Geist schmerzlich verwunden." (S.758)

20. Ordentlich und moralisch bis zur Unmenschlichkeit

Das Beispiel des „Blutverbotes“

Seit jenen Ereignissen sind jetzt eine Reihe von Jahren vergangen. Mein Bericht wäre unvollständig, wenn ich nicht über die Zeit nach meinem „Ausschluß aus der Gemeinschaft der Zeugen Jehovas“ berichten würde. Entgegen meiner Annahme war danach die Auseinandersetzung mit dieser Organisation noch nicht beendet.

Mir war inzwischen klar geworden, daß von seiten der WT-Aufseher keine Aufrichtigkeit und Ehrlichkeit in Glaubensdingen zu erwarten war. Aussprüche wie: „Das haben wir euch aber auferlegt“ (nämlich kritiklos zu schweigen) und „Es bedeutet euer Leben, wenn ihr auf uns hört“, offenbarten die wahre Triebfeder ihres Handelns: Macht, Geltungsbedürfnis und Angst vor der Wahrheit.

Neben solchen Aufsehern hatten wir bei den Zeugen Jehovas viele einfache und, wie wir glaubten, aufrichtige Menschen kennengelernt. Doch auch diese unsere letzte Illusion über die Zeugen Jehovas wurde uns recht unsanft genommen. Mit einigen Zeugen waren wir jahrelang freundschaftlich verbunden. Ihnen berichteten wir ausführlich über die Komiteeverhandlungen. Sie waren besonders darüber entsetzt, daß uns die Aufseher „verurteilt“ hatten, obwohl wir nachweislich nichts Falsches gesagt oder schriftlich verbreitet hatten. So groß ihre Empörung auch war, trauten sie sich dennoch nicht, die Aufseher danach zu fragen oder gar zur Rede zu stellen. Wir waren ja der offensichtliche Beweis, was einem passiert, wenn man es wagt, an der WTG Kritik zu üben, und sei sie noch so berechtigt. Um nicht bei den Aufsehern in Verdacht zu geraten, mit „Ausgeschlossenen“ zu verkehren (was so viel bedeutet, als würden sie sich an den Sünden der Betreffenden beteiligen), zogen sich alle „Freunde“ bis auf ein Ehepaar von uns zurück. „Wir können eure Schilderung nicht beurteilen, denn wir waren ja nicht dabei.“

Mit solchen oder ähnlich fadenscheinigen Ausreden wollten sie plötzlich nichts mehr von uns wissen. Alle meinten entschuldigend: „Ihr wißt doch selbst, daß wir die Entscheidung der Aufseher nicht kritisieren dürfen. Wenn die wirklich Fehler gemacht haben, müssen sie das selbst vor Jehova verantworten." Mit dieser angstvollen und unterwürfigen Formulierung endeten langjährige Freundschaften. Die vielleicht noch verbliebene Zuneigung unserer ehemaligen Brüder wich kurze Zeit später einer feindseligen Haltung. Mit zwei typischen Erlebnissen möchte ich das illustrieren.
Ein wichtiger Zweig des Felddienstes für Zeugen Jehovas ist der sogenannte „Straßendienst". Ein beliebter Standplatz in Frankfurt-Bockenheim waren die Kaufhäuser. Hier nutzte ich jetzt oft die Gelegenheit, um mich an Diskussionen zwischen Passanten und Zeugen Jehovas zu beteiligen. Dabei erzählte ich den Leuten einige charakteristische Tatsachen über die WTG und deren Vertreter. Es läßt sich denken, daß die Zeugen Jehovas nicht gerade erfreut über diese Enthüllungen waren. Wie man mir später sagte, hatten aufgeklärte Passanten die Zeugen Jehovas mit diesen Dingen konfrontiert und eine Erklärung gefordert. Die meisten meiner ehemaligen Brüder konnten nur betroffen schweigen und zogen es vor, ihren Wachtturm einzupacken und zu gehen.
Ein guter Bekannter, Gustav F., folgte jedoch besser als die anderen Zeugen dem schlechten Beispiel seiner Aufseher. Er wollte nicht kampflos das Feld räumen, als ihn ein Passant fragte, was wohl die WTG damit bezwecke, wenn sie in ihrer Literatur wissenschaftliche Zitate sinnentstellend wiedergibt. Aufgebracht antwortete er: „Das können Sie doch nur vom Wunderlich haben! Der ist doch vom Satan besessen. Außerdem muß ich dazu sagen, der Wunderlich ist doch total unglaubwürdig, der hat früher schon einmal im Gefängnis gesessen."
Die Familie von Gustav F. und wir kannten uns durch die Versammlung seit dreizehn Jahren. Ihm war sehr wohl bekannt, daß ich wegen meiner Überzeugung als *Zeuge Jehovas* keinen Wehr- und Wehrersatzdienst leisten durfte. Er wußte ganz genau, daß ich nur aus diesem Grund im Gefängnis war. Dennoch versuchte er bei dem Passanten den Eindruck zu erwecken, ich hätte eine kriminelle Vergangenheit und sei deshalb unglaubwürdig.

Nicht weniger schäbig verhielten sich meine eigenen Eltern. Getreu dem WT-Befehl, daß ein „Ausgeschlossener“ für seine Eltern als „geistig tot“ zu gelten habe, brachen sie, wie ich oben schon erwähnte, erst einmal jede Verbindung zu uns ab. Meine Bemühungen, die Beziehungen aufrechtzuerhalten, wurden bewußt ignoriert. Kurz nach den Komiteeverhandlungen meldeten wir telefonisch unseren Besuch an. Der Empfang war mehr als frostig. Meine Mutter saß in der Küche und löste Kreuzworträtsel und tat so, als bemerke sie uns nicht. Abends besuchten beide demonstrativ die Versammlung. Meine katholische Schwester mußte die Pflichten des Gastgebers übernehmen. Das tat sie bereitwillig, obwohl sie eigentlich bei Freunden eingeladen war. Als meine Eltern spät abends zurückkamen, taten sie erstaunt und fragten sie, warum sie denn nicht fortgegangen sei. „Sie weiß eben, was Gastfreundschaft ist“, warf ich ein. „Das sollte wohl ein Wink mit dem Zaunpfahl sein“, gab Vater zurück. „Ja“, sagte ich, „oder willst du behaupten, daß ihr euch heute nachmittag christlich verhalten habt?“

Vater war sich natürlich bewußt, daß er als „wahrer Christ“, als solcher fühlte er sich ja jetzt, anders hätte handeln müssen. Aber die Aufseher seiner Versammlung übten schon damals einen starken Druck auf ihn aus. Um nun sein Gewissen zu beruhigen, plapperte er getreulich die Worte nach, die er von seinen Aufsehern gehört hatte: „Wir brauchen dir gegenüber doch keine Gastfreundschaft mehr zu üben, du bist doch jetzt der *‚Antichrist‘!*“ Die WTG behauptet, daß nur sie die Menschen zu wahren Christen erziehen kann. Ihre ganze Handlungsweise und die ihrer Anhänger paßt aber nicht zu dieser Anmaßung. Jehovas Zeugen betonen gerne und oft, daß sie gesetzestreue Bürger seien und einen untadeligen Lebenswandel im weltlichen und christlichen Sinne führten. Auch versäumen sie es nie, bei jeder günstigen Gelegenheit sich selbst über den grünen Klee zu loben. In zahlreichen Artikeln der WT-Literatur, am liebsten aber auf großen und noch größeren Kongressen für die „Öffentlichkeit“ spinnt man an dieser Geschichte. Meistens hat dann auch irgendeine „berühmte Persönlichkeit“ (von der allerdings kein Zeuge je etwas gehört hat) festgestellt, daß die Zeugen Jehovas die „saubersten, ehrlichsten und moralischsten" Menschen sind. Mit der Sauberkeit hat das sicherlich seine Richtigkeit. Jehovas Zeugen würden auf ihren Kongressen niemals Papier und Abfall anderswohin als in die Papierkörbe werfen. Dieser Umstand erfüllt dann regelmäßig die Redner in eigener Sache mit großem Stolz: „Auch in solchen Dingen erkennt man eben das wahre Volk Gottes", argumentieren sie, „und die Öffentlichkeit muß das alles staunend zur Kenntnis nehmen."

Die läßt sich in der Tat oft davon beeindrucken. Fast regelmäßig liest man in den Lokalzeitungen, wie sauber und ordentlich es auf den Kreis-, Bezirks- und Weltkongressen aussehe. Die Teilnehmer seien alle vergnügt und sähen adrett gekleidet aus. Auch rauchen Jehovas Zeugen nicht, halten sich auch in dieser Beziehung „rein". Was sich allerdings hinter dieser selbstgefälligen Weißmacher-Fassade verbirgt, davon hat die Öffentlichkeit zumeist keine Ahnung. Nur bei spektakulären Fällen bekommt sie manchmal etwas davon mit, daß brave Sauberkeit und angepaßtes Verhalten überhaupt nichts mit moralischer Anständigkeit (oder gar Nächstenliebe) zu tun haben. Das beweist vor allem die unter Jehovas Zeugen nicht besonders populäre „Blutfrage", obwohl gerade sie verbissen und ohne jedes menschliche Mitgefühl im Wachtturm-Sinn durchgeboxt wird.

So ging im Sommer 1976 der Fall des verunglückten Markus Krüger durch die Presse. Der 10jährige Bub stürzte während eines Urlaubs vom Balkon einer Pension. Die schweren Verletzungen und der hohe Blutverlust des Jungen hätten eine sofortige Bluttransfusion erfordert. Vater Krüger damals zu den Ärzten: „Eine Bluttransfusion lehnen wir aus religiösen Gründen ab." („Stern", 29.7.1976, S. 32)

Später, als ihm eröffnet wurde, daß sein Kind sterben würde, wenn er nicht einer Bluttransfusion zustimme, blieb er dabei: „Wenn mein Kind fremdes Blut bekommt, ist es mein Kind nicht mehr. Dann können Sie es gleich behalten." („Stern", 29.7.1976, S. 94)

Vater Krüger und mit ihm alle Zeugen Jehovas lehnen auf Veranlassung der WTG „Blutgenuß", worunter sie auch eine Bluttransfusion verstehen, rundweg ab. Mit welcher Begründung? Findet sich etwas derartiges überhaupt in der Bibel, auf die allein die Zeugen sich doch zu stützen meinen? Oder sind es vielmehr Spekulationen und Theorien der WTG, mit der sie die Bibelgemäßheit des Bluttransfusions-Verbotes erst nachträglich zu beweisen versucht?

Ausgangspunkt für die Lehre vom Bluttransfusions-Verbot ist das sogenannte noachitische Gebot, das in der WT-Broschüre „Blut, Medizin und das Gesetz Gottes“ (Brooklyn und Wiesbaden 1961) folgendermaßen dargestellt ist:

„Gottes Verordnung hinsichtlich der Verwendung des Blutes ist auf Gottes Äußerung zurückzuführen, die er gleich nach der Sintflut, vor über 4300 Jahren, Noah gegenüber machte. Damals erlaubte Gott dem Menschen zum ersten Male, seiner Kost auch Fleisch beizufügen, als er sprach: ‚Jedes sich regende Tier, das lebendig ist, mag euch als Speise dienen. Wie die grünen Pflanzen gebe ich euch alles. Nur das Fleisch mit seiner Seele – seinem Blute – sollt ihr nicht essen.‘ (1. Mose 9:3,4 NW) Vorher war diese Frage nicht entstanden. Der Mensch hatte nur seelenlose Früchte und vegetarische Speise gegessen. Jetzt aber, da der Mensch auch Fleisch zur Speise erhielt, verbot der Schöpfer ausdrücklich, Blut zu essen.“ (S. 4)

Erste Fragen erheben sich. Ist der biblische Gott wirklich ein so pedantischer Despot, daß er in einer Mischung von Kindersprache und Bürokratenkauderwelsch „Verordnungen hinsichtlich der Verwendung des Blutes“ erläßt, die keine Ausnahmen dulden, oder sind dies bloß die höchst menschlichen Gottesvorstellungen der WT-Theologen aus Brooklyn, USA?

Um das zu entscheiden, muß man nach dem Sinn dieses noachitischen Gebotes fragen. Die Bibelkommentatoren machen klar, daß in einer Welt und Kultur wie der altorientalischen und biblischen das Blut als wesentlicher Sitz des Lebens galt. Entsprechend hätte es abergläubische und magische Praktiken gegeben, sich durch „Blutgenuß“ die Lebenskräfte des geschlachteten Tieres anzueignen. Unter solchen Voraussetzungen kann man als wirklich Gläubiger Gottes Oberhoheit über das Leben tatsächlich nicht besser zum Ausdruck bringen, als wenn man sich „des Blutes enthält“. Das ist dann Tradition und rituelle Handlung geworden, mit der Israel bis auf den heutigen Tag Gott als den alleinigen Schöpfer und Lebengeber ehrt. Bis heute essen gläubige Juden deshalb nur geschächtetes Fleisch. Daß

in Israel Bluttransfusionen verboten sind, habe ich aber noch nie gehört.
Auch unter Christen galt das Blutverbot lange Zeit als wesentlicher Ausdruck des Respektes dem Schöpfergott gegenüber. Im 15. Kapitel der Apostelgeschichte, auf dem sogenannten Apostelkonzil, zeigt sich diese Haltung. Auch viele Kirchenväter berichten davon, daß die frühen Christen sich von ihrer heidnischen Umwelt durch das Nichtessen von unausgeblutetem Fleisch und Blutwürsten bewußt unterscheiden wollten. Um ihr Blutverbot auch für *heutige* Christen zu begründen, erwekken die WT-Theologen jedoch den Eindruck, als ob *einzig diese* Haltung christlich sei. Die Worte Jesu: „Hört zu und begreift: Nicht was in den Mund hineinkommt, macht den Menschen unrein, sondern was aus dem Munde herauskommt, das ist es, was ihn unrein macht!" (Mt. 15, 11 nach Wilckens, vgl. Mk. 7, 15), bleiben dabei völlig unberücksichtigt. Gott ehren, so sagt Jesus klar, ist eine Sache des Herzens und der Gesinnung und nicht sturer Gesetzeserfüllung, mit der die Menschen zumeist nur lebendige Verantwortung durch lieblosen Schematismus ersetzen.
Über solche Stellen der Bibel hinwegzulesen, die zu ihren Lehren nicht passen, ist altbewährte WT-Methode wie übrigens aller, die die Bibel zu Machtzwecken mißbrauchen. Die WTG macht bei ihren Manipulationen aber auch besonders gern Anleihen bei Wissenschaftlern, die sie sonst bei jeder sich bietenden Gelegenheit verächtlich macht. In der Blutbroschüre von 1961 wird der Bibelkommentar eines gewissen Benson aus dem Jahre 1839 bemüht, um die Beschlüsse auf dem Apostelkonzil als für heutige Christen verbindlich zu erklären.
Richtig „überzeugend" wird es aber, wenn in angeblicher Übereinstimmung damit „Dr. Franz Delitzsch, der bekannte Bibelkommentator" – wer und vor allem welcher Zeuge kennt ihn? – gesagt haben soll, „daß dies nicht eine Anforderung des jüdischen Gesetzes sei, die abgeschafft werden müßte, sondern für alle Menschenrassen bindend sei und niemals widerrufen worden wäre, man müsse also eine heilige Scheu vor dem im Blute wallenden Lebensprinzip haben". (Blut, Medizin und das Gesetz Gottes, S. 6)
An dieser Stelle wird der Eindruck erweckt, als ob Delitzsch

(1813–1890) behauptete, daß das „Verbot der Blutkonsumierung“ für alle Menschen heute noch gilt. Im Zusammenhang des Originalzitates steht freilich etwas ganz anderes. Lediglich der Halbsatz, in dem Delitzsch über die „heilige Scheu vor dem im Blute wallenden Lebensprinzip“ spricht, ist in seinem „Kommentar“ zu finden. (Neuer Commentar über die Genesis, Leipzig, 5. Auflage 1887, S. 188). Die restliche Aussage, in der Delitzsch angeblich behauptet, „daß dies nicht eine Anforderung des jüdischen Gesetzes sei, die abgeschafft werden müßte“ (s.o.), ist von der WTG frei hinzuerfunden worden. Im Gegenteil, Delitzsch sagt über das Verbot des Blutgenusses, daß es „*nicht* mit alttest. Gesetzeskraft verpflichtet“ (a.a.O. Seite 188). Das steht nur ein paar Zeilen unterhalb des von der WTG verstümmelt zitierten Halbsatzes. Diese gegenteilige Aussage kann also dem Broschürenschreiber unmöglich entgangen sein. Dabei hat für Franz Delitzsch als Pietisten und Lutheraner nach der Theologie des Apostels Paulus sowieso jegliches Gesetzesdenken im alttestamentlichen Sinne seine Gültigkeit verloren. Deshalb bezeichnet er in früheren Auflagen seines Genesis-Kommentars die Beibehaltung des Speisegebotes sogar als „unevangelisch“ (Commentar über die Genesis, Leipzig, 4. Auflage 1872, S. 226 und 3. Auflage 1860, S. 272 f).

Das Unredliche einer solchen Zitierweise zu erkennen, bedeutete für uns einen schweren Schock. Durfte eine „Organisation der Wahrheit“, mit welcher Selbsteinschätzung die WTG sich nicht eben bescheiden über alle anderen religiösen Gemeinschaften erhebt, solche Unehrlichkeiten und Manipulationen begehen? Dies war doch wirklich mehr als eine zufällige Entgleisung, wofür der Aufwand spricht, mit dem die WT-Autoren das Delitzsch-Zitat für ihre Zwecke zubereitet hatten. Und dabei waren wir immer noch nicht beim Bluttransfusions-Verbot, dessen Bibelferne uns im Lichte solcher Zitattricks immer mehr zum Bewußtsein kam. Wozu dieser ganze Aufwand an Argumentation, Redekunst und versuchter bibelwissenschaftlicher Rückendeckung, wenn wirklich alles so einfach aus der Bibel zu entnehmen war, wie wir es selbst beim „Zeugnisgeben“ an unzähligen Haustüren den Leuten immer wieder versichert hatten? Gerade als Jehovas „Zeugen“ waren wir im ge-

nauen Sinne dieses Wortes stolz darauf, daß wir gegenüber allen anderen weltlichen und kirchlichen Organisationen immer auf absolute Ehrlichkeit halten wollten. Aber wie verhielt es sich damit bei den Herren unserer „Leitenden Körperschaft"? Inzwischen hat die WTG eine neue Blutbroschüre herausgebracht, mit der sie unter dem Titel „Jehovas Zeugen und die Blutfrage" (Brooklyn und Wiesbaden 1977) einen neuen Anlauf nimmt, das Bluttransfusions-Verbot biblisch zu begründen. Interessanterweise hatte man das Delitzsch-Zitat fallengelassen, was unsere Kritik nachträglich bestätigte. Hatte man den Fehler eingesehen? War die WT-Führung ehrlicher geworden in ihren Argumenten?
Doch gleich fiel uns auf, daß die Zahl der von der WTG zu ihren Gunsten zitierten Bibelkommentare stark angestiegen war. Der Heidelberger Alttestamentler Professor Gerhard von Rad (1901–1971) und der Göttinger Theologieprofessor Walther Zimmerli sowie die Rabbiner Benno Jacob (1862–1945) und W. Gunther Plaut (* 1907) kamen mit ihren Kommentaren zum biblischen Buch Genesis zu Wort. Diesmal zu Recht? Dies war die spannende Frage, die wir uns stellten. Hatte man wenigstens jetzt sinngemäß richtig und nicht gegen die ausdrückliche Meinung der Autoren zitiert? Inzwischen hatten wir begriffen, daß die WTG all diese Zitate dringend brauchte, um ihren Lehren den Anschein von wissenschaftlicher Seriosität und Zeitgemäßheit zu verleihen. Nicht selten waren wir ja von gut informierten Leuten in Sachen Naturwissenschaft und Bibelkunde als „Hinterwäldler" und „Vorgestrige" bezeichnet worden. Doch hatten wir bald Grund zu der Annahme, daß die WTG ihre fragwürdigen Methoden nicht geändert hatte. Ich möchte das am Zitat von Prof. Walther Zimmerlis erläutern, mit dessen Hilfe die Blutbroschüre-Autoren die Frage „Gilt das Blutverbot daher auch noch für Christen?" (Seite 10–12) positiv für sich zu entscheiden versuchen.
Zu den Beschlüssen auf dem Apostelkonzil, die im sogenannten Aposteldekret festgehalten sind, heißt es in der Broschüre der WTG: „Über dieses christliche Dekret schrieb Professor Walther Zimmerli von der Universität Göttingen folgendes: ‚Die erste judenchristliche Gemeinde macht in der Entscheidung, von der Apg. 15 berichtet, einen Unterschied zwischen

dem durch Moses an Israel gegebenen Gesetz und dem in Noah aller Welt gegebenen Gebot.'" (S. 12, aus: W. Zimmerli: „1. Mose 1–11. Die Urgeschichte" [Zürcher Bibelkommentare], Zürich, 3. Auflage 1967, S. 330)

Das Zitat stimmt wenigstens wortlautmäßig. Aber daß es trotzdem wieder völlig aus dem Zusammenhang dessen gerissen ist, was der Bibelkommentator Zimmerli wirklich gesagt hat und was das genaue Gegenteil der WT-Blutlehre darstellt, kann man an seinem Fortgang erkennen. Die WTG zitiert nämlich nur einen einzigen Satz, herausgebrochen aus einem umfangreichen Gedankengang, der in folgender evangeliumsgemäß-christlicher Schlußpointe gipfelt:

„In der Folge setzt sich die Erkenntnis, daß *Christus* die Befreiung von allem äußeren Ritualgesetz bedeutet, *auch diesem noachitischen Gebot gegenüber* durch. Zugleich wird aber auch hier deutlich, daß Christus nicht nur des Gesetzes Ende, sondern zugleich auch des Gesetzes Erfüllung ist. Wo nämlich ein Mensch, durch den Geist Gottes vom Joch des Gesetzes befreit, dem ‚Gesetz Christi' unterworfen ist (1. Kor. 9, 20 f.), da ist es ganz klar, daß er auch in seiner Herrschaft über die Tierwelt nicht unbegrenzter Herr ist. Da weiß er auch, daß er nicht mehr nach den dunklen Mächten des Blutes in Aberglauben und Zauber greifen muß. So gelangt in Christus auch dieses noachitische Gebot nach seinem tiefsten Sinn zur Erfüllung. *Auch dort, wo Menschen nicht mehr von geschächtetem Fleisch leben.*" (W. Zimmerli, a.a.O. S. 331, Hervorhebung von mir.)

Einen solchen Wissenschaftler und Bibelforscher zitiert die „Leitende Körperschaft" der Zeugen Jehovas, ja beruft sich ausdrücklich auf ihn, um das „noachitische Gebot" auch *heutigen* Christen aufzuerlegen! Wer solche „Zitate" der WT-Führung nicht nachprüft – und alle anderen der oben von der WTG für sich beanspruchten –, muß der Meinung sein, Jehovas Zeugen betrieben tatsächlich eine ehrliche und sachgemäße Bibelforschung im Dienste des Glaubens und der Wahrheit. Leider ist das Gegenteil der Fall. Die Bibel ist zum Macht- und Einschüchterungsinstrument in den Händen der WT-Funktionäre geworden, und kein Zeuge kommt im Traum auf den Gedanken, hier etwas nachzuprüfen, wie es eigentlich sein christliches Gewissen von ihm fordern müßte. Daß die WTG sogar bewußt falsche Bibelübersetzungen zitiert, wenn das ihren Ansichten nützt, habe ich im Kapitel 14 anläßlich 1. Tim. 6, 20 erwähnt.

Doch sind wir immer noch nicht beim Bluttransfusions-Verbot. Wo steht dieses in der Bibel, wenn es der WT-Führung mit ehrlichen Mitteln noch nicht einmal gelingen will, das sogenannte noachitische Gebot heutigen Christen zu erklären? Dennoch möchte ich betonen, daß selbstverständlich jeder das Recht hat, aus Glaubensgründen auf Blutwurst usw. zu verzichten, wie das viele Menschen immer wieder getan haben oder noch tun. Nur meine ich mit dem Bibelausleger Walther Zimmerli, daß dies ein freiwilliger Verzicht ist, der niemandem auferlegt werden kann und erst recht keinem Christen.

Doch die WTG fordert viel mehr von ihren Mitgliedern – und im Grunde von der ganzen Christenheit –, wenn sie verlangt, man solle auf Bluttransfusionen verzichten. Und zwar unter allen Umständen, selbst bei lebensbedrohlichen Unfällen, hohem Blutverlust, bei risikoreichen Kindsgeburten oder bestimmten Blutkrankheiten. Dabei begeben sich die Broschürenschreiber sogar auf das Gebiet der Medizin, indem sie aus mehr als 80 (in Worten: achtzig) medizinischen Büchern und Zeitschriften alle nur erdenklichen Risiken und Zwischenfälle heraussuchen. Zwei Drittel dieser Broschüre bestehen aus solcher Angst- und Panikmache.

Der „biblische" Hintergrund von all dem stellt sich in den Worten der Broschüren-Schreiber folgendermaßen dar: „Der oben erwähnte Bibeltext bezieht sich auf Tierblut. Trifft dieser Grundsatz auch auf Menschenblut zu? Ja, und zwar mit noch größerem Nachdruck. Denn Gott sagte zu Noah weiter: ‚Außerdem werde ich euer Blut, das eurer Seelen, zurückfordern ... Wer irgend Menschenblut vergießt, dessen eigenes Blut wird durch Menschen vergossen werden, denn im Bilde Gottes hat er den Menschen gemacht' (1. Mose 9:5, 6). Wenn nun das Tierblut (das tierisches Leben darstellt) für Gott heilig war, so hat das Menschenblut bestimmt noch größeren Wert. Personen, die sich an diese Richtlinien hielten, würden weder Menschenblut vergießen, das heißt Menschen töten, noch würden sie tierisches oder menschliches Blut zu sich nehmen." (Jehovas Zeugen und die Blutfrage, Seite 6)

Hier haben wir nun den entscheidenden Gedankengang der WT-Bibelausleger, der vom Tierblut zum Menschenblut führt und der das Verbot, Tierblut zu essen, zum Bluttransfusions-Verbot macht. Freilich bekenne ich, daß ich diese verworrene Logik nicht nachvollziehen kann. Was hat denn das Gebot, kein Menschenblut zu vergießen, also keinen Mord zu begehen, mit der Bluttransfusion zu tun? Aber mit solchen Argumenten, also menschlichen Bibelauslegungskunststückchen gezwungenster Art will die WTG ihren Gläubigen beweisen, daß eine Bluttransfusion unbiblisch ist.

Einer der obersten WT-Funktionäre in Deutschland, Konrad Franke, antwortete, auf den Fall Markus Krüger angesprochen: „Wir töten niemanden. Aber wenn wir eine Bluttransfusion zulassen würden, dann wären wir vom göttlichen Standpunkt her Gesetzesbrecher. Ärztliche Kunst kann nicht auf Kosten von göttlichen Gesetzen gehen. Wenn es Gottes Wunsch ist, daß ein Mensch stirbt, dann müssen wir das respektieren." („Stern", 29.7.76, S. 30, 31)

Franke, als Vertreter der WTG, fordert hier ohne Umschweife von den Anhängern, lieber sich selbst oder ihre Kinder zu opfern, als ein „göttliches Gesetz" zu brechen. Für solches Tun hält er ein kleines Trostpflaster bereit: „Dafür kommt dann die Auferstehung..." („Stern", 29.7.76, S. 31)

Zum Schluß des Interviews räsoniert Franke noch ein wenig: „Es geht doch nicht, daß einem Patienten die Behandlungsmethode aufgezwungen wird. Aber für einen Großteil der Öffentlichkeit sind wir Menschen zweiter Klasse. Und Minderheiten kann man ja schlachten, so auch uns." („Stern", 29.7.76, Seite 31) Ich habe eingangs vorgeführt, mit welchen Methoden die WTG ihre Verbote „biblisch" begründet. Es gehört schon einiges dazu, sich dabei so selbstverständlich als Märtyrer darzustellen, wie Franke es in seinem Schlußsatz des „Stern"-Interviews tut.

In dem gleichen Interview sagte Franke auch: „Sehn Sie, die Bibel ist für uns bindendes und oberstes Gesetz wie für den Soldaten der Eid" (a.a.O. S. 31). Diese Denkweise ist typisch für Zeugen Jehovas. Sie wollen damit sagen, man dürfe kein sogenanntes „Gesetz Gottes" brechen, selbst wenn ein Leben davon abhängt. Um sich nun vor der Verantwortung zu drük-

ken, schieben sie dann Gott die Schuld zu: „Wenn es Gottes Wunsch ist, daß ein Mensch stirbt, dann müssen wir das respektieren.“ (a.a.O. S. 30, 31).
Dabei vergessen sie aber, daß selbst weltliche Gesetze durch einen „übergesetzlichen Notstand“ aufgehoben werden können. Wenn ein Leben in Gefahr ist, darf man zum Beispiel bei Rot über eine Kreuzung fahren. Wo schon weltliche Richter Milde walten lassen, um wieviel mehr wird dann ein barmherziger Gott Milde üben. Die Evangelien sind voll von Beispielen, wo Jesus um des Menschen willen Gesetze bricht. Man denke nur an die Übertretungen des Sabbatgebotes:
„Einmal wanderte er am Sabbat durch Kornfelder, und seine Jünger begannen, während sie des Weges zogen, Ähren abzureißen. Da sagten die Pharisäer zu ihm: ‚Sieh, was sie da am Sabbat Unerlaubtes tun!‘ Er sagte zu ihnen: ‚Habt ihr nie gelesen, was David getan hat, als er Entbehrung und Hunger litt zusammen mit seinen Gefährten? Er ging in das Haus Gottes zur Zeit des Hohepriesters Abiathar und aß die Weihbrote, die keiner essen darf außer den Priestern, und gab auch seinen Gefährten davon!‘ Und er sagte zu ihnen: ‚Der Sabbat ist um des Menschen willen da, nicht der Mensch um des Sabbat willen!‘“
(Markus 2, 23–27, Wilckens)
Die Pharisäer warfen Jesus vor, daß seine Jünger Ähren abpflückten, also Erntearbeit verrichteten, was am Sabbat strengstens verboten war. Jesus begegnete dem Vorwurf der Pharisäer mit einer Geschichte über David. David und seine Kampfgefährten waren am Verhungern. Um nicht zu sterben, aßen sie die Weihbrote (oder auch „Schaubrote“, Elberfelder Bibel; „Brote der Darbringung“, NW-Übersetzung) aus dem Heiligtum. Unter normalen Umständen war das bei Todesstrafe verboten. (vgl. Ernst Lohmeyer: Das Evangelium des Markus, Göttingen, 17. Auflage 1967, S. 64). In der Not setzte sich David über das göttliche Gebot hinweg. Mit dieser Geschichte veranschaulichte Jesus das Prinzip „Not kennt kein Gebot“, mit dem er seine Jünger vor den Pharisäern verteidigte. Diese bestanden auf einer buchstabengetreuen Erfüllung göttlicher Gebote. Jesus fordert dagegen ein situationsgerechtes Handeln. Ein Gesetz darf also den Menschen nicht knechten. Um des Menschen willen müssen die Gesetze zurücktreten. Jesus

damals zu den Pharisäern: „Der Sabbat ist um des Menschen willen da, nicht der Mensch um des Sabbat willen." (Markus 2, 27, Wilckens)

Dabei ist es wichtig zu beachten, daß Jesus nicht etwa bloß die pharisäischen Übertreibungen des Sabbatgebotes ignoriert bzw. durchbricht (wie die WT-Gesellschaft behauptet, um Jesu Verhalten die für sie peinliche Spitze zu nehmen), sondern er relativiert das Mosesgesetz selber: „Denn das Gesetz ist durch Mose gegeben; die Gnade und Wahrheit ist durch Jesum Christum geworden" (Joh. 1, 17, Luther-Bibel). Jehovas Zeugen machen doch so gerne aus jedem Bibelwort ein „bindendes Gesetz Gottes", warum nicht auch aus diesem?

Wenn Jehovas Zeugen die Bibel zu einem Gesetzbuch für alle Lebensfälle umfunktionieren, wäre es widersinnig für sie, ein „Gesetz" zu akzeptieren, das ihr Gesetzbuch wieder aufhebt. Also müssen sie solche Beispiele aus dem Leben Jesu ignorieren. Sie fordern vielmehr – man denke nur an das Franke-Interview – blinden Kadavergehorsam, der sich selbst über das Leben des einzelnen hinwegsetzt.

21. Wie wird man die amtliche Eintragung „Zeuge Jehovas" wieder los?

Der Leser unserer Erlebnisse auf dem Weg ins „Paradies" wird verstehen, daß wir keine Lust mehr hatten, auch noch amtlich als Zeugen Jehovas zu gelten. Wie viele unserer ehemaligen Glaubensbrüder hatten auch wir in amtlichen Unterlagen – wie z. B. dem Familienstammbuch – „Zeuge Jehovas" unter der Rubrik „Religionszugehörigkeit" stehen. Diesen Eintrag wollten wir nun ändern lassen. Wir merkten aber bald, daß es gar nicht so einfach war, wie wir dachten.
Da die Wachtturm-Gesellschaft – gleichbedeutend mit Jehovas Zeugen – keine Körperschaft des öffentlichen Rechts ist, ist es nicht möglich, auf dem Amtsgericht seinen Austritt aus dieser Gesellschaft zu erklären, wie das z. B. bei den Großkirchen der Fall ist. Es war deshalb erforderlich, von der WTG ein offizielles Schriftstück zu erhalten, in dem uns die Nicht-Mitgliedschaft bestätigt wurde. Nur dann ist es dem Standesbeamten möglich, das Familienstammbuch zu ändern.
In meinem ausführlichen Bericht über die Komiteeverhandlungen an die WTG in Wiesbaden (8.3.76) forderte ich deshalb eine Bestätigung, „daß ich kein Mitglied der Wachtturm-Gesellschaft e. V., also kein Zeuge Jehovas mehr bin". Darauf bekam ich von der WTG zunächst keine Antwort. Nachdem ich über acht Wochen vergeblich auf eine Nachricht gewartet hatte, blieb mir nichts weiter übrig, als diese anzumahnen (Einschreiben 3.5.76).
Daraufhin bekam ich endlich eine Antwort. Auf meine Bitte, mir eine Bestätigung zu schicken, daß ich kein Zeuge Jehovas mehr sei, teilte man mir mit: „Die Ältesten der Versammlung Frankfurt-Bockenheim werden Ihnen mitteilen bzw. haben Ihnen mitgeteilt, daß Ihnen die Gemeinschaft entzogen worden ist. Dieses Schriftstück können Sie als Bestätigung dafür betrachten, daß Sie kein Zeuge Jehovas mehr sind" (12.5.76).
Diese Zusage der Gesellschaft war aber von den Aufsehern der Versammlung bis zu diesem Zeitpunkt noch nicht erfüllt wor-

den. Deshalb schrieb ich an den damaligen „Vorsitzführenden Aufseher“ Herrn Paul M. und forderte unter Berufung auf die Stellungnahme der WTG die Bescheinigung an. (Einschreiben 4.6.76) Dieser Brief wurde niemals beantwortet.
Später erzählte ich einigen „Zeugen“, die ich im „Straßendienst“ antraf, von dieser nicht gerade feinen Art ihres Aufsehers. Sie meinten entschuldigend: „Nun ja, der Paul ist eben kein Bürokrat. Aber jetzt ist ja der Bruder Stefan B. ‚Vorsitzführender‘, der würde dir ganz sicher diese Bescheinigung ausstellen.“ (Zur damaligen Zeit wechselten sich die Vorsitzführenden Aufseher alle zwölf Monate ab, in der Regel jedoch immer innerhalb des „Dreier-Komitees“.)
Ermutigt durch die Äußerungen meiner ehemaligen Brüder, versuchte ich es noch einmal. In meinem Brief (27.1.77) an den nun amtierenden Aufseher Herrn Stefan B. bezog ich mich abermals auf die Zusage der WTG vom 12.5.76 sowie auf den unbeantworteten Brief vom 4.6.76 und forderte nun von ihm diese Bescheinigung. Doch auch dieser Brief blieb unbeantwortet. Diesmal schickte ich nach vier Wochen eine Erinnerung (Einschreiben mit Rückschein 28.2.77). Dieser Brief kam ein paar Tage später mit dem Vermerk: „Annahme verweigert“, zurück. Jetzt war meine Geduld am Ende! Da ich keine Möglichkeit mehr sah, durch die Aufseher der Bockenheimer Versammlung diese Bescheinigung zu erhalten, setzte ich mich wieder mit der WTG in Wiesbaden in Verbindung.
In meinem Brief (6.3.77) schilderte ich den bisherigen Verlauf meiner Bemühungen und legte die Kopien des geführten Schriftwechsels bei. Ich drohte der WTG eine Klage vor Gericht an, wenn sie nicht endlich die gewünschte Bescheinigung lieferte. Abschließend machte ich noch folgenden Zusatz: „Meine Frau, Karin Wunderlich, die sich durch die Ereignisse, die sie seit dem 13.12.1975 innerhalb der Wachtturm-Gesellschaft erleben mußte, total von dieser abgestoßen fühlt, erklärt hiermit ihren ‚freiwilligen Austritt‘ aus der Wachtturm-Gesellschaft e. V. und wünscht darüber ebenfalls eine Bestätigung. Diese Bescheinigung ist unbedingt wichtig, um den Eintrag ‚Zeuge Jehovas‘ aus dem Familien-Stammbuch zu tilgen.“
Dieser Brief führte nun endlich zu einem Teilerfolg. Zwei Wochen später wurde mir kommentarlos durch das „Rechtskomi-

tee" der Versammlung Ffm.-Bockenheim schriftlich bestätigt, daß ich kein Zeuge Jehovas mehr sei:
„Wunschgemäß bestätigen wir Ihnen schriftlich, wie bereits am 13.12.75 durch das Komitee der Versammlung Frankfurt-Bockenheim ausgesprochen und am 21.2.76 durch das Berufungskomitee bestätigt, daß Sie seit dem 13.12.75 kein Zeuge Jehovas mehr sind.
Wir verbleiben im theokratischen Dienst. Das Rechtskomitee der Vers. Frankfurt-Bockenheim."
Wenn ich von einem „Teilerfolg" sprach, dann deshalb, weil man in diesem Schreiben auf das „Austrittsbegehren" meiner Frau mit keinem Wort eingegangen war. Wie wir in unserem Brief (6.3.77) schrieben, war meine Frau fest entschlossen, aus der Gemeinschaft der Zeugen Jehovas freiwillig auszutreten. Sie schrieb nun zum zweiten Male an die WTG in Wiesbaden (23.3.77) und verlangte nochmals die Bescheinigung darüber, daß sie kein Mitglied der Wachtturm-Gesellschaft mehr sei. Daraufhin bekamen wir unerwartet schnell eine Antwort.
Meine Frau war schon im Kindesalter als Zeugin Jehovas erzogen worden, ich selbst war, ohne die Zeit, in der mich Großmutter in der WT-Lehre unterrichtet hatte, achtzehn Jahre dabei gewesen. Trotzdem hatte die Gesellschaft die Stirn, uns zu schreiben: „Sie haben sich zu irgendeiner Zeit freiwillig, ohne als Mitglied irgendwo aufgenommen worden zu sein, den Zeugen Jehovas angeschlossen, und es bleibt Ihr unbeschnittenes Recht, wieder fernzubleiben." (30.3.77)
Zur verlangten Bescheinigung meinten sie: „Hierzu müssen wir Ihnen mitteilen, daß wir leider nicht in der Lage sind, Ihnen eine solche Bescheinigung auszustellen, da Sie nie Mitglied der Wachtturm Bibel- und Traktat-Gesellschaft gewesen sind." (30.3.77)
Einen Absatz weiter heißt es dazu: „Auch eine Klage vor irgendeinem Gericht würde nichts nützen, da Sie ja auch keine ‚Eintrittsbescheinigung' vorzeigen können." (30.3.77)
Wir waren also trotz Taufe und langjährigem Dienst im „Königreichswerk" nie „Mitglieder" der Zeugen Jehovas gewesen! Jetzt wußten wir ganz genau, was unsere ehemaligen Ober-Aufseher von den kleinen Zeugen Jehovas hielten. Wir erinnerten uns wieder daran, wie gern diese Funktionäre die Masse der

Zeugen Jehovas als „schafähnliche Menschen“ bezeichneten, die so willig auf Jehova und dessen „Kanal“ – die WTG – hören. Nur als wir „Schafe“ die Herde verlassen wollten, sollten wir plötzlich nie dazugehört haben! Unsere Ober-Aufseher hatten uns zwar als „schafähnlich“ tituliert, doch meine Frau und ich wollten deshalb noch lange keine Schafsköpfe sein.
Dieser hämische Brief der Ober-Aufseher, mit seinen triumphierenden Wendungen, konnte unsererseits nicht unbeantwortet bleiben. Er war übrigens der einzige, der mit „freundlichen Grüßen“ abgeschlossen war. Alle anderen Briefe endeten mit einem „wir verbleiben im theokratischen Dienst“. Eine Unterschrift fehlte, wie ich schon erwähnte, in allen ihren Briefen. Nur der Firmenstempel „Wachtturm B. & T. Gesellschaft DEUTSCHER ZWEIG E.V.“ wird am Ende des Briefes aufgedruckt (siehe Kap. 23/III).
Der feine Unterschied, den die „Zeugen“-Funktionäre hier zwischen WTG und Jehovas Zeugen gemacht hatten, und die listige Redeweise von einem „freiwilligen Anschließen“ ohne „Mitgliedschaft“ und „Eintrittsbescheinigung“ war zwar trickreich, aber mit ziemlichen Schwächen behaftet. Denn selbst, wenn meine Frau keine Unterlagen besessen hätte, die ihre „Mitgliedschaft“ unmittelbar beweisen konnten, müßte es doch der WTG leicht gefallen sein, eine Bescheinigung der Nicht-Mitgliedschaft auszustellen. Man sollte so etwas jedenfalls im Rahmen der üblichen Höflichkeit erwarten können.
Aber Tatsache war, daß meine Frau ein „ordinierter Prediger“ der WTG gewesen ist. Dies wurde ihr in der wachtturmeigenen Broschüre: „In Frieden und Einheit Predigen und Lehren“ (Deutsche Ausgabe o.J. – engl. Ausg. 1960) durch die Unterschrift des „Aufsehers“ Ernst Z. der Versammlung Düsseldorf-Gerresheim bestätigt. Diese Ordination wurde am 19. 10.1975 durch einen „Verkündiger-Ausweis“ bestätigt:
„Karin Wunderlich... predigt das Evangelium des Königreiches Jehovas in Zusammenarbeit mit der Versammlung der Zeugen Jehovas“
Dieser Ausweis, der auf der Rückseite eine Erklärung enthielt, daß eine „Bluttransfusion“ aus biblischen Gründen abgelehnt werde, war von dem „Vorsitzführenden Prediger“ der Versammlung Frankfurt-Bockenheim Herrn Paul M. unterschrie-

ben. Auch die „Verkündiger-Dienstkarte", die sie als „A. S." (Wachtturm-Interne Abkürzung für: „anderes Schaf") ausweist, war ein weiterer Beweis für die Zugehörigkeit zu den Zeugen Jehovas. Als „andere Schafe" bezeichnet die WTG die Masse der Zeugen Jehovas, die lediglich „irdische Hoffnung" haben sollen; der Himmel ist nach Wachtturmlehre nur ganz wenigen besonders treuen „Dienern Jehovas" vorbehalten.

Die offensichtlich unverschämte Art der WT-Funktionäre konterte meine Frau im folgenden Brief (Einschreiben 13.4.77):

„In Ihrem letzten Brief teilen Sie mir mit, daß Sie nicht in der Lage sind, mir eine Austrittsbescheinigung auszustellen. Nach Ihrer Ansicht war ich bislang ‚ohne als Mitglied irgendwo aufgenommen worden zu sein, den Zeugen Jehovas angeschlossen' (Ihr Brief vom 30.3.77). Weiterhin sind Sie der Meinung, ich könne keine ‚Eintrittsbescheinigung' vorzeigen. Ohne auf Ihre seltsame Formulierung einzugehen, möchte ich Ihnen mitteilen, daß ich durchaus Unterlagen besitze, die meinen ‚Eintritt' bei den Zeugen Jehovas belegen. ‚Auch eine Klage vor irgendeinem Gericht' (Ihr Brief vom 30.3.77) würde daher sehr wohl etwas nützen. Nicht zuletzt deshalb, weil ich den gleichen Status wie mein Mann hatte und Sie in der Lage waren, ihm durch die Aufseher der Versammlung Ffm.-Bockenheim eine Bescheinigung auszustellen. Ich verlange daher eine gleiche oder ähnliche Austritts- oder Nichtmitgliedschafts-Bescheinigung wie mein Mann. Ob das durch Sie oder durch Ihre Anweisung über die Aufseher der Versammlung Ffm.-Bokkenheim geschieht, ist mir dabei gleichgültig. Hierbei muß ich Ihnen eine Frist von 3 Wochen setzen, da durch Ihre Taktik unnötig Zeit verstrichen ist."

Als Anlage fügten wir einen Brief des Frankfurter Standesamtes bei, der unser Anliegen unterstützte:

„Gemäß § 69a, Bas. 1 und § 14, Abs. 1 Nr. 8 PstG ist die Eintragung Ihres Austritts aus der Religionsgemeinschaft der Zeugen Jehovas (Wachtturmgesellschaft) nur möglich, wenn Sie uns einen entsprechenden Nachweis der o.a. Religionsgemeinschaft vorlegen."

Mit diesem Brief mußte die WTG begreifen, daß wir es ernst meinten. Sie hatte jetzt zwei Möglichkeiten, entweder es darauf ankommen zu lassen und einen Prozeß zu riskieren oder meiner Frau die gewünschte Bescheinigung über ihren freiwilligen Austritt zu geben. Sie ließ es nicht darauf ankommen und steckte zurück. Schon acht Tage später hatten wir die Antwort auf dem Tisch. Von der Arroganz einer sich mächtig fühlenden Gesellschaft war nichts mehr zu spüren. Dieser Brief war im Gegensatz zu den früheren auffallend höflich und verbindlich gehalten:

„Wenn Sie jedoch bescheinigt haben wollen, daß Sie nicht mehr zu der *Gemeinschaft* von Jehovas Zeugen gehören, dann denken wir, daß Ihrer Bitte entsprochen werden sollte.

Wir haben deshalb eine Durchschrift dieses Schreibens den zuständigen Herren der Versammlung Frankfurt-Bockenheim zur Verfügung gestellt und sie gebeten, Ihnen die gewünschte Bescheinigung zur Verfügung zu stellen. Wir hoffen gern, daß wir Ihnen mit obigen Hinweisen dienen konnten und bitten, aufgetretene Mißverständnisse zu entschuldigen."

Diese Entschuldigung war fällig. Denn welches Gericht hätte der WTG abgenommen, daß sie uns eine Nicht-Mitgliedschaft nicht bescheinigen könne? Dies, obwohl sie uns selbst darauf aufmerksam gemacht hatte, daß wir eigentlich nie dazugehört hatten. Jetzt endlich, nach so vielem Hin und Her, versprach die WTG meiner Frau die gewünschte Bescheinigung.

Aufgrund der Zusage waren wir der Meinung, die Aufseher der Bockenheimer Versammlung würden uns nun die Bescheinigung schicken. Doch diese ließen sich erst einmal Zeit. Nachdem die Drei-Wochen-Frist, die wir der WTG gesetzt hatten, längst abgelaufen war und wir noch immer keine Nachricht hatten, schrieben wir wieder nach Wiesbaden (Einschreiben 10.5.77). Wir erinnerten sie an ihr Versprechen und mahnten ihre Zusage an.

Dies zeigte Wirkung: Meine Frau erhielt schon vier Tage später eine ähnliche Nicht-Mitgliedschafts-Bescheinigung wie ich:

„Werte Frau Wunderlich, wunschgemäß bestätigen wir Ihnen, daß Sie nicht mehr zu der Gemeinschaft von Jehovas Zeugen gehören. Wir verbleiben im theokratischen Dienst.

Das Rechtskomitee der Vers. Frankfurt-Bockenheim."

Auch bei diesem Brief konnte es nicht ohne einen kleinen Winkelzug abgehen. Der Brief mit der Bescheinigung wurde drei

Tage nach unserer Mahnung an die Wiesbadener abgeschickt. Der Briefkopf war aber offensichtlich rückdatiert worden, da zwischen Briefdatum (6.5.77) und Poststempel (13.5.77) sieben Tage liegen. Durch diese plumpe Manipulation sollte wohl unsere Mahnung gegenstandslos gemacht werden. Das ganze war so durchsichtig, daß wir uns fragten, ob die Bockenheimer Aufseher ihr Gesicht gegenüber uns oder ihren eigenen Vorgesetzten in Wiesbaden wahren wollten. Vielleicht haben sie aber auch nur die genauen Anweisungen der WTG ausgeführt. Nach allem, was wir bisher erlebten, halten wir die letzte Möglichkeit für die wahrscheinlichste.
Nachdem wir die so lange erwartete Bescheinigung endlich hatten, interessierten wir uns dafür, wie man wohl der Versammlung den freiwilligen Austritt meiner Frau mitteilen würde. Einige „Zeugen", die wir im „Straßendienst" daraufhin ansprachen, berichteten uns, daß das „Rechtskomitee" der Versammlung am Freitag, dem 13.5.77, folgendes bekanntgegeben habe: „Frau Karin Wunderlich mußte wegen Verletzung biblischer Grundsätze die Gemeinschaft des Volkes Gottes *entzogen* werden."
Damit war also bestätigt, was wir von früher wußten: Man kann bei Zeugen Jehovas nicht einfach austreten. Wer aus dieser „Religionsgemeinschaft" wieder heraus will und dies auch noch schriftlich bestätigt haben möchte, wird durch das Rechtskomitee einfach „ausgeschlossen". Denn daß jemand die Organisation Jehovas freiwillig verlassen möchte, ist als Möglichkeit gar nicht vorgesehen. Und nur, weil es für einen Zeugen Jehovas strengstens verboten ist, mit einem „Ausgeschlossenen" zu sprechen, ist es möglich, die wahren Gründe zu verschleiern. Und wehe dem „Zeugen", der die Entscheidung eines „Rechtskomitees", das ja unter der Leitung des Geistes „Gottes" steht, anzweifelt, die Folgen wären die gleichen, wie sie in diesem Buch ausführlich beschrieben werden.
Die Taktik ist klar und eindeutig: Die WTG leugnet die Möglichkeit, daß man sich aus christlichen Gründen von ihr trennen kann, obwohl es gerade die Zeugen Jehovas sind, die lautstark den Kirchenaustritt aus Gewissensgründen propagieren. Ihren Lieblingsbibelspruch „Geht aus ihr hinaus, mein Volk, wenn ihr nicht teilhaben wollt an ihren Sünden" (Offenbarung

18, 4 NW) sehen sie natürlich nicht sehr gern auf sich selber angewendet. Nur die WTG-Funktionäre entscheiden, wer zu den Zeugen Jehovas gehört und wer nicht. Ein „Austritt" – von anderen wohl gefordert – existiert für sie selber nicht. Sie dulden daher keinerlei Gewissensentscheidung, die nicht hundertprozentig auf ihrer Linie ist. Das ist die Konsequenz ihres Anspruchs, auf die „Wahrheit" abonniert zu sein.
Man muß dies wissen, wenn man sein Recht von der WTG fordert. Sie wird immer einen zähen und verbissenen Kampf führen, dabei wird ihr – wie wir erleben mußten – jede Taktik recht und kein Argument zu billig sein.
Bei uns versuchten sie es anfangs mit einer Verzögerungstaktik. Zuerst versprach Wiesbaden die Austrittsbescheinigung, später, als wir die Aufseher deswegen anmahnten, antworteten sie nicht einmal auf unsere Briefe. Schließlich verweigerten sie sogar die Annahme der Mahnung. Ein weiterer Trick ist, daß die Aufseher die Post falsch informieren. Bei unserem Freund Rudolf Martens stand auf einem Einschreibebrief nicht „Annahme verweigert", sondern „Empfänger nicht zu ermitteln". Natürlich stimmte die Adresse, denn sie entsprach genau der Absenderangabe der Aufseher. Um den Brief nicht annehmen zu müssen, hatten sie offensichtlich dem entsprechenden Postbeamten weismachen können, daß ihre eigene Absenderangabe plötzlich nicht mehr existierte. Dies waren übrigens dieselben Aufseher des Eschersheimer Komitees, die meine Berufungsverhandlung geführt hatten.
Man hat verschiedene Möglichkeiten, das Vorgehen der Aufseher zu durchkreuzen. Wichtige Briefe, von denen man befürchten muß, daß die Annahme verweigert wird, schickt man nicht nur in einem Exemplar an die Versammlungsadresse, sondern weitere an die Privatadressen der betreffenden Aufseher. Wenn das auch nichts mehr hilft, sollte man sich direkt an die WTG in Wiesbaden wenden. Wie unser Fall gezeigt hat, antwortet die WTG eher als die Versammlungsaufseher. Man muß sich aber klar sein, daß es nie mit *einem* Brief getan ist. Die WTG wird – wie bei uns – versuchen, einen Briefwechsel in die Länge zu ziehen, damit er vielleicht einschläft.
Im Umgang mit der WTG hilft nur die eigene Hartnäckigkeit weiter, auch darf man nie vergessen, seine Briefe *per Einschrei-*

ben zu schicken. Soll die Bescheinigung über den Austritt aus der „Gemeinschaft der Zeugen Jehovas“ dazu dienen, einen amtlichen Eintrag wie z. B. „Religionszugehörigkeit“ zu löschen, helfen die Behörden weiter.

Uns hatte das Standesamt ein Schreiben ausgestellt, das die Vorlage einer Nicht-Mitgliedschaftsbescheinigung forderte. Dieser Verpflichtung entzog sich selbst die WTG nicht mehr. Dabei darf man sich nicht von dem Argument der WTG täuschen lassen, daß man ja eigentlich gar kein Mitglied bei der „Vereinigung der Zeugen Jehovas“ sei. Sie macht hier trickreich einen feinen Unterschied zwischen „Wachtturm Bibel- und Traktat-Gesellschaft, Deutscher Zweig e. V.“ und der „Vereinigung der Zeugen Jehovas e. V.“ einerseits und einer vagen „Gemeinschaft der Zeugen Jehovas“ andererseits. Die ersten beiden Gesellschaften sind eingetragene Vereine, nur die wenigsten Zeugen Jehovas gehören dazu: „Die Vereinigung soll nur so viele Mitglieder haben, daß ungefähr je einer von 1000 Zeugen Jehovas in Deutschland Mitglied ist, jedoch soll die Zahl der Mitglieder 100 nicht übersteigen.“ (§ 3 der Satzung der WTG in der Fassung vom 21. April 1962, Vereinsregister im Amtsgericht Wiesbaden)

Dem Verein auf örtlicher Versammlungsebene gehören selten mehr als sieben Mitglieder an. Diese sind der WTG besonders ergeben und extra für diesen Zweck ausgesucht. Dagegen sagt man von den anderen Zeugen Jehovas, daß diese sich „zu irgendeiner Zeit freiwillig, ohne als ‚Mitglied‘ irgendwo aufgenommen worden zu sein, den Zeugen Jehovas angeschlossen“ hätten. Die „freiwilligen“ Leistungen, die diese Menschen jahrelang „ihrer“ Gesellschaft entgegenbringen, berechtigen noch nicht einmal dazu, im Falle eines „Austritts“ die eigene Nicht-Mitgliedschaft bestätigt zu bekommen. Indem aber die WTG-Funktionäre „Ausschlüsse“ aussprechen, geben sie eindeutig zu, daß der Betreffende irgendwann den Zeugen Jehovas *angehört* haben muß!

Daß diese üble Methode bisher Erfolg hatte, ist nur deshalb möglich, weil die Enttäuschung derjenigen, die die Wahrheit über die WTG erkannt haben, in der Regel so groß ist, daß sie nur noch ihre Ruhe haben wollen. Sie nehmen lieber in Kauf, amtlich noch immer als Zeugen Jehovas zu gelten, als sich in einen aufreibenden Schriftwechsel mit der WTG einzulassen. Doch so leicht braucht man nicht zu kapitulieren. Fühlt man sich den Winkelzügen der WTG nicht gewachsen, sollte man sich von einem Rechtsanwalt helfen lassen. Dies muß keine großen Kosten verursachen, denn die staatlichen und kirchlichen Sozialstellen können eine kostenlose Rechtsberatung vermitteln.

Der kürzeste Weg, ein offizielles Schriftstück in die Hand zu bekommen, ist die *Beglaubigung des eigenen Austritts vor einem Notar.* Man braucht nur der WTG in Wiesbaden und vielleicht noch den Aufsehern der Ortsversammlung einen Einschreibebrief zu schicken, in dem der Austritt aus der *Gemeinschaft* der „Zeugen Jehovas" erklärt wird. Den Durchschlag davon mit der postalischen Einschreibebestätigung legt man dann einem Notar vor.

Durch die notarielle Beglaubigung der eigenen Unterschrift unter der Erklärung hat man seinen Austritt nach den Bestimmungen des Bürgerlichen Gesetzbuches wirksam vollzogen.

22. Resümee

Der Leser, der meinen Ausführungen bis hierher gefolgt ist, wird jetzt vielleicht drei Fragen stellen, auf die ich noch kurz eingehen möchte.

Die erste Frage: Sind meine Erlebnisse mit der Wachtturm-Gesellschaft typisch, oder bilden sie die Ausnahme?

Die zweite Frage: Warum und für wen habe ich dieses Buch überhaupt geschrieben, wenn ich doch jetzt kein Zeuge Jehovas mehr bin? Was geht mich die ganze Sache noch an?

Die dritte Frage: Wie kann man sich vor den WT-Lehren, d. h. der pseudobiblischen Weltanschauung der Zeugen Jehovas schützen?

Zu Frage eins: Der Zweifel an der Aufrichtigkeit der WTG hat uns lange zu schaffen gemacht. Hatten wir es mit besonders ungeschickten und charakterlosen Aufsehern zu tun? Wurden unsere Fragen bloß deshalb nicht zufriedenstellend beantwortet? – Vor allem meiner Frau, die eine besonders eifrige und einsatzfreudige Zeugin gewesen war, genügten die bisherigen Beweise nicht. Auch überblickten wir zunächst nicht die weitreichenden Konsequenzen, die die vielen Zitatunehrlichkeiten für die WT-Lehren selbst darstellten. Erst langsam begannen wir den Wahncharakter dieser Lehre zu begreifen, die bloß pseudobiblisch ist, dafür aber mit falschen Paradiesversprechungen arbeitet. Um so mehr ist man an der „Mehrung" von WT-Abonnements und Schriftenverkauf interessiert. Der Außenstehende macht sich ja keine Vorstellung davon, welche antreiberische Rolle Felddienstberichte und Erfolgsbilanzen im Leben eines jeden Zeugen Jehovas spielen.
Doch die Beweise für die Unehrlichkeit und Unmenschlichkeit der WTG lieferte diese schließlich selber. Sie schickte uns immer neue Funktionäre ins Haus, um uns mit Drohungen zum

Schweigen zu bringen.[15] Keiner von ihnen dachte überhaupt daran, uns auch menschlich zu helfen, indem man unsere Fragen beantwortete! Anstatt in einem *einzigen* Fall zu zeigen, daß es in der WT-Literatur ehrlich und sachgemäß zugeht, wurden wir dauernd mit den Zumutungen eines geradezu militärischen Kadavergehorsams erpreßt: „Glaubt ihr an den ‚treuen und verständigen Sklaven' oder nicht?" In blindem Gehorsam sollten wir einen Blankoscheck auf unser Vertrauen unterschreiben. Da waren sich *alle* Funktionäre vom Versammlungsaufseher über den Kreisaufseher bis zu den anonymen Briefschreibern aus der Wiesbadener WT-Zentrale einig. Am Ende – nach 18 Jahren und sogar Gefängnis wegen der WT-Lehre – bescheinigte man uns, daß wir diese „Gesellschaft" nicht verlassen könnten, da wir ihr niemals angehört hätten! „Sie haben sich zu irgendeiner Zeit freiwillig, ohne als Mitglied irgendwo aufgenommen worden zu sein, den Zeugen Jehovas angeschlossen, und es bleibt Ihr unbeschnittenes Recht, wieder fernzubleiben." (Brief der WTG-Wiesbaden vom 30.3.77 an meine Frau; siehe Kap. 23/III)
Allerdings hatten wir einen „Fehler" gemacht, den üblicherweise auch kein Zeuge Jehovas begeht. Wir hatten es gewagt, Fragen zu stellen, uns also wirklich „aller Dinge zu vergewissern" (1. Thess. 5, 21; NW). Diese Zeugenlehre hatten wir selbst jahrelang den Leuten gepredigt.
Das Bibelwort „Vergewissert euch aller Dinge, haltet an dem fest, was vortrefflich ist" bezeichnet den Titel eines über 540 Seiten starken Bibelzitat-Sammelsuriums, mit dem wir die Kirchenchristen beim Wort nahmen, wenn es darum ging, ihre Kirchenlehren zu erschüttern und den Boden für die viel „vortrefflicheren" Zeugenansichten zu bereiten.
Jetzt wollten wir uns aus gutem Grund einmal unserer eigenen Lehren „vergewissern" und unsere eigene Gesellschaft beim Wort nehmen. Doch was wir darauf bei den WT-Funktionären ernteten, war nicht etwa gemeinsames ehrliches Bemühen um die Wahrheit, sondern: geschwätziges Abwiegeln, dann Frageverbote und Schweigegebote, schließlich Drohungen, Einschüchterungen und wortbrüchige Lügen. Dabei führt niemand die Begriffe „Wahrheit" und „Wahrhaftigkeit" so häufig im Munde wie Jehovas Zeugen. Früher hatte ich mir nie etwas dabei gedacht, aber jetzt fiel mir das auf einmal auf.

Aber auch unsere Mitbrüder reagierten abwehrend, als sie merkten, welche Konsequenzen *wirkliches* Interesse für Wahrheit und Wahrhaftigkeit für sie haben könne. Erschreckt mußten wir erkennen, daß es ein regelrechtes Mitläufertum ist, das Jehovas Zeugen zusammenhält mit Denkfaulheit, Unbildung, Leichtgläubigkeit und kindischen Paradieswünschen. Die enorme Opferbereitschaft der Zeugen steht dazu nur in einem scheinbaren Widerspruch. Wir hofften ja auch, für unsere Entbehrungen tausendfach entschädigt zu werden („Paradies"), während die WT-Funktionäre sich sogar ausrechnen, in besondere Vorzugsstellungen, als „Fürsten" eingesetzt zu werden oder vom Himmel aus mit Christus die „Neue Welt" zu regieren!

Daß unsere Erfahrungen und schließlich unsere Einschätzung des wahren Charakters der WTG tatsächlich nur Typisches betrifft und eindeutig bewiesen werden kann, sollte uns noch auf andere Weise bestätigt werden. In der Zeit unserer größten Gewissensnöte erhielt meine Frau von einer Glaubensschwester die Kopie eines 21 Seiten langen Briefes, den ein „befähigter" Mitbruder zur Verteidigung der Zeugenlehren geschrieben hatte. Der eigentliche Adressat war aber ein uns inzwischen bekannter Lehrerstudent, der auf den weiten Umfang der Zitatfälschung der WTG gestoßen war und dies einigen Zeugen mitgeteilt hatte. Da er von allen Zeugen sonst immer nur Ausweichen und Kneifen gewohnt war, ging er erfreut auf die bibelkundliche Diskussion des ihm bislang völlig unbekannten Zeugenfunktionärs ein, die dieser von sich aus anbot. Doch bald mußte der Student feststellen, daß Otto H. mit denselben Methoden arbeitete, die uns so abgestoßen und in Zweifel gestürzt hatten.

Wir haben inzwischen die komplette Korrespondenz geprüft, über 43 Schreibmaschinenseiten von Otto H., und gefunden, daß dieser WTG-Abgesandte wirklich bedenkenlos alle nur möglichen Hebel gezogen hat, um „recht" zu behalten. Er zitierte nicht nur bewußt falsch, unvollständig und gegen den ausdrücklichen Sinn der Originale, er scheute sogar nicht davor zurück, sein eigenes, in diesen Fällen ausnahmsweise korrektes WT-Material zu seinen privaten Gunsten umzufrisieren. Auch dafür liegen uns inzwischen anhand von Fotokopien die unumstößlichen Beweise vor. Doch das mußte man erst mühsam herausfinden. Daß der WT-Funktionär bloß zeugeninterne Hilfsmittel abschrieb, hatte er mit unvollständigen, unsachgemäßen und direkt täuschenden Quellenangaben verschleiert. Er wollte damit wohl von der Abstrusität der WT-Lehren ablenken, indem er sich weltliche „Rückendeckung" (Otto H.) erschlich. Ebenfalls versuchte er, den Eindruck zu erwecken, er hätte sich sein Wissen als bibelwissenschaftlicher Kenner *unvoreingenommen* aus den Originalen selber erarbeitet. Vielmehr hat er die Grammatikfehler und sonstige Unkorrektheiten seiner WT-Vorlagen sklavisch auch noch mit abgeschrieben! Das herauszufinden war zwar die reinste Detektivarbeit, aber lohnend, denn wir wollten absolute Sicherheit in bezug auf die Ehrlichkeit der WTG. Schließlich stellte sich heraus, daß der Zeugenfunktionär sogar ganze Passagen aus „weltlichen" Büchern in seine Briefe übernommen und – ohne die geringste Quellenangabe – als seine eigene Weisheit ausgegeben hatte!

Verschiedene Leute bestätigten uns inzwischen, daß man wegen solcher „Plagiate" oder „Diebstahl geistigen Eigentums" in jeder Schule und Universität Schwierigkeiten bekäme. Wer bei solchen Praktiken erwischt wird, den erwartet bei den „bösen Weltmenschen" ein Verfahren wegen Betrugs. Ich sage dies deshalb, weil der WT-Abgesandte Otto H. auf sein „Studium" hinwies, das er in New York erfolgreich absolviert haben will. Das Pikante an der ganzen Sache aber war, daß sich der Briefwechsel an dem Vorwurf des Lehrerstudenten entzündet hatte, die WTG ginge unkorrekt, ja unehrlich mit wissenschaftlichen oder sonstigen Zitaten um. Dabei beziehen Jehovas Zeugen den entscheidenden Teil ihres Selbstbewußtseins aus dem Anspruch absoluter Ehrlichkeit, mit welchem Maßstab sie sich über die „korrupte Welt" erheben können: „Warum wird in den Schulen soviel gemogelt?", wurde in der „Erwachet!"-Ausgabe vom 8. August 1960, Seite 8–11, entrüstet gefragt. Oder die WTG feuerte uns an mit scharfen Artikeln wie: „Sollten Unwahrheit und Schlechtigkeit bloßgestellt werden?" („Der Wachtturm", 15. Mai 1966, S. 291–292)

Als der WT-Funktionär merkte, daß er durchschaut war, brach er die Korrespondenz mit Ausreden abrupt ab. Er beklagte sich

zwar über den angeblich „unfreundlichen" Ton seines Partners, äußerte sich aber inhaltlich zu den mit Dokumenten belegten Vorhaltungen des Studenten *überhaupt nicht!* Auch von den großspurig angekündigten Beweisen für die Korrektheit der kritisierten WT-Zitate hat Otto H. bis heute noch kein einziges Stück vorgelegt.
Dafür kann aber jetzt die gesamte Korrespondenz schwarz auf weiß als Zeugnis für die wirkliche Arbeitsweise und Moral der WTG dienen. Die Papiere sind übrigens inzwischen vollständig einem religionskundlichen Institut zur weiteren Auswertung übergeben worden und ebenso einigen Zeitungsredaktionen.
Es liegt auf der Hand, daß sich das WTG-System nur deshalb halten kann und weiter halten wird, weil niemand bereit ist, alle WT-Behauptungen auf Punkt und Komma nachzuprüfen. Man muß die WTG nur beim Wort nehmen, dann merkt man sofort, was gespielt wird. Am wenigsten tun das allerdings die Zeugen selbst, die über die inzwischen das halbe Dutzend erreichenden Endzeittermine nie etwas gehört haben wollen: „Das haben wir nie gesagt." –

Die Antwort auf *die zweite Frage:* Warum und für wen ich das Buch geschrieben habe, ergibt sich leicht aus dem oben Gesagten. Wer wie wir 18 Jahre lang mit falschen Versprechungen ausgenützt wurde, hat das dringende Bedürfnis, andere zu warnen, daß es ihnen nicht auch so ergehe. Wenn schon die von der WTG gesteuerten Zeugen Jehovas sich nicht an das biblische Gebot „Du sollst nicht lügen" halten, so wollen wir es jetzt wenigstens als schlichte Christen tun. So einfach ist das.
Dabei spreche ich gleichermaßen Menschen an, die die Praktiken der Zeugen Jehovas noch nicht kennen oder durchschauen, wie natürlich auch meine früheren „Brüder" und „Schwestern". Denn wer von ihnen weiß schon, was hinter den Kulissen gespielt wird? Oder wer von ihnen hat die Möglichkeit, einer „Komiteeverhandlung" beizuwohnen, es sei denn, er selbst ist der „Angeklagte"? Die meisten von ihnen werden meine Schilderungen für Hetze und für übertrieben halten. Doch wie glücklich wäre ich gewesen, wenn ich früher zu solchen Informationen gekommen wäre. Nun kann aber keiner

von meinen früheren Mitbrüdern mehr behaupten, er habe nicht gewußt, in welcher Gesellschaft er sich befindet, zu welchem Werk er seine Unterstützung gibt. Inzwischen weiß ich übrigens, daß unsere Erfahrungen und Erlebnisse nicht isoliert dastehen, wie das Literaturverzeichnis am Ende des Buches zeigt.

Doch auch die „Ehemaligen“ möchte ich ansprechen, die immer größer werdende Zahl der WT-„Abtrünnigen“. Die Zahlen kann man dem jährlich erscheinenden „Jahrbuch der Zeugen Jehovas“ entnehmen. Ich weiß, daß sich viele von diesen Menschen in großer Gewissensnot befinden. Die meisten von ihnen halten selbst nach ihrem Fortgang die pseudobiblischen Lehren der WTG immer noch für die „Wahrheit“, denn sie gingen weg oder wurden ausgeschlossen wegen menschlicher Schwächen. Sie bilden sich ein, zu schlecht zu sein, um noch zu der „Organisation des Volkes Gottes“ zu gehören, und meinen, den überspitzt hohen Leistungsansprüchen der WTG nicht gewachsen zu sein. Diesen Menschen will ich durch meinen Bericht sagen, daß sie kaum je so schlecht sein können wie die WT-Führung.

Es gibt aber noch einen weiteren Grund, daß ich dieses Buch geschrieben habe. Was nämlich jetzt als vergangen und einfach erscheint, war über mehrere Jahre mit härtesten inneren und äußeren Auseinandersetzungen verbunden. Ich konnte davon nur loskommen, wenn ich mir diese Dinge von der Seele schrieb. Auch gingen wir ziemlich naiv in die Auseinandersetzung, denn erst das falsche Spiel unserer Aufseher, ihr hartnäckiges Ignorieren berechtigter Fragen hatte uns mißtrauisch gemacht und uns die Augen geöffnet.

Hinter den zunächst einfachen Schilderungen stehen also in jedem Fall weit umfangreichere „Vergewisserungen“ über die Glaubwürdigkeit der WT-Lehren. Denn erst allmählich begannen wir unsere Zeugen-Weltanschauung als ausgefeiltes Wahnsystem zu begreifen, das mit ungefähr allem in Widerspruch steht, was heutzutage als gesichertes Wissen in Bibelkunde, Natur- und Geisteswissenschaften gelten kann. Die Zitatverdrehungen, ja der handfeste Mißbrauch damit hatten eben den Sinn, uns als Zeugen über diesen Sachverhalt hinwegzutäuschen. Uns wird noch mit jedem Tag mehr bewußt, wie

unzureichend, ja falsch wir über das informiert waren, was in der „bösen Welt" vor sich ging. Unsere WTG hatte uns in ihren „liebevollen Vorkehrungen" mit nicht endenwollender Literatur à la WACHTTURM, ERWACHET! und zahllosen Büchern regelrecht für dumm verkauft. In jedem Jahr erscheinen anläßlich der Kongresse mindestens zwei neue Titel – eine Buchproduktion in Millionenauflage, die die WTG mit großem Stolz erfüllt und sogar dazu inspiriert hat, sich in Weltbestsellerlisten ein Plätzchen zu sichern (Vgl. „Erwachet!" vom 22.7.1971, S. 19). Doch lesen und „studieren" alle Zeugen Jehovas nur ihre *eigene* Literatur und meiden sorgfältig nach WT-Anleitung „Weltweisheit" und „vergängliche Wissenschaft". Diese Scheuklappen haben wir aber inzwischen abgelegt und sind dabei, mit viel Spaß und Entdeckerfreude aus besseren Büchern und Gesprächen, nachzuholen was uns vorenthalten wurde. Auch von unserer Tochter haben wir inzwischen den Unfug eines bloß verdummenden „Studiums" der WT-Schriften genommen, das in sturem Auswendiglernen und hilfsschulmäßigem Abgefragtwerden bestand. Vor allem aus moralischen Gründen und der Liebe zu Wahrheit und Wahrhaftigkeit sollte man Kinder nicht in die Hände dieser „Gesellschaft" fallen lassen, obwohl sie sich gerade in letzter Zeit als besonders familienfreundlich aufspielt! –
Ein Erfahrungsbericht wie der unsrige ist sicher schon Aufklärung und Warnung genug. Doch meine ich, daß dies alles unvollständig wäre, wenn ich nicht sagen würde, wie ich mir eine wirkungsvollere Abwehr vorstelle. Darauf einzugehen, habe ich mir oben als *dritten Punkt* vorgenommen.

Unsere eigenen mangelhaften Kenntnisse über den heutigen Stand der Bibelforschung ließen uns lange genug glauben, daß Jehovas Zeugen in Sachen Bibelauslegung die zuverlässigsten, sachlichsten und gottwohlgefälligsten Christen seien. Seit es die WTG gibt, fördert sie diese Auffassung mit kräftigem Eigenlob, aber natürlich auch wieder mit geschickt zurechtgemachten Zitaten. Dort loben angeblich Nicht-Zeugen-Jehovas die WTG wegen ihrer Bibeltreue. Geistloses Wortwörtlichnehmen biblischer Sätze, endloses Rezitieren von suggestiven Bibelstellen und ohne Rücksicht auf den Zusammenhang an-

einandergereihten Bibelzitaten gaben uns das Gefühl, auf ausschließlich göttlich-sicherem Boden zu stehen.
Dazu kam noch, daß unsere Missionsobjekte, meistens Kirchenchristen, nicht nur die Bibel schlecht kannten, sondern auch die Lehren ihrer Kirche. Da war es dann ein leichtes, diese Menschen mit gezielten Fragen in Widersprüche zu verwikkeln, wenn man uns nicht schon vorher die Türe vor der Nase zuknallte, was uns freilich auch kein überzeugendes Argument zu sein schien. Das war vielmehr Wasser auf die Mühlen unseres „wahren Glaubens".
Heute sind wir weit davon entfernt, uns dieser unserer damaligen „Überlegenheit" zu freuen. Im Gegenteil. Wir haben einsehen müssen, daß wir im Grunde genauso borniert waren wie jene Kirchenchristen. Kannten diese die Bibel und die Kirchenlehren nicht oder nur ungenügend, so kannten wir die Bibel nur verzerrt durch die WT-Brille. Dafür konnten wir aber um so imponierender und unbeugsamer auftreten.
Daß aber auch Aufklärung und wirklich zeitgemäßes Wissen Lebenstüchtigkeit und Gottvertrauen nach sich ziehen, ja sogar begründen können, haben wir dankbar in jenen turbulenten Tagen erfahren. Während wir uns von dieser pseudobiblischen Weltanschauung ablösten, haben uns besonders zwei Bücher geholfen. Ich möchte sie unbedingt jedem Leser dieses Buches zur Lektüre empfehlen, schon die Titel lassen erkennen warum. *Diego Arenhoevel:* So wurde Bibel – Ein Sachbuch zum Alten Testament (Verlag Katholisches Bibelwerk, Stuttgart 1974). Und *Gerhard Lohfink:* Jetzt verstehe ich die Bibel – Ein Sachbuch zur Formkritik (Verlag Katholisches Bibelwerk, Stuttgart 1973). Beide Bücher sind etwa 160 Seiten stark, reich und geschickt bebildert, vor allem aber bei aller Wissenschaftlichkeit leicht verständlich. Sie widerlegen das weitverbreitete Märchen, daß konsequent betriebene Bibelforschung dem Glauben irgendwie abträglich sei. Anfangs hat es uns auch ziemlich gestört, daß beide Bücher aus einem katholischen Verlag stammen. Gerade von katholischer Seite befürchteten wir am meisten, keine gute Bibelauslegung zu bekommen.
Aber selbst der teuerste Besitz eines Zeugen Jehovas, der Name Gottes „Jehova", ist römisch-katholisches Gewächs aus dem

Mittelalter. Doch behaupten die Zeugen, sie seien die einzigen, die Gottes Namen kennen und auch gebrauchen.

Dazu ist die Form „Jehova" noch das Ergebnis eines blanken Irrtums. Es ist sprachlich die Kreuzung (Bastard) zwischen den Konsonanten JHWH, dem sog. Tetragramm, und den Vokalen von AdOnAj (aus bestimmten sprachlichen Gründen wurde hier aus dem a des Anfangs ein e): JEHOVA. Das Mißverständnis war durch die hebräische Konsonantenschrift entstanden, die erst später zur Erleichterung des Lesens durch Vokale ergänzt wurde. Sie wurden als Punkte unter das Wort geschrieben. Bei JHWH waren es allerdings die Vokale von Adonaj (= der Herr) – aber nicht damit „Jehova" gesagt werden sollte, sondern daß der Bibelvorleser sich daran erinnerte, den heiligen Gottesnamen aus Ehrfurcht überhaupt nicht auszusprechen. Er sollte vielmehr „Adonaj" d. h. „Herr" sagen. – Die des Hebräischen unkundigen mittelalterlichen Christen wußten das nicht und mischten alles zusammen zu „Jehova". Es war dann der einflußreiche Franziskanermönch Galatinus, Beichtvater Papst Leos X., durch den um 1520 dieses Monsterwort bekannt wurde (erster schriftlicher Beleg Ende des 13. Jahrhunderts).

Doch war schon damals die richtige Aussprache „Jahwe" bekannt, getreulich überliefert von einigen Kirchenvätern. In neuerer Zeit haben dann die Hebräischforscher die Frage weiter zu klären versucht und inzwischen ebenfalls „Jahve" bestätigt. Doch die WTG hält eisern und *wider besseres Wissen* (vgl. u. a. „Der Wachtturm" vom 15. Oktober 1960, S. 615) an der mit Sicherheit falschen Aussprache „Jehova" fest. Damit ist für jedermann bewiesen, daß die Irrtümer ihrer Lehren und das fragwürdige Kleben an menschlichen Überlieferungen aus dem „finsteren Mittelalter" (siehe auch andere Punkte der Zeugenlehren) schon mit dem Firmenschild beginnen. Als solches ist es geradezu zu einem Marken- und Erkennungszeichen geworden – ohne Rücksicht auf Wahrheit und Richtigkeit. (Ausführliche Quellenhinweise siehe Kap. 25)

Aufklärung und gediegenes Wissen über die Bibel sowie die Kenntnis ihres Mißbrauchs durch die Sekte der Zeugen Jehovas ist also in jedem Falle eine wirksame Abwehr. Niemand weiß das übrigens so genau wie die Zeugen selbst. So richtig hartnäkkig in unserem „Zeugnisgeben" waren wir eigentlich nur bei den Leuten, denen wir mit unseren Bibelzitaten überlegen waren. Je pessimistischer einer dazu noch die Weltlage beurteilte – wir halfen dann noch kräftig nach –, desto besser. Hier hatten wir ja das „unmittelbar bevorstehende Paradies" anzubieten. Merkten wir aber, daß jemand Bescheid wußte – auch über die vielen falschen Endzeitberechnungen der WTG, wie z. B. die Blamage mit „1925" –, dann kamen wir nicht noch einmal zu einem „Rückbesuch", denn „diskutieren" wollten wir ja nicht. Höchstens Weltmenschen „diskutierten", wir dagegen hatten „die Wahrheit" zu überbringen.

Aber noch eine andere Menschengruppe flößte uns Respekt ein. Das waren jene Christen, die fest in ihrem Glauben standen und denen man auch anmerkte, daß sie von diesem Glauben und ihrem Gottvertrauen her geprägt waren. Hier war ein Hindernis für uns nicht so sehr deren Wissen und Redegewandtheit, sondern eine echte und beeindruckende Frömmigkeit. Diesen Menschen konnten wir übrigens auch nicht mit den „enorm schlechten Zeiten" imponieren, in denen wir angeblich lebten und aus denen nur die Zeugen Jehovas einen Ausweg wußten. Solche Frömmigkeit ging nämlich meistens einher mit einem gesunden Menschenverstand, dem die Paradiesphantastereien der WTG völlig fremd waren. Hier waren es auffälligerweise die „Weltmenschen", die nicht mit uns diskutieren wollten. Solche Christen nahmen auch aktiv am Gemeinde- und Gesellschaftsleben ihrer Kirche teil, während wir höchstens bei den ihrer Kirche entfremdeten Menschen Erfolg hatten. Ihnen reden Jehovas Zeugen ein, man könne in diesem „bösen System der Dinge" nichts anderes mehr tun, als auf ein Wunder Jehovas zu warten. In einem mächtigen Blutbad gehe „bald" alles unter, aber dann komme das „Paradies".
Daß es in den Kirchen viel lebendiger und menschlicher zugeht als wir Zeugen behaupteten und wußten, haben wir inzwischen erkannt. Nicht nur herrscht in den Kirchen eine viel größere Gedankenfreiheit als bei den WT-„Sklaven" (so die Selbsteinschätzung des ehemaligen Zeugen Jehovas W. J. Schnell), die Kirchen engagieren sich auch in wichtigen sozialen Werken, die ein glaubwürdigerer Ausdruck von Nächstenliebe sind.

Glaubwürdiger jedenfalls, als wenn man nur mit Paradiesversprechungen und der Rache Gottes an allen Andersdenkenden hausieren geht. Praktische Nächstenliebe, die ohne viel Worte anpackt und Not zu lindern versucht, ist aber in den Augen der Zeugen Jehovas Zeitverschwendung, weil ja alles Jetzige in Harmagedon „bald“ vernichtet wird.

Auch das, was wir an kirchlichem Leben inzwischen kennengelernt haben, widerspricht aller Zeugenpropaganda.

Welche Gefahr aber den Menschen, vor allem wenn sie nur halbherzig gläubig sind, von den Zeugen Jehovas drohen kann, darüber ist sich fast niemand so richtig im klaren. Müßten nicht auch die Kirchen dieses Problem deutlicher wahrnehmen und mehr Aufklärung betreiben, anstatt ihren Anhängern nur allzuoft den angeblichen „Eifer und Idealismus“ der Zeugen Jehovas als Vorbild zu empfehlen?

23. Dokumentenanhang

I. WT-interne Dokumente

Die Abbildungen der hier beschriebenen Dokumente folgen auf den Seiten 207 bis 211.

Abb. 1, 2:

In der „Theokratischen Predigtdienstschule“ wird der Zeuge Jehovas für das „Predigtwerk“ geschult. Er hält dort „Studierendenansprachen“, das sind Kurzpredigten von 6–7 Minuten Dauer. Sprechpunkte, die gut waren oder verbessert werden müssen, notiert der „Aufseher der Theokratischen Predigtdienstschule“ auf einen Zettel. Der „Studierende“ bekommt eine Kopie seiner Beurteilung wie im abgebildeten Beispiel.

Abb. 3:

Bewerbungsbogen für den Pionierdienst auf Zeit (Ferienpionier). Diesen „beglückenden“ Dienst sollte jeder getaufte Zeuge Jehovas möglichst einmal im Jahr während des Urlaubs durchführen. „Wenn du noch nicht Pionier auf Zeit gewesen bist, spornen wir dich an, dich an diesem Dienst zu beteiligen. Er ist fast jedem getauften Verkündiger der guten Botschaft irgendwann während des Jahres möglich. Die meisten derjenigen, die ihn einmal verrichten, möchten sich gern wieder eintragen lassen.“ (Organisation zum Predigen des Königreiches und zum Jüngermachen. Wiesbaden 1972. S. 144) Diese „Bewerbung wird nicht an das Zweigbüro gesandt, sondern von dem vorsitzführenden Aufseher, dem Predigtdienstaufseher und dem Bibelstudienaufseher erwogen.“ (a. a. O. S. 143)

Abb. 4:

Auf der „Verkündigerdienstkarte" wird jeden Monat festgehalten, wie viele Stunden der „Verkündiger" geleistet hat und wie hoch die Literaturabgabe gewesen ist. Im August, am Ende eines „Dienstjahres", wird der Jahresdurchschnitt der verschiedenen Posten berechnet. Alle Karten einer Versammlung werden vom „Predigtdienstaufseher" überwacht, der aus den Angaben einen monatlichen Gesamtbericht der Versammlung für das Zweigbüro der WTG zusammenstellen muß.

Abb. 5:

Will ein Zeuge Jehovas umziehen, muß er auch dafür ein Formular ausfüllen. Daraufhin bekommt er von der WTG die Adresse der betreffenden neuen Versammlung mitgeteilt. Gleichzeitig wird diese über den Neuankömmling informiert. Meldet sich der Zeuge nicht gleich bei seiner neuen Versammlung, wird er von einem Aufseher besucht.

Abb. 6:

Ab 1975 wurden „Verkündigerausweise" an die „Versammlungsverkündiger" ausgegeben. Diese interne Legitimation dient dazu, sich untereinander und im „Haus-zu-Haus-Dienst" als Zeuge Jehovas auszuweisen. Im Falle eines Unfalls soll er den Ärzten klarmachen, daß der Betreffende eine Bluttransfusion auch bei Lebensgefahr verweigert. Mit dieser Karte bekommt der Zeuge das Gefühl vermittelt, zu der von Gott privilegierten WTG zu gehören. Sie ist gewissermaßen der psychologische Versicherungsausweis, ein Jehovas Zeuge-Auserwählter zu sein.

RAT ZU DEN ANSPRACHEN

Sprecher: Br. Gerd Wunderlich
(Vollständiger Name)

Eintragungen: **A — Arbeite daran**
V — Verbessert
G — Gut

Datum / Ansprache Nr.										
Aufschlußreicher Stoff (21)*										
Klar, verständlich (21)										
Einleitung erweckte Interesse (22)										
Einleitung zum Thema passend (22)										
Einleitung von richtiger Länge (22)										
Lautstärke (23)										
Pausen (23)										
Zuhörer zum Gebrauch der Bibel ermuntert (24)										
Schrifttexte richtig eingeführt (24)										
Schrifttexte mit Betonung gelesen (25)										
Anwendung der Schrifttexte erklärt (25)										
Nachdruck durch Wiederholung (26)										
Gesten (26)										
Thema hervorgehoben (27)										
Hauptpunkte herausgestellt (27)										
Kontakt mit Zuhörern, Verwendung von Notizen (28)										
Verwendung eines Redeplans (28)										

Vermerke: ______________________

* Die eingeklammerte Zahl bezieht sich jeweils auf das Lehrstück im **Leitfaden für die Theokratische Predigtdienstschule**, das das bezeichnete Redemerkmal behandelt.

S-48-X 6/71 Printed in Germany

Abb. 1: Vorderseite eines Beurteilungszettels

Datum										
Ansprache Nr.										
Fluß (29)										
Unterhaltungston (29)										
Aussprache (29)										
Zusammenhang durch verbindende Worte (30)										
Logischer, zusammenhängender Aufbau (30)										
Überzeugende Beweisführung (31)										
Zuhörern geholfen nachzudenken (31)										
Sinngemäße Betonung (32)										
Modulation (32)										
Begeisterung (33)										
Wärme, Gefühl (33)										
Veranschaulichungen dem Stoff angepaßt (34)										
Veranschaulichungen den Zuhörern angepaßt (34)										
Stoff dem Predigtdienst angepaßt (35)										
Schluß passend, wirkungsvoll (36)										
Schluß von richtiger Länge (36)										
Zeiteinteilung (36)										
Vertrauen und Gleichgewicht (37)										
Persönliche Erscheinung (37)										

ANMERKUNG: Bei jeder Studierendenansprache achtet der Raterteilende auf die nächsten Punkte, die auf dem Vordruck „Rat zu den Ansprachen“ an der Reihe sind, indem er das behandelt, was jeweils in einem einzelnen Lehrstück des **Leitfadens für die Theokratische Predigtdienstschule** zusammengestellt ist. Wenn Änderungen in diesem Vorgehen erfolgen, wird der Raterteilende das im voraus in der Rubrik „Vermerke“ angeben. Der freie Raum auf dem Vordruck kann verwandt werden, um Studierenden, wenn nötig, zu nicht aufgeführten Punkten Rat zu erteilen, zum Beispiel Genauigkeit der Darlegung, deutliche Aussprache, Haltung, Wortwahl, Grammatik, Eigenarten, Anwendbarkeit, Lehrmethoden und Beschaffenheit der Stimme.

Abb. 2: Rückseite eines Beurteilungszettels

BEWERBUNG UM DEN PIONIERDIENST AUF ZEIT

Weil ich Jehova liebe und weil es mein Wunsch ist, anderen zu helfen, ihn und sein liebevolles Vorhaben kennenzulernen, würde ich gern meinen Anteil am Predigtdienst vermehren, indem ich mich als Pionier auf Zeit für die unten angegebene Zeit eintragen lasse:

Den [die] ganzen Monat[e] ....

Die zwei Wochen vom ....

Ich bin mir bewußt, daß diejenigen, die sich um den Pionierdienst auf Zeit bewerben, damit einverstanden sind, dem Predigtdienst eine bestimmte Anzahl von Stunden (100 Stunden in jedem vollen Monat; 75 Stunden im Monat bei zweiwöchiger Zuteilung) zu widmen, und ich habe so geplant, daß ich in der Lage sein müßte, das in meinem Fall erforderliche Stundenziel zu erreichen.

Datum: ....
(Persönliche Unterschrift des Bewerbers)

BEACHTE: Nachdem du diese Bewerbung ausgefüllt hast, solltest du sie deinem vorsitzführenden Aufseher geben. Tu dies bitte möglichst mindestens eine Woche bevor du mit deinem Pionierdienst auf Zeit beginnst.

Genehmigt von:
(Anfangsbuchstaben genügen.)

Vorsitzführender Aufseher: ....

Predigtdienstaufseher: ....

Bibelstudienaufseher: ....

S-205b-X 6/72

Printed in Germany

Abb. 3: Bewerbungsbogen für den „Pionierdienst auf Zeit“

VERKÜNDIGERDIENSTKARTE

Name: ....

Adresse: ....

Telefon: .... Geburtsdatum: ....

Datum der Taufe: .... Gesalbter oder „anderes Schaf": .... ☐ Ältester ☐ D.-Geh. ☐ Allgemeiner Pionier

19	BÜCHER	BROSCH.	STUNDEN	ABOS	ZEITSCHR.	RÜCK-BES.	BIBEL-STUDIEN	BEMERKUNGEN
SEPT.								
OKT.								
NOV.								
DEZ.								
JAN.								
FEBR.								
MÄRZ								
APRIL								
MAI								
JUNI								
JULI								
AUG.								
INSG.								

S-21-X 6/72 Printed in Germany

Abb. 4: Karteikarte zum Erfassen der monatlichen Leistung eines Zeugen Jehovas

ADRESSÄNDERUNG

NEUE ADRESSE
Name ....
Postleitzahl .... **Ort** .... **Postamt** ....
Straße und Hausnummer ....
ALLE ANGABEN BITTE IN DRUCKSCHRIFT

ALTE ADRESSE
Name ....
Postleitzahl .... **Ort** .... **Postamt** ....
Straße und Hausnummer ....

Hake nur die dich betreffenden Karos ab
☐ Versammlungsdiener
☐ Sonderpionier
☐ Allgemeiner Pionier
☐ Alleinstehender Verk.

PERSÖNLICHE ABONNEMENTS
☐ Wachtturm
☐ Erwachet!
Sprache ....

Versammlung, mit der du künftig verbunden bist ....

Vergiß nicht, deine neue Adresse beim Postamt zu hinterlegen

S-49-X 3/64

Abb. 5: Erfassung von Adreßänderung

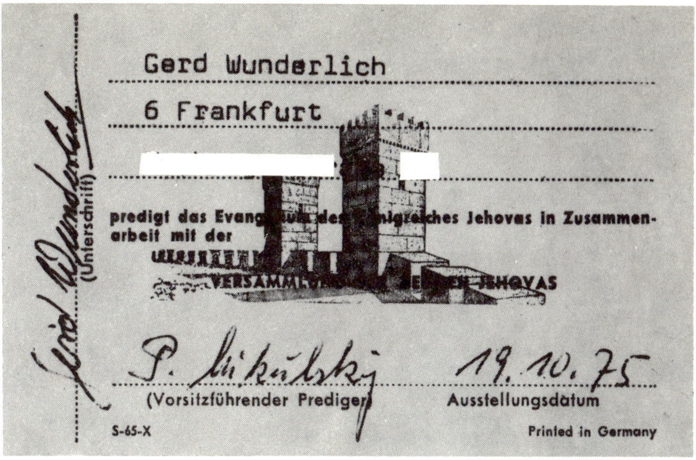

Gerd Wunderlich

6 Frankfurt

[redacted]

predigt das Evangelium des Königreiches Jehovas in Zusammenarbeit mit der

VERSAMMLUNG ... ZEUGEN JEHOVAS

(Unterschrift) Gerd Wunderlich

19.10.75

(Vorsitzführender Prediger) Ausstellungsdatum

S-65-X Printed in Germany

Vorderseite

KEINE BLUTTRANSFUSION!

Als gottesfürchtiger Christ, der an Jehova Gott und an sein Wort, die Bibel, glaubt, verlange ich hiermit, daß meinem Körper AUF KEINEN FALL Blut in irgendeiner Weise oder in irgendeiner Form zugeführt wird. „Ihr sollt nicht das Blut von irgendeiner Art Fleisch essen" (3. Mose 17:14). Lesen Sie bitte in der Bibel folgende Texte nach: 1. Mose 9:4; 3. Mose 17:11, 12; 5. Mose 12:23; Apostelgeschichte 15:20, 28, 29; 21:25. Andere Mittel, die kein Blut enthalten, können jedoch, wenn nötig, angewandt werden.

Unterschrift: Gerd Wunderlich

Rückseite

Abb. 6: Verkündigerausweis

DIE BESTSELLER DER WELT*

Veröffentlichung	Sprachen	Menge
1. Die Wahrheit, die zu ewigem Leben führt (1968)	67	35 000 000
2. The Common Sense Book of Baby and Child Care (1946)		23 000 000
3. Le Nouveau Petit Larousse Illustré (1906)		20 000 000
4. „Gott bleibt wahrhaftig" (1946)	54	19 246 710
5. Better Homes and Gardens Cook Book (1930)		14 800 000
6. Vom verlorenen Paradies zum wiedererlangten Paradies (1958)	59	13 097 668
7. Hat sich der Mensch entwikkelt, oder ist er erschaffen worden? (1967)	11	11 580 153
8. Ist die Bibel wirklich das Wort Gottes? (1969)	18	11 079 468
9. Pocket Atlas (1917)		11 000 000
10. „Dinge, in denen es unmöglich ist, daß Gott lügt" (1965)	34	9 984 234

* Es handelt sich um Sachbücher, die im zwanzigsten Jahrhundert verfaßt worden sind. Das Verzeichnis stützt sich hauptsächlich auf **Guinness Book of World Records** und auf Verbreitungszahlen der Watch Tower Bible & Tract Society. Andere Verzeichnisse, die sich auf andere Quellen stützen, mögen hiervon abweichen.

Abb. 7: WTG-Bestsellerliste

Faksimile einer Bestsellerliste aus der WT-Zeitschrift „Erwachet!" vom 22. Juli 1971, Seite 19. Der dazugehörige Artikel „Die ‚Bestseller'" prahlt selbstzufrieden, daß die WTG die wahren Bestseller-Hits produziere: „Die Tabelle … enthält ein Verzeichnis der ersten zehn Bestseller unter den Sachbüchern. Sechs davon sind Bücher, die sich auf die Bibel stützen und von Jehovas Zeugen verbreitet werden." Dabei bezeichnet der Ausdruck „Bestseller" („meistgekauftes Buch") ein Buch,

„das von der Öffentlichkeit in ungewöhnlich hoher Zahl gekauft wird."
Bei den WT-Büchern fällt die hohe Auflagenzahl innerhalb weniger Jahre nach dem Erscheinungsdatum auf. Der Grund dafür ist, daß das WT-Verlagsimperium einen garantierten Absatz bei den eigenen Anhängern hat. So muß z. B. jedes Familienmitglied zwecks „Studium" ein Buch für den eigenen Gebrauch besitzen. Aufseher-Kommentar: „Ihr eßt ja auch nicht alle von einem Teller." Auch arbeiten die Zeugen Jehovas praktisch umsonst in den hauseigenen Druckereien, so daß die Schriften sehr billig abgegeben werden können. Selbst dickere Bücher kosten höchstens zwei Mark, die WT-Bibel erhält man schon für fünf Mark. Dabei übernehmen die Zeugen immer gleich mehrere Exemplare, sei es aus „Begeisterung" über das „neue und hellere Licht" der Lehren, das „Jehova" alias die „Wachtturm Bibel- und Traktat-Gesellschaft" ihnen angeblich schenkt, sei es, daß sie die Schriften als entscheidendes Vehikel für ihre Missions- und Werbetätigkeit brauchen. Über erfolgreichen Literaturverkauf können die Zeugen ihre Glaubensstärke dokumentieren, wie er ebenfalls über ihr Prestige innerhalb ihrer „Versammlung" entscheidet.

In dem internen Verkündigerorgan „Unser Königreichsdienst", zumeist einem gefalteten 4-Seiten-Blatt, in dem monatlich die Parolen ausgegeben werden, erscheinen nicht nur antreiberische Erfolgsstatistiken, das ganze Blatt liest sich streckenweise wie eine Hausiereranleitung zur Umsatzsteigerung der WT-Verlagsprodukte. Die Zeugen werden dort auch aufgefordert, die Literatur der WTG in großem Stile zu verschenken. Mit einzelnen Schriften werden von Zeit zu Zeit ganze „Feldzüge" unternommen.

Die sechs WT-„Bestseller" sind also alles andere als echte Erfolge in der lesenden Öffentlichkeit, die angeblich freiwillig und aus eigenem Antrieb WT-Schriften „in ungewöhnlich hoher Zahl kauft". Daß eine „Organisation der Wahrheit" die Öffentlichkeit über ihre angebliche Beliebtheit beim Publikum mit künstlichen Bestsellern und unredlichen Bestsellerlisten zu täuschen versucht, während sie gleichzeitig die Ungenauigkeiten und Absatzmanipulationen an „weltlichen“ Bestsellerlisten bemängelt, wird jeden Leser bestimmt zum Nachdenken anregen, ebenso, daß dies alles wieder unter biblischem Vorwand geschieht.

II. Die Weltanschauung der Zeugen Jehovas in Bildern

Die Beispiele stammen aus dem Buch „Vom verlorenen Paradies zum wiedererlangten Paradies“ (Wiesbaden 1959; engl. Original 1958; bisherige Auflage angeblich über 14,2 Millionen Exemplare in 60 Sprachen). Der Titel ist eine zugkräftige Anleihe bei den Werken des englischen puritanischen Dichters *John Milton*, „Paradise Lost“ und „Paradise Regained“, die als Heilsepen der Barockzeit nicht nur zur religiösen Weltliteratur gehören. Dagegen ist das Buch der WTG nach eigener Aussage „in einer einfachen Sprache geschrieben“ und faßt die Hauptlehren der Zeugen Jehovas zusammen. Obwohl das „Paradies-Buch“ inzwischen vergriffen ist, gehört es noch immer zu den beliebtesten Büchern unter den Zeugen Jehovas.
Die Herausgeber wenden sich hauptsächlich an Kinder und jugendliche Leser. Außerdem heißt es im Vorwort: „Man sagt, daß ein Bild mehr sage als tausend Worte.“ (S. 7) Natürlich sind diese Bilder nur ein Gesichtspunkt des Buches, aber der Text ist stilistisch wie inhaltlich genauso aufschlußreich. So sind z. B. die Abbildungen bis in Einzelheiten der amerikanischen Comic-strip-Tradition verpflichtet.

Den heute etwas antiquiert wirkenden Bildern lassen sich aber genügend motivgleiche desselben Geistes aus neueren WT-Schriften an die Seite stellen. So sind inzwischen die Schönheitsideale der mittfünfziger Jahre (vgl. die paradiesische Eva als Pin-up-girl – auf S. 24, hier nicht abgebildet – Adam filmstarmäßig als gutfrisierte Tarzanfigur usw.) heutigen Bedürfnissen optisch etwas besser angepaßt. Aber auch diejenigen, die diese unrealistischen Hollywoodträume träumen (sollen), sind

abgebildet: Mann und Frau als adrette und angepaßte Mittelständler, die unbeschwert-extravertiert völlig in ihren missionarischen Aktivitäten aufgehen (sollen). Mit der WT-Bibel („Neue-Welt-Übersetzung“) in der Hand wissen sie scheinbar selbstsicher auf alle Fragen eine Antwort.
Schließlich kann man an den zahlreichen Darstellungen des „Paradieses“, das so kitschig, wie es die WT-Comics abbilden, auch tatsächlich erwartet wird, die platte Schlaraffenland-

Abb. aus „Paradies-Buch“ S. 20

Sehnsucht der Zeugen Jehovas ablesen. Es ist eine problemlose Reiseprospektwelt mit sorgsam zurechtgemachter „unberührter" Natur, die dem als Belohnung winkt, der sich WT-konform verhält. Es sind aber durch und durch weltliche Phantasien.

Es ist eine idyllische Gartenlandschaft nach der Art, wie sich stadtfeindliche Kleinbürger immer schon den Urzustand vorgestellt haben. Dazu gehört hier die Harmonie eines possierlichen Tierfriedens ebenso wie eine ihre Gaben ohne Arbeit

Abb. aus „Paradies-Buch" S. 21

spendende reine Natur. Mittendrin sitzt, mehr ausgezogen als natürlich-nackt, der erste und unverdorbene Mensch. Doch was als Bilderbuch für Kinder (vielleicht) akzeptabel wäre, gilt bei allen Zeugen Jehovas wortwörtlich. Daß schon in der Bibel den Paradiesvorstellungen (und vor allem den Schöpfungsgeschichten) bewußt gestaltete und in erzieherischer Absicht verfaßte Theologien zugrunde liegen, bleibt dem Buchstabenglauben der WT-Bibelauffassung gänzlich verborgen. Diese besteht in einer noch primitiveren Spielart des ohnehin schon fragwürdigen amerikanischen „Biblizismus" und „Fundamentalismus". Bei Jehovas Zeugen wird dieser Kinderglaube aber ein Leben lang zäh festgehalten, als Gottes eigener Wille ausgegeben und in ein starres Lehrsystem gepreßt. Ein Bildungsdefizit größten Ausmaßes ist auf diese Weise bei Jehovas Zeugen vorprogrammiert. Tatsächlich kommen auch die erwachsenen Zeugen bewußtseins- und bildungsmäßig niemals über diese banale und flache Bilderbuchwelt hinaus.

Gottes Gericht des „gegenwärtigen bösen Systems der Dinge": „Harmagedon", in dem alle Nicht-Zeugen grausam vernichtet werden.

Dies ist die Kehrseite der Medaille. Hinter der freundlichen Idylle steht eine große Welt- und Lebensangst. Sie wird als Vernichtung aber vor allem dem angedroht, der sich nicht rechtzeitig zu den WT-Lehren bekehrt. Doch auch jeder ein-

Abb. aus „Paradies-Buch" S. 209

zelne Zeuge Jehovas muß fürchten, bei Nichterfüllung „biblischer“ WT-Grundsätze in „Harmagedon“ grausam, wie hier abgebildet, umzukommen. Damit erweist sich ein gut Teil des Zeugen-Eifers als angstbestimmt, wohingegen das uninformierte Publikum zu oft noch meint, bei Jehovas Zeugen geschähe alles aus bloßem Idealismus. Welchem Druck die einzelnen Zeugen von Mitbrüdern und „Aufsehern“ auch untereinander ausgesetzt sind, möge der Leser dem Buchtext entnehmen.

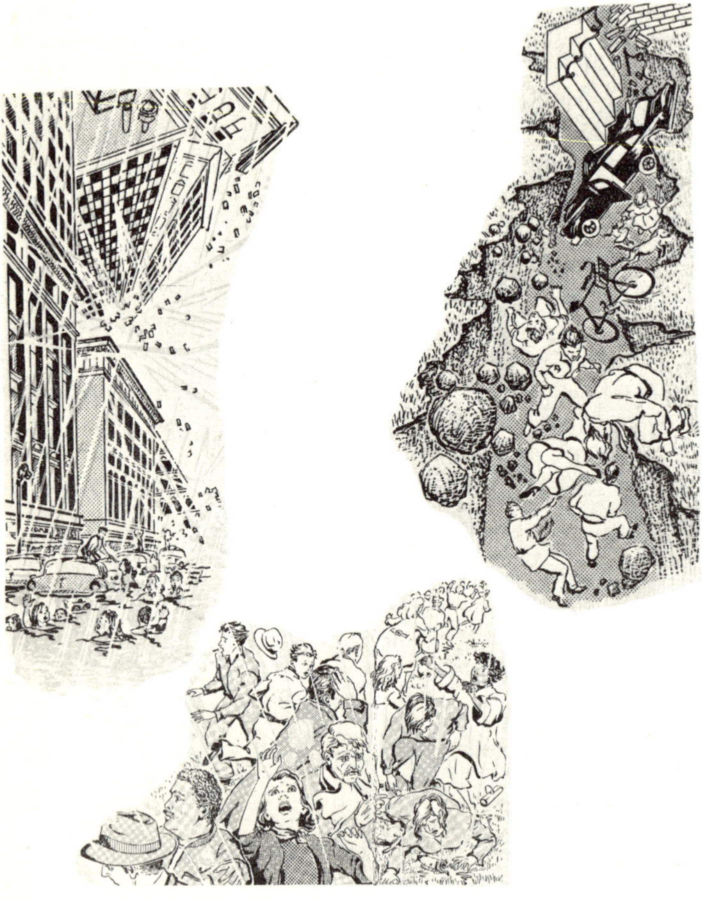

Abb. aus „Paradies-Buch“ S. 208, 209

Nach der Katastrophe infolge von „Jehova Gottes“ rächendem Dreinschlagen die Vision des wiederhergestellten Paradieses: Wortwörtlich verstandenes Ewiges Leben ohne Krankheit, Mangel, Kummer und Krieg. Eine nicht endenwollende Picknick-Party im Garten Eden. Das Paradies der Urzeit (vgl. das völlig identische Szenarium von Abb. „Paradies-Buch“ S. 20, 21) ist jetzt zu einem Kurpark für wohllebende vegetarisierende Müßiggänger geworden – eine Welt, die jedem Illustriertenleser vertraut ist. Von Gott keine Spur.

Abb. aus „Paradies-Buch“ S. 241

Abb. aus „Paradies-Buch" S. 245, 248, 249 und 255

Was man tun muß, um ins „Paradies" zu kommen:
1. Die Bibel anhand der WT-Literatur „studieren"
2. Regelmäßig den „Königreichssaal" besuchen
3. Seine Lebensweise nach WT-Manier ändern
4. Anderen Menschen die „Gute Botschaft predigen"

Wenn man diese 4 Punkte gewissenhaft erfüllt, kann man hoffen, „Harmagedon" zu überleben, um ins „Paradies" zu kommen. Ganz besonders eifrigen und „loyalen" Dienern eröffnet sich dann sogar noch die Möglichkeit, einer der „144 000 Mitregenten" zu werden, die „mit Jesus Christus vom Himmel aus die Erde regieren".

Erklärung

Jeder Krieg bringt namenloses Leid über die Menschheit. Jeder Krieg bringt Tausende, ja Millionen von Menschen in schwere Gewissensnot. Das gilt besonders auch vom jetzigen Krieg, der keinen Erdteil verschont und in der Luft, zu Wasser und zu Lande ausgetragen wird. Es ist unvermeidlich, daß in solchen Zeiten nicht nur einzelne Menschen, sondern auch Gemeinschaften aller Art ungewollt verkannt oder auch bewußt falsch verdächtigt werden.

Auch uns Zeugen Jehovas ist dieses Schicksal nicht erspart geblieben. Wir werden als eine Vereinigung hingestellt, die bezwecke oder deren Tätigkeit darauf gerichtet sei, „die militärische Disziplin zu untergraben, insbesondere Dienstpflichtige zum Ungehorsam gegen militärische Befehle, zur Dienstverletzung, zur Dienstverweigerung oder zum Ausreißen zu bewegen oder zu verleiten."

Eine solche Auffassung kann nur vertreten, wer Geist und Wirken unserer Gemeinschaft völlig verkennt oder sie wider besseres Wissen böswillig entstellt.

Wir stellen ausdrücklich fest, daß unsere Vereinigung weder gebietet noch empfiehlt, noch sonst in irgendeiner Weise nahelegt, gegen militärische Vorschriften zu handeln. Derartige Fragen werden weder in unseren Versammlungen noch in den von der Vereinigung herausgegebenen Schriften behandelt. Wir beschäftigen uns überhaupt nicht mit solchen Fragen. Wir erblicken unsere Aufgabe darin, für Jehova Gott Zeugnis abzulegen und allen Menschen die biblische Wahrheit zu verkündigen. Hunderte unserer Mitglieder und Glaubensfreunde haben ihre militärischen Pflichten erfüllt und erfüllen sie weiterhin.

Wir haben uns nie angemaßt und werden uns nie anmaßen, in dieser militärischen Pflichterfüllung eine Zuwiderhandlung gegen die Grundsätze und Bestrebungen der Vereinigung Jehovas Zeugen, wie sie in ihren Statuten niedergelegt sind, zu erblicken. Wir bitten alle unsere Mitglieder und Glaubensfreunde, bei der Verkündigung der Botschaft vom Königreiche Gottes (Matthäus 24: 14) sich nach wie vor streng auf die Verkündigung der biblischen Wahrheiten zu beschränken und alles zu vermeiden, was Anlaß zu Mißverständnis geben oder gar als Aufforderung zum Ungehorsam gegen militärische Vorschriften mißdeutet werden könnte.

Vereinigung Jehovas Zeugen der Schweiz
Der Präsident: Ad. Gammenthaler
Der Sekretär: D. Wiedenmann

Bern, den 15. September 1943.

Original-Dokument zu Buchseite 77f. (Erklärung der Schweizer WT-Führung zur Wehrdienstfrage in „Trost" vom 1. Okt. 1943, Schweizer Ausgabe)

FERNSPRECHER
0 61 21/46 00 32

WACHTTURM
BIBEL- UND TRAKTAT-GESELLSCHAFT
DEUTSCHER ZWEIG, E.V.

TELEGRAMME
WACHTTURM

WIESBADEN-DOTZHEIM, GREIFSTRASSE 5; POSTANSCHRIFT: POSTFACH 5920, 6200 WIESBADEN 1, DEUTSCHLAND

Frau
Karin Wunderlich

SCA:SSA
30. März 1977

6000 Frankfurt 90

Werte Frau Wunderlich!

In Ihrem Brief vom 23. März 1977, dessen Eingang wir hiermit bestätigen, bitten Sie um eine Bescheinigung, aus der hervorgeht, daß Sie aus der Wachtturm-Gesellschaft ausgetreten seien.

Hierzu müssen wir Ihnen mitteilen, daß wir leider nicht in der Lage sind, Ihnen eine solche Bescheinigung auszustellen, da Sie nie Mitglied der Wachtturm Bibel- und Traktat-Gesellschaft gewesen sind.

Sie haben sich zu irgendeiner Zeit freiwillig, ohne als Mitglied irgendwo aufgenommen worden zu sein, den Zeugen Jehovas angeschlossen, und es bleibt Ihr unbeschnittenes Recht, wieder fernzubleiben. Auch eine Klage vor irgend einem Gericht würde nichts nützen, da Sie ja auch keine "Eintrittsbescheinigung" vorzeigen können.

Mit freundlichen Grüßen

Wachtturm B. & T. Gesellschaft
DEUTSCHER ZWEIG E.V.

Kopie
Vers. Ffm-Bockenheim

Original-Brief zu Buchseite 186

24. Anmerkungen

1) Hervorhebungen in den Zitaten, insbesondere bei denen in der WTG-Literatur, stammen von mir.
2) siehe dazu auch Kapitel 22
(Die Weltanschauung der Zeugen Jehovas in Bildern).
3) Das Wort „Harmagedon" stammt aus Offenbarung 16,16. Die Zeugen Jehovas verstehen darunter den „großen Krieg Jehova Gottes" gegen alle „gottlosen Menschen und Organisationen" sowie gegen „Satan den Teufel". Auch derjenige, der an einen „falschen Gott" glaubt, entgeht dem „Krieg Gottes" nicht. Nur wer im Glauben und in der Gemeinschaft der Zeugen Jehovas lebt, kann „Harmagedon" überleben; denn er glaubt ja an den „richtigen" Gott und handelt entsprechend den Anweisungen der WTG. Alle anderen, die sich nicht zu den Lehren der Zeugen Jehovas bekennen, werden mit der „ewigen Vernichtung" bedroht. Die WTG erwartet „Harmagedon", so sagt sie jedenfalls, in „naher Zukunft", und dies seit 1914.
4) Geschwister = Glaubensbrüder und -schwestern.
5) Besonderes Schulungszentrum im New Yorker Hauptquartier der WTG. Dort werden die Auslandsmissionare ein Jahr lang ausgebildet. Inhalt der Kurse ist ein intensives „Studium" der Bibel und der Organisationsrichtlinien.
6) Siehe: „Jehovas Zeugen in Gottes Vorhaben" (Seite 148 f.)
7) N.H. Knorr ist am 8.6.1977 gestorben.
Nachfolger wurde der bisherige Vizepräsident F.W. Franz.
8) Hier hätte „fälschlich" stehen müssen.
9) Das Rechtskomitee besteht aus drei Ältesten, dem Vorsitzführenden Aufseher, dem Bibelstudien-Aufseher und dem Predigtdienst-Aufseher. Dieses Komitee hat u. a. die Aufgabe, über die „Reinheit in der Versammlung" zu wachen.
10) Die Kreisaufseher sind Älteste, die von der WTG in ihre Stellung eingesetzt werden. Sie besuchen in regelmäßigen Abständen von ca. 6 Monaten jede Versammlung in ihrem Kreis und verbringen 1 Woche mit ihr. Da sie Vollzeitdiener sind und direkte Vertreter der WTG, setzt man bei ihnen besondere Fähigkeiten voraus.
11) Er meint damit Rudolf Martens.
12) Montagu, M.F.A.: Man's Most Dangerous Myth: The Fallacy of Race, 2. Auflage New York 1945.
13) 1. Präsident der WTG 1881–1916.
14) Zitiert nach: „Die Zeugen Jehovas/Eine Dokumentation über die Wachtturm-Gesellschaft" von M. Gebhard, Urania Verlag, Leipzig 1970. (S. 86)
15) Hierhin gehört auch folgender Brief eines Zeugen Jehovas aus Geislingen a. d. Steige, den er kurz nach Erscheinen des Buches an mich schickte (13.4.1984): „From the desk of Ingo W. Sie sollten sich wirklich ob der *Ketzerei* schämen! Ist das eines Christen würdig? Sie benehmen sich wie einst im *Mittelalter!* Die gerechte Strafe wird Sie ereilen – darüber besteht kein Zweifel. Vielleicht denken Sie einmal über 2. Petrus 3:9 nach.
Herzliche Grüße!" Unterschrift fehlt.

25. Verzeichnis der zitierten Literatur

Von den Zeitschriften „Der Wachtturm“ und „Erwachet!“ sind nur die älteren Ausgaben vor 1949 aufgeführt, bei jüngeren Ausgaben ist der Erscheinungsort immer Wiesbaden.
WTG = Wachtturm Bibel- und Traktat-Gesellschaft (englisch: Watchtower Bible and Tract Society, Brooklyn N.Y.)

Bibliographie

Seite

10 WTG: „Die Wahrheit wird euch frei machen“. – Brooklyn, N.Y. 1946. S. 356, 357, 360

12 WTG: Jahrbuch der Zeugen Jehovas 1975. – Wiesbaden 1975. S. 214f

15f. WTG: „Gott bleibt wahrhaftig“. – Brooklyn, N.Y. 2. Aufl. 1958. S. 123

17f. Artikel: „Zeugen Jehovas – Väterchen Frost“, in: Der Spiegel vom 19.7.1961 (Nr. 30). Hamburg 1961. S. 38f

36 WTG: Ewiges Leben in der Freiheit der Söhne Gottes. – Wiesbaden 1967. S. 47, 48, 50, 52

37 WTG: Jahrbuch der Zeugen Jehovas 1967. – Wiesbaden 1967. S. 47ff

39f. WTG: Die Wahrheit die zu ewigem Leben führt. – Brooklyn, N.Y. 1968. S. 122–130

42 WTG: Vom verlorenen Paradies zum wiedererlangten Paradies. – Wiesbaden 1959. S. 208f.

59 WTG: „Vergewissert euch über alle Dinge“. – Brooklyn, N.Y. 2. Aufl. 1957. S. 388, 393

64 WTG: Jehovas Zeugen in Gottes Vorhaben. – Wiesbaden 1960. S. 148f

71 Lexikon-Institut Bertelsmann: Das moderne Lexikon in zwanzig Bänden. – Bd. 8, Gütersloh 1973. S. 352

71f. Twisselmann, Hans-Jürgen: Vom „Zeugen Jehovas“ zum Zeugen Jesu Christi. – Giessen, 3. Aufl. 1972. S. 95

74f. WTG: Jahrbuch der Zeugen Jehovas 1975 – Wiesbaden 1975. S. 244

77f. „Erklärung“ über die Wehrdienstfrage. Bern, den 15.9.1943, in „Trost“ (jetzt „Erwachet!“) vom 1.10.1943. – Bern 1943.

80 WTG: Versammlungen im Rhone-Departement und in der Schweiz – Der Wachtturm, 15.1.1948, Brooklyn, N.Y. 1948 S. 31

82 WTG: Leitfaden für die Theokratische Predigtdienstschule. – Wiesbaden 1971. S. 110

83 Popper, Karl: Logik der Forschung. – Tübingen 4. Aufl. 1971. S. 223

91f. WTG: „Dein Wort ist eine Leuchte meinem Fuß“. – Wiesbaden 1968. S. 40

92 WTG: Organisation zum Predigen des Königreiches und zum Jüngermachen. Wiesbaden 1972. S. 11

98 WTG: Königreichsdienst – Fragen. – Wiesbaden. S. 44

100 WTG: Organisation zum Predigen des Königreiches und zum Jüngermachen – Wiesbaden 1972. S. 165

104f. Montagu, M. F. A.: Man’s Most Dangerous Myth: The Fallacy of Race. – New York 2. Aufl. 1945. S. 46

110f. WTG: Jehovas Zeugen in Gottes Vorhaben. – Wiesbaden 1960 S. 124

114 WTG: Organisation zum Predigen des Königreiches und zum Jüngermachen. – Wiesbaden 1972. S. 160

119 WTG: „Gott bleibt wahrhaftig“. – Brooklyn, N.Y. 2. Aufl. 1958, S. 103f

125 WTG: Weltwirtschaft und Schöpfung. – Das goldene Zeitalter (jetzt „Erwachet!“), 15.3.1924, Magdeburg 1924, ohne Seitenangabe

130f. Gebhard, Manfred: Die Zeugen Jehovas. Eine Dokumentation über die Wachtturmgesellschaft. – Urania Verlag Leipzig 1970. S. 86

136f. Twisselmann, Hans-Jürgen: Das „1914-Evangelium“. – Wegweiser, Heft 6. – Bruderdienst-Missionsverlag, Itzehoe o. J. S. 17

140 WTG: Königreichsdienst-Fragen.
Wiesbaden. S. 44

155 WTG: Organisation zum Predigen des Königreiches und zum Jüngermachen. – Wiesbaden 1972. S. 179

174 Tomkowitz, Gerhard: Weil Jehova es so will. – in: Stern vom 29.7.1976, Hamburg 1976. S. 31/32, 94

175f. WTG: Blut, Medizin und das Gesetz Gottes. – Wiesbaden 1961. S. 4, 6

176f. Delitzsch, Franz: Neuer Commentar über die Genesis. – Leipzig, 5. Aufl. 1887. S. 188

177 Delitzsch, Franz: Commentar über die Genesis. – Leipzig, 4. Aufl. 1872. S. 226

177 Delitzsch, Franz: Commentar über die Genesis. – Leipzig, 3. Aufl. 1860. S. 272

178f. WTG: Jehovas Zeugen und die Blutfrage. – Brooklyn und Wiesbaden 1977. S. 10–12

179 Zimmerli, Walther: 1. Mose 1–11. Die Urgeschichte (Zürcher Bibelkommentare). – Zürich, 3. Aufl. 1967. S. 330

182 Lohmeyer, Ernst: Das Evangelium des Markus. – Göttingen, 17. Aufl. 1967, S. 64

202 Die Darstellung zur Problematik des Jehova-Namens ist im wesentlichen folgenden Werken verpflichtet:

- Die Religion in Geschichte und Gegenwart. Handwörterbuch für Theologie und Religionswissenschaft. Band 3, Tübingen, 3. Aufl. 1959, Artikel „Jahwe“, S. 515f
- Rienecker, Fritz (Hrg.): Lexikon zur Bibel. – Wuppertal, 3. Aufl. 1961, Artikel „Namen Gottes“, S. 967
- Encyclopaedia Judaica. Band 7, Jerusalem 1971, Artikel „God, Names of: YHWH“, S. 680
- Theologisches Handwörterbuch zum Alten Testament (Hrg. von Ernst Jenni und Claus Westermann). Band 1, München/Zürich 1971, Artikel „Jahwe“, S. 702
- Deissler, Alfons: Die Grundbotschaft des Alten Testaments. Freiburg/Basel/Wien 1972, S. 48

– Die Heilige Schrift – Das Neue Testament und die Psalmen (Revidierte Elberfelder Übersetzung). Wuppertal 1975, Vorwort S. 111f

Benutzte Bibelübersetzungen

(NW)* Neue-Welt-Übersetzung der Heiligen Schrift (WTG). – New York 1971

(EB) Die Heilige Schrift (Elberfelder Bibel). – R. Brockhaus, Wuppertal Elberfeld, 48. Aufl. 1968

(LB) Die Bibel oder die ganze Heilige Schrift des Alten und Neuen Testaments (Luther Bibel). – Württembergische Bibelanstalt, Stuttgart o.J.

(Wilckens) Das Neue Testament (übersetzt von Ulrich Wilckens). Furche Vlg., Hamburg 1970

* Abkürzung im Text.

26. Die wichtigste weiterführende Literatur

Bei den mit (Ex) bezeichneten Büchern handelt es sich um Erlebnisberichte von Exzeugen. (kD) sind kritische Darstellungen der Lehren der Zeugen Jehovas und deren Missionspraktiken. Positive Würdigungen der WT-Religion gibt es überhaupt keine – außer sie stammen von Jehovas Zeugen selber (JZ), was die WT-Anhänger aber bewußt zu verschleiern versuchen. –

Weitere Hinweise jeweils im Anhang der erwähnten Bücher.

Bautz, Friedrich Wilhelm: Die „Zeugen Jehovas“. Worte der Aufklärung und Abwehr. – Schriftenmissions-Verlag, Gladbeck, 3. Aufl. 1976, 31 Seiten. (kD)

Cole, Marley: Jehovas Zeugen. Die Neue-Welt-Gesellschaft. Geschichte und Organisation einer Religionsbewegung. – Pyramiden Verlag, Frankfurt/M. 1956. 248 Seiten. (JZ)

Doyon, Josy: Ich war eine Zeugin Jehovas. Bericht über einen Irrweg – Gütersloher Taschenbücher/Siebenstern Nr. 164, Gütersloher Verlagshaus Gerd Mohn, Gütersloh, 3. Aufl. 1976. 155 Seiten. (Ex)

Franz, Raymond: Crisis of Conscience. – Commentary Press, P.O. Box 43532, Atlanta, Georgia 30336, USA, 2. Aufl., Atlanta 1984. 384 Seiten, deutsche Ausgabe in Vorbereitung. (Ex)

Gebhard, Manfred: Die Zeugen Jehovas. Eine Dokumentation über die Wachtturmgesellschaft. – Urania Verlag, Leipzig 1970. 317 Seiten. (kD)

Haack, Friedrich-Wilhelm: Jehovas Zeugen. – Münchner Reihe, Verlag Evangelischer Presseverband für Bayern (8000 München 19, Birkenstraße 22), München, 11. Aufl. 1981. 44 Seiten. (kD)

Hauth, Rüdiger: Im Schatten des Wachtturm – Jehovas Zeugen. – In: Reimer, Hans-Dieter (Hrg.): Stichwort „Sekten“. Glaubensgemeinschaften außerhalb der Kirchen – Eine Publikation der Evangelischen Zentralstelle für Weltanschauungsfragen im Quell Verlag, Stuttgart 1977. Seite 43–51. (kD)

Henschel, Milton G.: Wer sind die Zeugen Jehovas? – In: Rosten, Leo (Hrg.): Zu Gott führen viele Wege. Ein kurzer Führer zu Religionen in Amerika. – Christian-Verlag, Bad Nauheim 1956. Seite 175–182. (JZ)

Hutten, Kurt: Jehovas Zeugen. – In: Ders.: Seher, Grübler, Enthusiasten. Sekten und religiöse Sondergemeinschaften der Gegenwart. – Quell-Verlag, Stuttgart. 11. Aufl. 1968. S. 75–130. (kD)

Knaut, Horst: Propheten der Angst. Berichte zu psychopathologischen Trends der Gegenwart. – Verlag R. S. Schulz, Percha 1975. 231 Seiten. (kD)

Nobel, Rolf: Die Falschspieler Gottes – Die Wahrheit über Jehovas Zeugen. – Rasch und Röhring Verlag, Hamburg 1985. 240 Seiten. (kD)

Pape, Günther: Ich war Zeuge Jehovas. – Pattloch-Verlag, Aschaffenburg, 6. Aufl. 1976. 170 Seiten. (Ex)

Pape, Günther: Die Wahrheit über Jehovas Zeugen. Problematik, Dokumentation. – Verlag Aktuelle Texte, Rottweil 1970. 187 Seiten. (kD)

Reller, Horst (Hrg.): Handbuch Religiöse Gemeinschaften. Freikirchen, Sondergemeinschaften, Sekten, Weltanschauungsgemeinschaften, Neureligionen. Darin: Zeugen Jehovas. – Gütersloh 1978, S. 437–449. (kD)

Ridenour, Fred: Die Zeugen Jehovas. – In: Ders.: An der Wahrheit vorbei. Falsche Wegweiser. Kleine Sektenkunde. – Aussaat Verlag, Wuppertal 1975. Seite 33–44. (kD)

Rogerson, Alan: Viele von uns werden niemals sterben. Geschichte und Geheimnis der Zeugen Jehovas. – Furche Verlag, Hamburg 1971. 228 Seiten. (kD)

Schnell, William J.: Falsche Zeugen stehen wider mich. Dreißig Jahre Sklave des Wachtturms. – Christliche Verlagsanstalt, Konstanz 1976, 8.–11. Tausend. 198 Seiten. (Ex)

Sprung, Renate: Gefängnis ohne Mauern. Wir waren Zeugen Jehovas. – Schwabenverlag, Ostfildern 1977. 72 Seiten. (Ex)
Sturm-Godramstein, Heinz: Vor Jehovas Zeugen wird gewarnt. – Im Selbstverlag des Autors (637 Oberursel/Ts., Kronberger Str. 45), Oberursel, 2. Aufl. 1977. 46 Seiten. (kD)
Süsskind, Eckhard von: Zeugen Jehovas: Anspruch und Wirklichkeit der Wachtturm-Gesellschaft. – Hänssler Verlag, Neuhausen-Stuttgart 1985. 128 Seiten. (Ex)
Twisselmann, Hans-Jürgen: Vom „Zeugen Jehovas" zum Zeugen Jesu Christi. – Brunnen-Verlag, Giesen/Basel, 3. Aufl. 1972. 115 Seiten. (Ex/kD)
Twisselmann, Hans-Jürgen: Die „Zeugen Jehovas". – Bundes-Verlag, Witten (Ruhr) 1974, 9.–11. Tausend. 30 Seiten (kD)
Weis, Christian: Zeugen Jehovas Zeugen Gottes? Eine Hilfe zur kritischen Auseinandersetzung mit der Lehre der Wachtturm-Gesellschaft. – Otto Müller Verlag, Salzburg 1984. 112 Seiten. (kD)

27. Institutionen, die sich vor allem mit den Zeugen Jehovas auseinandersetzen und die gerne auf Anfragen antworten

I. Bruderdienst
Kremper Weg 38 b, 221 Itzehoe

Der Bruderdienst wurde von Hans-Jürgen Twisselmann gegründet. Er ist selbst ein ehemaliger Zeuge Jehovas und hat über sie einige Schriften veröffentlicht. Der Bruderdienst bemüht sich besonders seelsorgerisch um die Zeugen. Eine Zeitschrift evangelisch-freikirchlichen Charakters („BRUDERDIENST“) erscheint vierteljährlich. Sie wird u. U. kostenlos abgegeben.

II. Informationsbüro über Zeugen Jehovas
7962 Wolfegg/Allg. Höll 10

Das Büro soll laufend über Jehovas Zeugen informieren und den Abwehrdienst auf der katholischen Seite leisten. Geleitet wird es von Günther Pape, der ein Zeugen-Funktionär in führender Position war. Er hat inzwischen zahlreiche Schriften über diese Sekte veröffentlicht. Pape gilt als besonderer Kenner der Geschichte der Zeugen Jehovas (ehemals „Ernste Bibelforscher“).

III. Evangelische Zentralstelle
für Weltanschauungsfragen (EZW)
Hölderlinplatz 2A, 7000 Stuttgrat 1

Die EZW ist eine Institution, die über alles berichtet, was sich in Glaubensgemeinschaften außerhalb der offiziellen Kirchen abspielt. Von „Sekten“ wird aber erst gesprochen, wenn deren Gefährlichkeit einwandfrei nachgewiesen ist – besonders wichtig bei Erscheinungen jüngeren Datums. In einer eigenen Zeitschrift, dem monatlich erscheinenden „Materialdienst“, wird man über diese Arbeit in Lageberichten, Dokumentationen und oft grundsätzlich-gründlichen Kommentaren ausführlich informiert. Für die Zeugen Jehovas ist Pfarrer Dr. Hans-Diether Reimer zuständig.